滄海叢刊

孔子學說探微

林義正 著

1987

東大圖書公司印行

© 孔子學說探微

作　者　林義正
發行人　劉仲文
出版者　東大圖書股份有限公司
總經銷　三民書局股份有限公司
印刷所　東大圖書股份有限公司
地址／臺北市重慶南路一段六十一號二樓
郵撥／〇一〇七一七五一〇號
初　版　中華民國七十六年九月
編　號　E 12016
基本定價　叁元伍角陸分
行政院新聞局登記證局版臺業字第〇一九七號

自序

本書是作者多年來研讀《論語》，心有所得，陸續為文，至今稍加修訂、編輯而成的論文集。書分內外篇，內篇係以孔子思想為研究的焦點，外篇則以經學為主，不限於孔子本身的思想，却涉及孔門義理的理解與發揮。在研究過程中，作者深信對孔子本身的思想要有真確的理解，取材上宜嚴謹不宜寬泛，方法上宜客觀不宜主觀，因此，論述孔子思想時，作者扣緊《論語》，輔之以《春秋》，透過文理脈絡，參稽先秦儒家典籍、注疏及前人研究的成果，歸納其概念，分析其意涵，洞察其結構，自信這樣做比較能掌握孔子思想的深層結構與意涵，也較具有學術研究的客觀性。透過《論語》，作者發現孔子的言語有二類：㈠持衡之言，是通萬世而無弊的，屬於理想層；㈡補弊之教，是一時一地的對治語，不可執固恒守的，屬於現實對治層；這兩層不可混淆，否則形成思想上的矛盾與混亂。在理想層裏，表達了孔子永恒追尋的理想，既然是理想，就有它的超時代性；從孔子的用語中歸納出某些概念的配對，如文與質、仁與智、博與約、學與思等等，這些配對各自的結合成了文質合一、仁智合一、博約合一、學思合一等等，諸種合一，其實均可歸到一個基本結構上去，這個基本結構就是孔子思想的基本格式，洞察了孔子思想背後的基本格式，的確有助於了解孔子思想的形式特徵。在現實對治層裏，表達了孔子對當時諸多問題的感發、批判與解答。孔子在此層裏所說的話就相當於醫生為病人所開的處方一樣，處方無定，依病情而定，但歸結是恢復健康；依作者分析，孔子要解決時代的三大問題：㈠文化問題，針對文弊，故救文以質，以仁救禮之失；㈡人格問題，針對人格的分裂，提出君子的理想人格；㈢政治問題，針對刑政的抬頭，提出德禮之治。孔子所開的處方之基本原理是以「合和」對治「分離」，批導現實，迴向理想。

在劃清這兩層之後，環繞的問題是孔子將這個理想的實現與現實的對治寄託在何種對象上，這個對象就是君子。《論語》可以「君子」概念加以貫串，在孔子思想裏，君子之道卽是堯舜之道、文武之道；在孔門弟子心中，君子之道卽是夫子之道、時中之道、聖人之道。因此，欲了解孔子思想的實質，其實就應對「君子」意義有清楚的認識。了解「君子」可就這個概念本身加以解析，亦可放在「人」的概念裏加以探討，孔子的道德評價標準也就是君子為人處事的標準，經作者的歸納，指出仁、義、禮、智是君子的人格要素，是君子的道德標準，是君子的教育藝術，是君子的經世大法。孔子心思的重點是放在道德、政治、文化上，所闡述的是人道，所發揚的人文精神，由於人道本於天道，涉及天道、天命、鬼神亦是孔子繼承詩書傳統宗教信仰的重要部份，這些已屬孔子「吾欲無言」的地方，吾人不必妄加臆測，但可肯定的是：孔子的宗教是人文的宗教，道德的宗教，這可由孔子不語怪力亂神、敬鬼神而遠之，崇德辨惑，知命順命上看出。

本書題名《孔子學說探微》，立意有二，一者孔子之道甚大，作者所探甚微，二者孔子之道有微處，作者探而顯之；作者在哲理概念的探討上認為陳百年先生《孔子學說》的大作，足為客觀學術研究之典範，百年先生那種實事求是、慎思明辨、闕疑待解、虛心致學的精神令作者感動，於是承《孔子學說》而為之名。作者以《孔子學說》為基石，加上個人的哲學訓練，對孔子思想作更上一層的探討，此乃作者研究儒家哲學第一階段的作品，這個階段以孔子哲學思想為中心，蓋認為孔子是中華文化發展的關鍵人物，對孔子的研究，有助於明了我中華文化之大本。生乎今之世，唯有知己知彼，方足以立存於世，創造未來的新文化；本書之成，蓋有冀乎此也，願賢者有以教我，是甚幸。

中華民國七十六年九月二十八日

林義正　謹序於臺大哲學系第三研究室

孔子學說探微　目次

外篇

內篇

志道·聞道·依道

子曰：志於道，據於德，依於仁，遊於藝。（述而）

子曰：朝聞道，夕死可矣！（里仁）

子曰：富與貴，是人之所欲也，不以其道得之，不處也。貧與賤，是人之所惡也，不以其道得之，不去也。（里仁）

論孔子思想的基本格式*

一、前　言

孔子思想的眞相到底是如何呢？這是研究孔子思想的學者所欲解答的問題，然所得的答案却見仁見智，就是有大同，然小異自不能免。事實上，從孔子的及門弟子開始，子夏與子張論交友之道時就有爭論❶，《韓非子・顯學篇》裏更道盡了後學對孔子思想所了解的內容之差別性。❷

*按正文中所出現之數碼，悉依楊伯峻著《論語譯注》、《孟子譯注》所標示的篇章號碼，全書準此。

❶《論語・子張篇第十九》，第三章。本章中，子夏之門人問交於子張，子張與子夏對論交的觀點就有不同，子張在答話中言「異乎吾所聞」，當是指聞於孔子之教。同是本乎孔子之教，彼此起爭論。其實孔子因材施教，如同醫生應病予藥，無有不當，其爭論就在於執一而論也。

❷〈顯學篇第五十〉。其中說：「孔墨之後，儒分爲八……取舍相反不同，而自謂眞孔墨，孔墨不可復生，將誰使定後世之學乎？」

一般說來，研究的結果之所以見仁見智，可歸因於研究者本身的態度、方法、觀點，以及所根據材料的認定上。作者以爲欲研究孔子的思想至少不能不從《論語》及《春秋》深究起。《論語》雖非孔子的著作，可是它是有關孔子言行最直接而且比較可靠的記錄；《春秋》依孟子、司馬遷的說法，它是孔子晚年的親筆著作。今論孔子思想爲避免增加論難，擬以《論語》爲基本素材，本著同情的態度，以《論語》證諸《論語》的方法，輔之以前賢研究的成果，希望達到會通孔子思想的目標。然而，要會通孔子的思想，當先問孔子思想本身是否有會通的可能？如果孔子思想本身有不一致❸則只能論其大體，不能要求會通。如果不是，則大有可論。作者以爲一切不一致的說法，恐係沒有了解到孔子思想的發展性，以及孔子所以言的背景、條件改變之故。作者確信孔子本身已具有一貫自己思想的自覺。❹可是「一貫」之道孔子本身未曾明言其爲何？故賴曾子以下多費猜疑❺，作者以爲已往的學者均從孔子思想的概念內容上立論，雖不無所見，然若另從孔

---

❸ 蕭公權著《中國政治思想史》頁六二云：「仁之含義頗爲複雜。單就《論語》所引孔子之言觀之，其內容已不一致。」

❹ 《論語・里仁第四》：「子曰：參乎！吾道一以貫之。曾子曰：『唯』。子出，門人問：何謂也？曾子曰：『夫子之道，忠恕而已矣！』」。另〈衛靈公第十五〉：「子曰：賜也，女以予爲多學而識之者與？對曰：『然，非與？』曰：非也，予一以貫之。」此二章，顯示孔子自身，對自己的言論有成「一貫」的自覺。

❺ 曾子以「忠恕」解一貫之道。後代學者有以「仁」解之者，以「理」解之者，以「誠」解之者，以「中」解之者，衆說莫衷一是，可參見范壽康著《中國哲學史綱要》頁二一～二四，所舉出者。陳大齊著《論語臆解》頁二六八～二七一，有論說，亦甚精要。

子思想的概念配對的結構上去探討，確能別開生面，指出孔子思想結構中更普遍的格式，或許更能合乎孔子所謂「一以貫之」的標準。

二、孔子思想的基本格式

就《論語》一書而論，其中含有孔子的自述，對時人的答問，以及有關孔子行爲的記錄三大部分。從孔子的自述中，我們可以了解孔子一生學問的進境、志向、精神，這是屬於孔子思想的發展面，這些言論是固定的，不是應機的。然而，對時人的答問，有時是稱理而談，有時是應人應事而談；稱理而談的是屬於孔子的理想論，應人應事而談的是屬於補弊救偏的對治論。在對治論中，呈現著有對整個時代的趨向作批導者，有對人性的弱點作對治者，這些都比純粹指導個人修養的言論較具有固定性。從這些言論中，我們可以看出孔子的思想有層次性、理想性與對治性。進一步，我們可從其對治論中推想出其理想論，從理想論中預料其對應於現實的個別問題，而有不同的對治論。在孔子的言談中，其運思的過程呈現著某種概念間具有配對性，這概念的配對性的被發現，將有助於了解孔子思想的概念結構，在其不同內容的概念配對中，涵蘊著一個共同的基本格式。

有關孔子的自述，我們在《論語》中找出：

「吾十有五而志於學，三十而立，四十而不惑，五十而知天命，六十而耳順，七十而從心所欲，不踰矩。」（《論語譯注》2．4）

由本章，知道孔子下學而上達的修養進境，其思想亦相應地不斷的發展，通體是日新不已、自強不息的精神。今先述爲學，孔子說道：

「我非生而知之者，好古，敏以求之者也。」（7．20）

「十室之邑，必有忠信如丘者焉，不如丘之好學也。」（5．28）

「其爲人也，發憤忘食，樂以忘憂，不知老之將至云爾。」（7．19）

「不怨天，不尤人，下學而上達，知我者其天乎！」（14．35）

由上，知孔子自認爲是一個學而知之者，其一生都在學習，無有停止；所以，其生命境界亦不斷地提昇，這點在論孔子思想時，值得特別注意；有了這項認識，我們就不能苟同一般學者把孔子某一階段的思想誤作孔子一生的思想，或以《論語》中「仁」的概念出現次數最多，就認定它是「孔子思想之重心」❻；蓋前者是忽略了孔子思想的發展性，後者是錯把補弊救偏的對治性概念

---

❻ 把「仁」作爲孔子哲學的「中心」或「重心」的學者太多了，難以一一舉例。勞思光《中國哲學史》頁四七：「『仁』觀念是孔子學說之中心，亦是其思想主脈之終點。」徐復觀《中國思想史論集續編》頁三五五云：「『孔學』即是『仁學』。胡志奎《論語辨證》頁一〇七云：孔子思想則以『仁』字爲其重心。」並論及《論語》一書，計其「仁」字有一百零九見……」比較明顯。對這個問題，偶讀羅夢册

作爲成聖的理想概念，把孔子在某一層次上的對治論作爲唯一的理想論。孔子所謂的「學」是恒進不已的，這個只要我們看以下幾章引文，便可了解：

「子曰：譬如爲山，未成一簣，止，吾止也。譬如平地，雖覆一簣，進，吾往也。」（9．19）

「季康子問：『弟子孰爲好學？』孔子對曰：『有顏回者好學，不幸短命死矣，今也則亡。』」（11．17）

「子謂顏淵，曰：『惜乎！吾見其進也，未見其止也。』」（9．21）

唯有好學才能接近智慧，也唯有好學才會應變而不至於頑固不化，孔子最痛恨頑固不通，不識時應變。

「微生畝謂孔子曰：丘何爲是栖栖者與？無乃爲佞乎？孔子曰：非敢爲佞也，疾固也。」（14．32）

（續）《孔子未王而王論》頁三八～四六喜見亦同持所見，其云：「因爲孔子的哲學並非是極其單純地建立於「仁」或「忠恕」的基礎之上，或者是圍纜著「仁」或「忠恕」的核心而結構，爲一個渾然的「仁」或「忠恕」所統攝。」「所以，過去的古人和近人，多以「仁」爲全德之稱，仍孔子用以統攝諸德者。因而，也就無怪了他們多主張「仁」爲孔子學說的中心。而其實，仁既不是孔子學說的中心，其爲物也，亦不複雜，且甚簡單。一句話，所謂「仁」，就是人之所以爲人者，只因爲人之個人的身分地位和處境各有不同，人之所以爲人者，其整體或部分的表現或實踐，亦因之而有異。」

「子絕四——毋意，毋必，毋固，毋我。」（9．4）

「子曰：可與共學，未可與適道；可與適道，未可與立；可與立，未可與權。」（9．30）

那麼我們當考究孔子所謂「學」的內容是什麼？方法如何？目的如何？茲先述所學的內容：

「子所雅言，詩、書、執禮，皆雅言也。」（7．18）

「不學詩，無以言。」「不學禮，無以立。」（16．13）

「誦詩三百，授之以政，不達；使於四方，不能專對；雖多，亦奚以爲？」（13．5）

「小子何莫學夫詩？詩，可以興，可以觀，可以羣，可以怨。邇之事父，遠之事君；多識於鳥獸草木之名。」（17．9）

「子謂伯魚曰：女爲周南、召南矣乎？人而不爲周南、召南，其猶正牆面而立也與？」（17．10）

「人而不仁，如禮何？人而不仁，如樂何？」（3．3）

「興於詩，立於禮，成於樂。」（8．8）

「君子食無求飽，居無求安，敏於事而愼於言，就有道而正焉，可謂好學也已！」（1．14）

由以上所列舉資料，顯示孔子之所謂學，以研習古代文獻詩、書、禮、樂爲入手處，其歸結在德行的修養。前者指讀書，以便求得做爲一個人所應具備的知識，然而，求得一切知識無非令個人的言行合乎正道。在學習求知的過程中，孔子有其簡要的方法。

「子曰：君子博學於文，約之以禮，亦可以弗畔矣夫！」（6·27）

「顏淵喟然歎曰：仰之彌高，鑽之彌堅。瞻之在前，忽焉在後。夫子循循然善誘人，博我以文，約我以禮，欲罷不能。既竭吾才，如有所立卓爾。雖欲從之，末由也已。」（9·11）

清毛奇齡在《論語稽求篇》對上兩章有所說明：

「博約是兩事，文禮是兩物。然與『博我以文，約我以禮』不同。何也？彼之博約是以文禮博約回，此之博約是以禮約文，以約約博也。博在文，約文又在禮也。」❼

依毛奇齡的分析，我們了解到，第二則之博約是以文禮博約顏回，這個博約是指孔子的教育方法，而文禮是教育的內容；知識要落實於實踐，這與第一則之博約以禮約文一樣，以文禮是兩物也。然以約約博是指學習方法，以博約是兩事也。於是「文」與「禮」即「知識」與「實踐」兩個概念之間的結構就很自然地呈現出來。就「博」與「約」之一對概念而言，用於學習是學習的完美方法，用於教育是完美的教育方法。文禮兼備，博約並用就是理想論。自然地，凡是來學者，於茂文者勸以禮，尙博者示以約，反之亦然。其次，我們當究孔子所謂學，其目的為何？孔子之所謂學，其目的在成就完美的人格——聖人，若聖人得時在位於國是好的領導者——

❼《皇清經解重編本》，原經解卷一七九，重編本頁九六二六。

君子，若能服務天下那便是聖王。次於聖人修養的人，於德殊顯的爲仁者，於才智殊勝的爲賢者。再其次者，如成人、善人、士、有恒者，這些都是德行上有所貞定恒守者；尤其是士，更具備有一份求道之志，得用則足以佐治一國、一家、爲大夫、大臣、宰，若不得用却仍堅守道的尊嚴，爲天下、國家、整個社會致深厚的關懷❽。若再其次，則亦當堂堂正正做個凡人，在家中是個既孝又悌的子弟，在社會上是個守信、見賢思齊的人。在《論語》中，孔子最推崇聖人，其次是仁者、君子，再其次是士。聖人是仁智兼備者，孔子云：

「聖人，吾不得而見之矣；得見君子者，斯可矣！」（7・26）

於是，君子與士成爲孔子教人的目標，在《論語》中談得最多。孔子教人要言行合一，進退得宜。在人性的言而不行的弱點上，孔子教以行。因應受教人的個性而予「進之」或「退之」的指點，充分顯示孔子思想的對治性。

「古者言之不出，恥躬之不逮也。」（4・22）

「君子欲訥於言而敏於行。」（4・24）

「君子恥其言而過其行。」（14・27）

「人而無信，不知其可也。大車無輗，小車無軏，其何以行之哉？」（2・22）

「言忠信，行篤敬，雖蠻貊之邦，行矣！言不忠信，行不篤敬，雖州里，行乎哉？立則見

---

❽有關於「士志於道」之內涵，可參見余英時《中國知識階層史論》頁三八～四七。

其參於前也，在輿則見其倚於衡也，夫然後行。」（15·6）

言行一致就是信，這是理想。勸人「訥於言而敏於行」是對治人們常常言行不一的話，這是補弊。

「子路問：聞斯行諸？子曰：有父兄在，如之何其聞斯行之？冉有問：聞斯行諸？子曰：聞斯行之！公西華曰：由也問『聞斯行諸』，子曰：『有父兄在。』，求也問『聞斯行諸』，子曰：『聞斯行之！』，赤也惑敢問。子曰：求也退，故進之；由也兼人，故退之。」（11·22）

由此，我們發現孔子的思想顯然有二個層次，第一層是針對子路一向兼人、好強、急進的個性，與冉有一向愼行謙退的個性，予以開導，這是對治論。這一層中的言論顯然不是可以普遍的運用，《論語》中屬於這一層的言論甚多，當然不能就據此以論孔子的眞正思想，孔子的眞正思想是進退得宜而不失其正，有這樣的行爲表現，才能配稱君子、士。孔子自已曾這樣地說明道：

「直哉史魚！邦有道，如矢！邦無道，如矢。君子哉蘧伯玉！邦有道，則仕；邦無道，則可卷而懷之。」（15·7）

「子謂顏淵曰：用之則行，舍之則藏，惟我與爾有是夫！」（7·11）

在孔子的思想中，出仕的原則是「用之則行，舍之則藏。」這才是君子之道，能進退自如才是圓滿的出仕態度，直如史魚者，其德誠可貴，可是孔子並不以爲法。孔子在評及人物時，有如下言論：

「子貢問：師與商也孰賢？子曰：師也過，商也不及。曰：然則師愈與？子曰：過猶不及。」（11・16）

「子曰：不得中行而與之，必也狂狷乎！狂者進取，狷者有所不爲也。」（13・21）

「過」與「不及」是兩端，「狂」與「狷」亦然，最理想的人格是「中行」者。

孔子在論及個人與社會人羣之關係時，曾說：

「君子和而不同，小人同而不和。」（13・23）

「君子矜而不爭，羣而不黨。」（15・22）

「同」就是「結成同黨」，「和」是「與人和睦」。有了黨，就易黨同伐異，「同」「異」於社會人羣是兩極端，然而眞正的態度是「和羣」而不「黨同」。

孔子在論及君子之德行表現時，曾以「文質彬彬」爲理想。他說：

「質勝文則野，文勝質則史。文質彬彬，然後君子。」（6・18）

「文」與「質」是兩端，流於兩端均有弊，最完美的，當然是文質兼具。依此原則，對於欠缺禮樂教化者，當示之以禮樂，對徒有禮樂之文而無實質者，當示之以質，這可在下列引文中，見其梗概：

「子曰：人而不仁，如禮何？人而不仁，如樂何？」（3・3）

「子路問成人。子曰：若臧武仲之知，公綽之不欲，卞莊子之勇，冉求之藝，文之以禮樂，亦可以爲成人矣！」（14．12）

孔子生值春秋時代，這個時代正是「禮壞樂崩」的時期，所謂「禮壞樂崩」當是因周文疲弊而產生，孔子對這種現象有很深入的了解，並提出了解決之道。孔子說：

「禮云禮云，玉帛云乎哉？樂云樂云，鐘鼓云乎哉？」（17．11）

「周監於二代，郁郁乎文哉！吾從周。」（3．14）

「禮，與其奢也，寧儉；喪，與其易也，寧戚。」（3．4）

「奢則不孫，儉則固，與其不孫也，寧固。」（7．36）

文化的興衰關係到「道」與「器」的配合，所謂「道」就是指「禮樂」的本質，而所謂「器」就是表現「禮樂」的資具，譬如玉帛、鐘鼓等。玉帛儘管具備，鐘鼓儘管講究，假如喪失了其所欲表現的文化意涵，則徒成死物。所以，文化復興當不等於文物的保存與建設，主要還在精神層面的繼承與調適，可見「道」與「器」的合一是文化的理想。文化的推展是一種補弊救偏的現象，周監於二代之「質」而未「文」，故講「文」，所謂「郁郁乎文哉！」是也。然至東周，文勝則弊，救之以質，此即「禮，與其奢也，寧儉。」「與其不孫也，寧固。」的道理。再就音樂的理想性而言，孔子以美善合一爲最高境界。《論語》上載：

「子謂韶，盡美矣，又盡善也。謂武，盡美矣，未盡善也。」（3．25）

為什麼說韶（舜之樂）盡善盡美，武（武王之樂）盡美而未盡善呢？就音樂本身而言，兩者的藝術創作已臻至美，在藝術層面上已經夠了，可是在孔子思想中，尚有超乎美的要求，那便是道德。舜的音樂表彰舜有德，接受堯的禪讓，恭己正南面而天下大治，其後又不私天下，讓位給禹，這種公天下的精神，最為孔子所贊美，推為盡善。而武王的音樂表彰武王討商伐紂的事蹟，不免有殺伐之氣而薄於仁，故未盡善。從這章裏，看出孔子是主張藝術與道德應當結合在一起。又《論語》中載孔子曾在齊聞韶，有過三月不知肉味的經驗，表示孔子非常懂得音樂。在治國的方法裏，他把樂配合到禮上，以禮樂相濟為教，作為施政的良方，不管是個人修養，或是治國平天下，藝術與道德兩者兼顧是孔子的理想，後世偏向禮法的結果，顯然有了弊端。

孔子以為一個君子能修己治人時當有其「名」，可是若「名」超出了「實」時，亦君子所不願，「名」、「實」合一是最理想。孔子說：

「君子疾沒世而名不稱焉！」（15．20）

依照儒者的立場，人在人文世界中當追求「立德、立功、立言」三不朽，求名便是要求不朽的正當方法，可是求名當有實際的功德為實質，一個君子人到臨終時最感到遺憾的便是「名」超過了「實」而不相稱，因為，這種「虛名」在死後就無法加以補救了，名實相稱是孔子的理想論，自屬顯然。

承前所論，孔子所謂「學」是通透一生的，學習的內容不僅在知識的獲得，而且注重在行為的落實。從以上的析論中，將其相提並論的概念配對顯現出來，整理如下：

㈠屬於學習文獻者

詩……樂
禮……禮

㈡屬於學習方法者

博……多學而識之
約……一以貫之

㈢屬於修養者

言……名……文……禮
行……實……質……仁

㈣屬於處事者

進……行……有道則仕　同
退……藏……無道則卷而懷之　異

㈤屬於文化者

美……藝術　玉帛……鐘鼓……禮器……器
｜　　　　｜　　　｜　　　｜　　　｜
善……道德　禮……樂……文化……道

接著，我們發現在「學」以得「智」的過程中，「思」的地位亦同等重要。孔子說：

「學而不思則罔，思而不學則殆。」（2・15）

依前所論，「學」包含知識的學習與見賢思齊的效法。「思」字當指對所學習得來的知識懂得反省，再思索與擇其善者而從之。效法前人的德行時，懂得取其精神去其陳跡。「罔」是指「羅網」，引申為「蒙蔽」。「殆」指「危殆」。本章的意思是只知道學習或效法前人的知識或德行而不自加思索與擇善，則將為前人所蒙蔽，只靠自己獨自思索而不參考前人的經驗，則將危殆。⑨可見孔子以為欲得眞知必得「學思兼顧」，這是理想論。可是孔子又曾說：

「學而時習之，不亦說乎？」（1・1）

「默而識之，學而不厭，誨人不倦，何有於我哉？」（7・2）

「蓋有不知而作之者，我無是也。多聞，擇其善者而從之；多見而識之；知之次也。」

---

⑨ 本章的解釋參酌陳大齊著《論語臆解》頁三一～三五，然其云：「依此解釋，則思慮所得，必待徵所學而後定，不免有重學輕思的傾向，與本章孔子學思並重的旨趣不能相符。」陳先生之說明，顯然以理想論批評《經義述聞》的解釋所導出的「重學輕思」的傾向。其實《論語》中確有「思不如學」的意思，但是它是對治語，不是理想語，不在同一層次，其旨趣並無不符。

（7・28）

「吾嘗終日不食，終夜不寢以思，無益，不如學也。」（15・31）

「學如不及，猶恐失之。」（8・17）

這種拼命地學習，「日知其所無，月無忘其所能」⑩而又有「思不如學」的自述，可以看出學應先於思，在求眞知的過程中，學的重要性，根本性自不待言。脫離「學」的「思」，這種「思」是沒有內容的空思，還不如依據前人的經驗成果來得少毛病。依孔子的意思，眞知是在學思的交盡中顯現出來。如果眞知的境界尙未達到，多聞多識總是較空思夢想爲實在。所以求眞知最好是「學思兼顧」。「學」與「思」又是另一層次的概念配對：

學—思

其次，我們要探討聖人之所以成爲聖人所兼備的因素上去把握這一層次的概念配對：

「仁者安仁，知者利仁。」（4・2）

「知者樂水，仁者樂山。知者動，仁者靜。知者樂，仁者壽。」（6・23）

「知者不惑，仁者不憂，勇者不懼。」（9・29）

「樊遲問仁。子曰『愛人』。問知。子曰：『知人』。」（12・22）

---

⑩《論語・子張第十九》，子夏之語。

「樊遲問知。子曰：『務民之義，敬鬼神而遠之，可謂知矣！』問仁。曰：『仁者先難而後獲，可謂仁矣！』」（6．22）

「子曰：『君子道者三，我無能焉：仁者不憂，知者不惑，勇者不懼。』子貢曰：『夫子自道也。』」（14．28）

從以上所引的資料中，我們看出孔子思想中有「仁」「知」並舉，或「仁」「知」「勇」並舉二種概念配對。可是再看樊遲所問者却是「仁」「知」並問，這有可能孔子常常以「仁」「知」兩者作爲君子必備的二個主要德行，前面所引中，孔子把「仁」與「知」作對照就有這種深意，所以，樊遲也就針對這兩種主要德行加以深問。在另外一種概念配對中，「勇」雖居成就君子一德之地位，可是依照孔子本身的說法：

「仁者必有勇，勇者不必有仁。」（14．4）

我們可把「勇」並入「仁」之中，以較簡單的方式來掌握君子之所以成爲君子之德，似極合理恰當。⑪

⑪ 儒門兩大巨子中，孟子喜將「仁」「義」並稱，然亦有以「仁」「知」並稱者，《孟子・盡心章上》，孟子云：「知者不知也，當務之爲急；仁者無不愛也，急親賢之爲務。堯舜之知而不徧物，急先務也；堯舜之仁不徧愛人，急親賢也。」另《荀子・子道篇》：「子路入。子曰：『由！知者若何？仁者何？』子路對曰：『知者使人知己，仁者使人愛己。』子曰：『可謂士矣！』子貢入。子曰：『賜！知者若何？仁者若何？』子貢對曰：『知者知人，仁者愛人。』子曰：『可謂士君子矣！』顏淵入。子曰：『回！知者若何？仁者若何？』顏淵對曰：『知者自知，仁者自愛。』子曰：『可謂明君子矣！』」〈君道篇〉：

在《論語》中，「仁」的概念出現有一百零九次之多，其與諸德目概念之間的關係，根據陳大齊先生的研究結果認爲：「孔子所說的仁，自其核心意義言之，卽是愛，自其構成分子言之，則爲衆德的集合體。」又說：「愛、好像一個光源，放射到自己的身上，則爲克己修己，放射到他人身上，則爲愛人或愛衆，放射到父母上，則爲孝，放射到長者身上，則爲悌，放射到個人的職責上，則爲忠，放射到言行關係上，則是信。愛、照徹上下四方，以構成道德網。原本只是一個愛，因爲所施及的對象不同，乃有各種不同的德名，以示分別，而仁之得爲衆德的集合體，亦正因其以愛爲核心意義。」⑫核心意義的仁，依陳大齊先生的說法幾乎可以「放射」到不同的對象而成各種不同的德名，如此，「仁」成爲涵攝衆德的根本概念，既然「仁」的核心意義是「愛」又不免令人懷疑到「仁」放射到什麼對象上而爲「知」呢？「知」如何由「仁」中放射出來呢？陳大齊先生似乎忘了他自已曾說：「知是義所自出，是義的始基，在概念的性質上，與仁異其類

（續）「……仁知之極也，夫是之謂聖人；審之禮也。」「故知而不仁，不可；仁而不知，不可；既知且仁，是人主之寶也，王霸之佐也。」可見「仁」「知」並列爲論乃是孔門較早的說法，這由孔子開始至孟荀爲止仍然共同運用這一概念配對，惟孟荀時「仁義」成爲一慣用語，這在《論語》中却不見如此用法，不過從孟子以後，論孔子思想的學者都襲此以論孔子思想是「仁義合一」主義，陳大齊孔子學說在自序中卽表明此見解。依作者研究，《論語》是以人格修養爲核心，所成就的是「君子」，故以「仁智合一」爲言。就君子之行事規範而言，是主「仁義合一」。於此看出「仁智合一」「仁義合一」是同一思想格式在不同問題上的表達。

⑫陳大齊著《孔子學說》頁一二四。

別，故不爲仁所涵攝。」⓭其實，根據作者的研究，「仁」與「知」兩個是異質的概念，彼此不相涵攝，這點與陳大齊先生晚年的說法一致，可是「仁」究竟不能視爲「涵攝衆德」，至少，若把「知」視爲德目之一，應把它排除於「仁」涵攝之外。從心理學的觀點論人性的表現有感情與理智兩方面，這是可以對應於倫理學的原理。⓮「仁」的核心意義是愛，愛的表現可歸屬於人性中感情的機能，感情的機能是產生不出理智的機能，因此，對應於理智的「知」不能出於「仁」是很明顯的。可見「仁」「知」本不同質，然而確不得於同具於人性之中，以感情與理智同屬人性之機能之故。理想的人格是情理交融的，仁知兩者本應相濟始成全德，這點在《論語》上也可從單獨言「仁」「知」有蔽上表示出來。

「好仁不好學，其蔽也愚。好知不好學，其蔽也蕩。」（17．8）

另外，從「仁」「知」關係來說，「仁」有待「知」，始成大仁，《論語》上有二處，值得注意：

「知者利仁」（4．2）

「子張問曰：『令尹子文三仕爲令尹，無喜色；三已之，無慍色。舊令尹之政，必以告新

⓭ 同前、頁一二〇。

⓮ 范壽康著《中國哲學史綱要》頁二七，也曾從心理學的角度把精神的活動姑且分作知情意，以與倫理學上之仁、知、勇相對應。另見，陳大齊先生最晚期的著作《孔子言論貫通集》頁十六，也由從這角度來說明。他說：「仁既是愛，自亦屬於感情。」

令尹。何如？』子曰：『忠矣！』曰：『仁矣乎？』曰：「未知，焉得仁？』『崔子弒齊君，陳文子有馬十乘，棄而違之。至於他邦，則曰：猶吾大夫崔子也。違之。之一邦，則又曰：猶吾大夫崔子也。違之。何如？子曰：『清矣！』曰：『仁矣乎』曰：『未知，焉得仁？』（5.19）

爲什麼說「知者利仁」呢？仁是愛，不管是自愛，愛他，愛百姓，但如何才能達到這個目的呢？這就不能沒有「知」，沒有「知」的「愛」其蔽在愛得不恰其分，或徒有理想胸懷而所選擇的方式却是背道而馳，甚至淪爲一廂情願，這就是「愚」行。其次，就第二則引文，看出孔子對令尹子文與陳文子，只許其「忠」「清」，最後均以「未知，焉得仁？」作結，知道「仁的完成之有待於與智的融合。」⑮「仁」與「知」的交融就是人格最完美的境界，作者把它作爲聖人所備之德而言，這是孔子思想中的理想人格，若單指「仁」或「知」，均是屬於特別重視某一德的一偏之言。在《論語》中所提到理想人格最重要的有聖人、仁者、君子、賢者。依陳大齊先生的研究：「孔子有些言論，表示聖人仁者與君子之間有着人格高下的不同，又有些言論，表示君子等於仁者，且亦等於聖人。」「賢者卽是仁者。」「賢者與君子可以說是相等。」「聖人仁者與君子三名之間，有著人格高下的不同，聖人最高，仁者次之，君子又次之。」⑯現在若吾們不必太計其

⑮ 陳大齊著《孔子言論貫通集》，頁十五。

⑯ 同⑫、頁二五二、二五三、二五〇。

人格上的差異，當可以「仁」「知」屬聖人之德，是沒有問題的。這我們可從《論語》、《孟子》、《中庸》中得到參證。

「陽貨欲見孔子，……遇諸塗。謂孔子曰：『來！予與爾言。曰：懷其寶而迷其邦，可謂仁乎？曰：不可——好從事而亟失時，可謂知乎？曰：不可——日月逝矣！歲不我與！』孔子曰：『諾！吾將仕矣！』」（17．1）

「子曰：若聖與仁，則吾豈敢？抑爲之不厭，誨人不倦，則可謂云爾已矣。」（7．34）

「昔者子貢問於孔子曰：『夫子聖矣乎？』孔子曰：『聖則吾不能，我學不厭而教不倦也。』子貢曰：『學不厭，智也；教不倦，仁也。仁且智，夫子旣聖矣。』」（《孟子譯注》3．2）

「子曰：『好學近乎知，力行近乎仁，知恥近乎勇。知斯三者，則知所以修身；知所以修身，則知所以治人；知所以治人，則知所以治天下國家矣！』」（《中庸．哀公問政》）

從第一章，可看出「仁」與「知」是當時流行的概念配對，陽貨以「仁」「知」責孔子，當知「仁」「知」是當時對君子所要求的必備之德，由後三章中，觀其聖之要件在「仁且智」，若再按《荀子．子道篇》所言之「士」、「士君子」、「明君子」（詳見註十一所引）均「仁」「知」並舉爲成德的要件，亦可爲佐證。「君子」一辭在《論語》中的用法，可能有二種，一則指當時擁有某種社會地位的領導者，如一國之君，另則指具有足以治人之德者而言。一個人從無德到有德是成爲君子的過程，一個擁有特殊社會地位的領導者，孔子則以名責實，《論語》中凡言君子與小人對言者均可作如此解。如此具有治人之德者可謂「君子」（就德言），實際上已居君子之位者（就統治地位言）更可謂之「君子」，若得時而足以安天下，那便是「王」了。⑰故知「仁」與「知」是成聖的概念配對。依前所引述者，可表如下：

仁……安仁……樂山……靜……壽……不憂……愛人
知……利仁……樂水……動……樂……不惑……知人

孔子自十五歲開始學作聖人，三十歲已能立於禮，四十歲已能對人事之理不再疑惑，這是達到「智」的境界，可是到達五十歲時才體悟到「天命」的存在，這時已達到「君子」之智的境界了。《論語》上載：

---

⑰ 《論語・憲問第十四》云：「子路問君子。子曰：『脩己以敬。』曰：『如斯而已乎？』曰：『脩己以安人。』曰：『如斯而已乎？』曰：『脩己以安百姓。脩己以安百姓，堯舜其猶病諸！』」可見「仁」與「知」是脩己治人，安天下百姓之根本的德行。如果在治國平天下上，更應該發揮仁德，愛百姓，這是孔子特別重視仁，是有時代的背景的。後來孟子特別注重仁政，這是孔子後學專向仁德一面發展的緣故，若荀子則已糾正這種重仁的傾向而救之以智，荀子重學，即是注重知的一線發展下來。後來法家論君主治國都是重君主之『智』，故講「明君」、「明主」，這個「明」字最足以表示「智」。若從孔子之理想而言，孔子主張優秀的領導者應既仁且智，原無偏頗也。

「不知命，無以為君子也。不知禮，無以立也。不知言，無以知人也。」（20・3）

「五十而知天命。」（2・4）

「『君子道者三，我無能焉：仁者不憂，知者不惑，勇者不懼。』子貢曰：『夫子自道也。』」（14・28）

「子路問君子。子曰：『脩己以敬』。曰：『如斯而已乎？』曰：『脩己以安人。』曰：『如斯而已乎？』曰：『脩己以安百姓。脩己以安百姓，堯舜其猶病諸！』」（14・42）

孔子一生奮鬥就是希望在現實政治上大展其理想抱負，到五十歲時自己以自許有足夠的能力出來擔當「安人」的任務，依《史記・孔子世家》的記載，孔子五十歲時孔子為中都宰一年，四方則之，於是又更為司空、大司寇。五十一歲時輔魯定公會齊景公于夾谷，得大勝利。五十六歲時由大司寇攝行相事⑱，誅魯大夫少正卯。後來季恒子受齊女樂，魯君三日不朝，孔子於是去魯而週遊列國，希望找到一個能用他的國君，好好在「天下無道」的時代裏有一番作為。孔子一生的志向可見以下所引：

「顏淵季路侍。子曰：『盍各言爾志？』子路曰：『願車馬、衣輕裘、與朋友共，敝之而

---

⑱ 崔適著《史記探源》卷六〈孔子世家〉目下云：「案『攝行』各本倒作『行攝』。今依〈魯世家〉『攝行政訂正」。作者按〈魯世家〉原文中有「攝當國、行君事」、「行相事」、「攝行政」諸詞，知攝、行二字合用當以「攝行」為正，絕無作「行攝」者，今從崔適改正。

無憾。』顏淵曰：『願無伐善，無施勞。』子路曰：『願聞子之志。』子曰：『老者安之，朋友信之，少者懷之。』」（5．26）

要完成這個志願唯有從政，有關從政的主張見諸《論語》者大多是針對時代問題，或當時的世主們、執政者，或有志於從政者的個人缺點或病症，提出補弊救偏的對治論，有些是陳述孔子自己如有機會從政的對治論，其餘便是純理想的言論。他希望天下的領導者有如堯、舜、禹那樣，能以禮讓爲國，而公天下。堯、舜、禹在孔子心目中就是聖王，所以再三的贊歎：

「大哉堯之爲君也。巍巍乎！唯天爲大，唯堯則之。蕩蕩乎！民無能名焉！巍巍乎！其有成功也。煥乎其有文章！」（8．19）

「巍巍乎！舜禹之有天下也，而不與焉！」（8．18）

「禹，吾無間然矣！非飲食而致孝乎鬼神，惡衣服而致美乎黻冕，卑宮室而盡力乎溝洫，禹，吾無間然矣！」（8．21）

但是孔子的理想得有許多孔子理想的聖王明君才會用他，可是週遊列國中却到處受困。而且還受到楚狂接輿、長沮桀溺、以杖荷蓧的丈人等等隱者的奚落，孔子曾說：

「天下有道，丘不與易也。」（18．6）

子路也曾說：

「君子之仕也，行其義也，道之不行，已知之矣！」（18．7）

這時的孔子，正是如另一晨門者所說的：

「是知其不可而爲之者與？」（14．38）

的確，在當時孔子已意識到「道不行」，欲「乘桴浮于海」，「欲居九夷」，可是孔子依然不完全絕望，如遇有召者必欲往召。《論語》中有下二章：

「佛肸召，子欲往。子路曰：『昔者由也聞諸夫子曰：親於其身爲不善者，君子不入也。佛肸以中牟畔，子之往也，如之何？』子曰：『然，有是言也。不曰堅乎？磨而不磷。不曰白乎？涅而不緇。吾豈匏瓜也哉？焉能繫而不食？』」（17．7）

「公山弗擾以費畔，召，子欲往。子路不說，曰：『末之也已，何必公山氏之之也？』子曰：『夫召我者，而豈徒哉？如有用我者，吾其爲東周乎？』」（17．5）

此二章最遭學者非議，例如，崔述在其《洙泗考信錄》中辯其不合事實，進而否定今本《論語》非孔子《論語》之原本及非漢初《魯論》舊本，而後世據此以論者大有其人，然細考其論，或據《左氏春秋》以駁《論語》，或以孔子作《春秋》將以治叛賊，何故自欲應叛賊召爲由，否定《論語》此二章之記載，其中論據殊多主觀推斷之詞。然此項否認，在專制時代，學者基於明哲保身的顧慮而諱言是有些許理由，可是後世學者以思想禁錮日久，安於固陋，漸失反省批判的能力，未能正視這三章及歷史上所呈現的政治運動的事實，以補充《左氏春秋》，反而疑諸《論語》，這就未免削足適履了。清劉寶楠及今人羅夢册先生，獨能提出質疑，最足發人深省[19]另有金履祥所著《通鑑前編》提到孔子欲應召是欲「張公室」。

「公山不狃以費畔季氏，佛肸以中牟畔趙氏，皆家臣畔大夫也。而召孔子、孔子雖卒不往而云欲往者，蓋大夫畔諸侯而陪臣以張公室爲名也。子韓晳曰：『大夫而欲張公室，罪莫大焉。』此是當時流俗之言也，抑大夫而欲張公室亦名義也，故欲往以明其可也。然二人者皆以己私爲之，非眞可與有爲也，故卒不往，以知其不可也。」（劉寶楠《論語正義・公山弗擾章下》所引）

則「張公室」與孔子「正名分」有關，可是依公羊學者董仲舒的看法，孔子正名分之措施有層次性，在一國之內則討大夫尊諸侯，在天下之內則退諸侯尊天子，在天地之內則貶天子以奉天，故「張公室」並不意味維護諸侯國君的利益，以天下無道久矣之故，孔子之心當在救世行道。劉寶楠說：

「蓋聖人視斯人之徒莫非吾與，而思有以治之；故於公山佛肸皆有欲往之意，且其時，天下失政久矣！諸侯畔夫子，大夫畔諸侯，少加長，下凌上，相沿成習不爲怪，若必欲棄之而不與易，則滔滔皆是，天下安得復治？故曰：『天下有道，丘不與易也。』明以無道之故而始欲往也。且以仲弓子路冉有皆仕季氏，夫季氏非所謂竊國者乎？而何以異於

---

⑲ 劉寶楠《論語正義》於〈公山弗擾章〉下云：「《史記・孔子世家》載以費叛召孔子在定九年、可補左氏之遺。趙氏翼《陔餘叢考》信《左傳》而反議《史記》，並疑《論語》則過矣。」另見羅夢册著《論孔子未王而王論》頁七三～八七。

畔乎？子路身仕季氏而不欲夫子赴公山佛肸之召，其謹守師訓，則固以『親於其身爲不善』『君子不入』二語而已，而豈知夫子用世之心與行道之義，固均未爲失哉？」（見《論語・正義佛肸章下》）

所以，孔子欲赴畔大夫之二家臣之召，在孔子的意識裏有甚深的救世動機。我們唯有正視這二章的資料，透過其中的訊息，才能了解孔子急欲改革當時政治的意願，這也就是《公羊傳》以下所述孔子微言之所自，公羊家視孔子爲「素王」，原是宗主孔子晚年的政治理想而來。孔子急欲往召，顯出了孔子法堯舜禹諸聖王，改革政治，照顧天下的百姓啊！孔子自述「五十而知天命，六十而耳順（耳順，此衍「耳」字，當作六十而順）」⑳應是說明了孔子五十歲時體悟到天所賦予於救世任務，六十歲時便以全副精神，順天命而行——爲王者之事。不稍說，孔子的理想是聖王合一。聖人將他的志向落實到天下，便是朝夕嚮往的目標。是以，聖王將是另一個概念配對了。

聖一王

⑳ 程石泉著《論語讀訓解故》頁十四，此章下云：『按陳鐵凡《敦煌論語校讀記》：《敦煌論語集解》殘卷S・4696作「六十如順。陳君按：「此又如、而通用之一例。」……又據于省吾《雙劍誃論語新證》引韓愈《論語筆解》謂：「耳當爲爾，猶言如此也。」于君又謂：「耳字乃衍文。然自漢時已如此。……」按此章文理，應無「耳」字。「耳」字必爲後人所誤入。』按程先生所引斷言甚是，今依此作「六十而順」方能順「五十而知天命」之語，其意乃是「六十而順天命」，不能如皇侃、朱熹以「耳順」爲解。

可是非常不幸，孔子的這個理想並沒有實現，到了晚年甚至於說：

「甚矣！吾衰也，久矣吾不復夢見周公。」（7．5）

「鳳鳥不至，河不出圖，吾已矣夫！」（9．9）

「莫我知也夫！子貢曰：『何爲其莫知子也？』子曰：不怨天，不尤人，下學而上達，知我者其天乎！」（14．35）

「顏淵死。子曰：『噫！天喪予！天喪予！』」（11．9）

「予欲無言。子貢曰：『子如不言，則小子何述焉？』，子曰：『天何言哉？四時行焉，百物生焉，天何言哉？』」（17．9）

「七十而從心所欲，不踰矩。」（2．4）

從以上所引，我們可以看出七十歲以後的精神狀態，對先前以天命自知自負的願望已因年高而不復有實際實現的希望——不復夢想實現周公之道。太平盛世的來臨已不可能了，像孔子這樣「下學而上達」的人居然無法實現這個理想，而這個理想在當時沒有人能了解他，孔子只好說：「知我者其天乎！」，不但如此，天還奪去了他最心愛的高徒顏淵的生命，這簡直天也要奪去他的生命似的。根據《史記．孔子世家》孔子晚年自知道已不得行於當世，爲了彌補他心中救世的心願，就藉魯史作《春秋》，「是非二百四十二年之中，以爲天下儀表，貶天子，退諸侯，討大夫，以達王事而已矣。」[21]這個階段，可以說是孔子精神由外返內，不欲多言，甚至無言的時候，此時心已平靜，與天同流，這也就是「七十而從心所欲，不踰矩。」後世儒者特別發揮此一階段之學者，卽述此由人通天，至天人合一境界之學也。這層境界，雖非孔子所明言（以孔子無言故），但在《論語》中有以上的資料留傳下，為後儒所喜言而發揮的所謂「天人合一」之境界了。我們，似可以孔子雖未明言，而不謂其所必無，將此一概念配對列之如下：

天—人（聖）

於是，我們統觀孔子一生，其言論中涵蘊著如上所分析的概念配對，而且也暗合孔子的修養的進境之結構。從孔子的理想上看，凡以上所列諸概念配對之合一、兼持、並用、雙濟、得宜者均屬之，而凡單舉一端者為應機施教、補弊救偏之對治論。假如吾人就成聖所必備之修養條件、途徑、及得時與不得時之心境轉變而言，從以上諸概念配對中，選出某些比較明顯之關聯，配成一圖如下：

㉑ 見《史記・太史公自序》，述董生語。

如果將其帶有內容的格式分開來，則

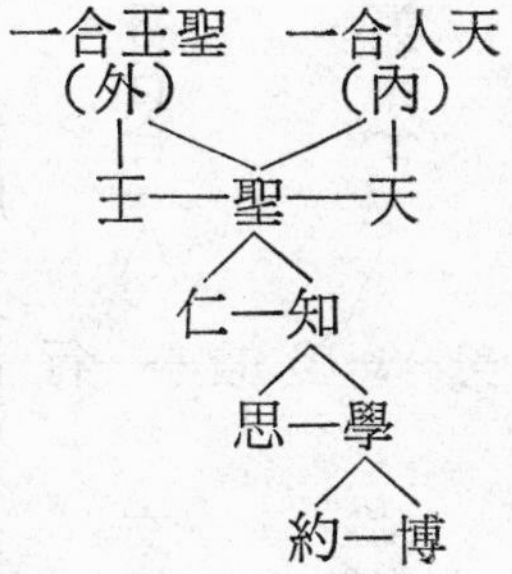

㈠博約合一是致學的理想方法

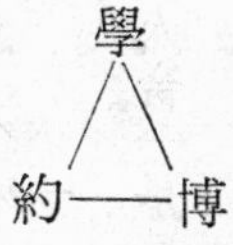

㈡學思合一是求知（智）的理想途徑

㈢知仁合一是理想人格的完成

(四)聖王合一是聖人得時在位，爲政治領袖之完美典型

(五)天人合一是精神高度修養時與天冥契無間的境界

此外，凡前所分析出諸概念配對，亦可如此作圖，如：

等等不全備列，但統觀其結構，均是同一基本格式，若以概念之配對爲兩端（「甲端」、「乙端」），而以合一、兼用，雙濟兩端者爲理想境界，稱爲「中」，則其圖如左：

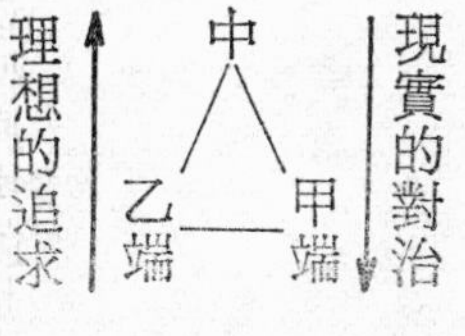

作者於此，當有必要爲此一基本格式作進一步的說明：

㈠此三角形之頂，即所謂「中」，是指一種理想的情況。

㈡「中」的層次高於甲乙兩端，表示二端的高度統合與配合。

㈢甲端與乙端似相反而實相成。

㈣由甲乙兩端向上發展是理想的追求，由「中」向下落實是現實的對治，孔子的思想中，凡屬甲乙兩端者均是對治論，乃以理想衡諸現實，對現實提出的一種補弊救偏之論，其特色在隨時、隨地、隨人而不同。反之，「中」是指在現實中所欲追求的理想境界。

三、結　論

透過作者的觀察，孔子對自己的言論是有「一貫」的自覺，見其答子貢以非「多學而識」且「一以貫之」㉒，知孔子是有他自己在學習中所悟出的一種運思原則，這個原則恐怕也是相傳自堯舜禹歷世相傳的所謂「允執其中」之道㉓，有了這個基本原則，足以時時在現實中追求更高一層的理想，反過來，有了理想的目標，解決現實問題的方案早就呼之欲出了。我們若根據這個原則，同樣地，可以判定中國哲學中儒學發展的偏向或導向，也可以作爲個人立身處事的一個靈活的原則，這個原則就是由孔子的言論中分析出其各概念配對所共同擁有的普遍基本格式。

㉒ 見❹。

㉓ 《論語・堯曰》第二十。

論孔子所面臨的時代問題及其對治之道

一、前　言

一個思想家對某一個時代提出某種學說，就如同一個醫生爲某一個病人開處方一樣。因此，任何一種學說除非是涉及超時代的問題之解答，否則當落實在時代的現實層面上觀察，才能顯出其所以如此說的切當性，親切性。孔子的學說，若從這個角度去了解，更能顯出它的深刻意義，絕非泛泛虛論。孟子說孔子是「聖之時者」❶，的確，沒有掌握這個「時」的關鍵，就不能如實地了解孔子的思想。本文的目的卽在對孔子所面臨的時代問題及其對治之道進行研究。

---

❶《孟子・萬章上》，見《孟子譯注》，頁二三三。

二、孔子所面臨的時代問題

孔子生於魯襄公二十二年，卒於魯哀公十六年，享年七十三（551～479 B.C.）❷。若將東周自周平王東遷計入，至《左傳》記事終止之魯哀公二十七年止（770～469 B.C.）計三百零三年時間算作春秋時代，則孔子一生正值春秋時代的晚期。歷史上，將春秋時代分作三期，㈠霸前時期，㈡霸政時期，㈢霸政衰微時期。霸前時期的現實形勢，依史家的研究，其現象是共主衰微，王命不行。（平王崩，魯不奔喪是一例。）其次是列國內亂，諸侯兼幷，由是而引起戎狄橫行於中國。當時中國本是華夷雜處，而所謂華夏係指耕稼城郭諸邦，夷狄是指遊牧部落，也可說二種文化，生活不同的大小團體雜處在一起。當初，西周封建本是一種耕稼民族的武裝拓殖，散落各

❷ 按孔子之生年有二說。依《公羊傳》載：「襄公二十一年十有一月庚子，孔子生。」依《史記・孔子世家》載：「魯襄公二十二年而孔子生。」《史記・索隱》云：「今以爲二十二年，蓋以周正十一月屬明年，故誤也。」又云：「若孔子以魯襄二十一年生，至哀十六年爲七十三；若襄二十二年生，則孔子年七十二。經傳生年不定，致使孔子壽數不明。」今依崔適《史記探源》卷六〈孔子世家〉條目下所推定，以《公羊傳》所載爲誤，當從《史記》，並推定孔子生於魯襄公二十二年十月庚子，至魯哀公十六年四月己丑止，孔子年爲七十三。又見《皇清經解續編》卷千四百十四孔廣牧著《先聖生卒年月日考》其結論亦同崔適所言。

處，當本身武力尚強時，夷狄尚不敢侵犯城郭諸邦，現在列國內亂了，彼此互相兼幷，夷狄便乘機入侵，《公羊傳》僖公四年夏記載：「南夷與北狄交，中國不絕若線。」，而所謂「中國」是指沐浴禮樂教化的文化城邦，嚴格地說，是指一個高度文化的團體。《公羊傳》的意思是道出了中國文化面臨着夷狄摧殘的危機，還好，當時齊桓公提出「尊王攘夷」的建議，立卽得到華夏諸國的擁護，同時也採取禁抑篡弒、裁制兼幷的措施，穩定了內亂的情勢，此後這項工作，贊助於宋，完成於晉，這個階段便是所謂的霸政時期。順着這個時期，由於盟會頻繁，諸侯畏勞，常使卿大夫代行，代行日久，相互結援，操權篡弒，遂演成大夫專政之局，這便是所謂的霸政衰微時期❸，孔子所見的時代，正逢這個階段，孔子說：

「天下有道，則禮樂征伐，自天子出。天下無道，則禮樂征伐，自諸侯出。自諸侯出，蓋十世希不失矣！自大夫出，五世希不失矣！陪臣執國命，三世希不失矣！天下有道，則政不在大夫，天下有道，則庶人不議。」（16·2）

「天下有道，則政不在大夫」，可是當時事實上政在大夫，在孔子心目中，當時爲「無道」之世可知矣！然而無道並非始於此，自周平王東遷以來就已開始了，平王有弒父之嫌，不爲正義所歸附，爲天下共主之威信逐漸掃地便是具體的明證。孔子批評當世用「有道」「無道」的概念，則

❸ 按此段有關春秋時代的年限，分期以及各期中的歷史現象，均依錢穆先生的見解。見《國史大綱》，頁三六～四九。

當了解「道」是指什麼？據作者的了解，從內容上看是「德」，從形式上看是「禮」❹。「德」

❹作者以爲孔子之思想中之「道」是以德爲內容，以禮爲形式。此一斷言本屬另一專文之結論，今爲行文方便，將其理由列於註中，扼要述之於下：依楊伯峻編著《論語譯注》一書末附有〈論語詞典〉中所統計，《論語》中「道」字出現六十次（按指在六十章中出現過，非指實際出現字數，依《論語引得》計算出現八十九次）其中屬孔子的術語佔四四次，有時指「道德」、有時指「學術」、有時指「方法」。有時指「合理的行爲」佔二次，指「道路、路途」佔四次，指「技藝」佔一次，以上作名詞用之「道」的意義。另作動詞用者，作「行走、做」佔一次，作「說」佔三次，作「治理」佔三次，作「誘導，引導」佔二次。今考察孔子思想之宗旨，其歸結在批導時代，指出應爲的人生正道，故此「道」當屬價値意義。陳大齊先生在《孔子學說》一書頁一〇五～一〇九中指出凡作動詞的「道」與作爲中心概念的「道」無關，卽使作爲名詞意義的「道」亦有事實之「所由」義，與價値之「應由」義。作爲致善的學問的「道」字，應以價値義爲限。並引《孟子》說：「孔子曰：『道二：仁與不仁而已矣』」（〈離婁上〉），指出「道」卽「仁道」。同書頁一一三云：「道的內容是仁，德的內容亦是仁。」「德與道、雖不無小異，其實盡同。」同書頁一一九云：「仁之爲衆德的總稱，是綜合衆德爲一整體，兼具衆德的內容。……德之爲衆德的總稱、是抽取衆德的共同性質而成，不兼具衆德互異的內容，其與衆德的關係、是大類小類間的關係，故德之爲名，可以周徧而個別地適用於衆德之上。……仁是集體概念，德是普徧概念。」同書頁一二一～一二四云：「仁、於衆德的集合體外，尙有其核心的意義。仁之得以擔當衆德集合體的任務，乃其核心的意義所使然。……綜上所述，孔子所說的仁，自核心意義言之，卽是愛，自其構成分子言之，則爲衆德的集合體。」陳先生以「仁」有核心義，其如光源，照在不同對象上而有不同的德目，如孝、悌、忠、信……又有集合義，卽合衆德爲一體。其次，就「天下有道，則禮樂征伐，自天子出。天下無道，則禮樂征伐，自諸侯出。」言之，此「道」指完美的制度言，制度卽是節文。依《論語》，

與「禮」都是屬於文化的內容。於是，我們當進一步探討周朝爲政的根本理想，這個理想就在宗法封建制度之所以確立的精神上面。

史傳周文王以有德王天下，故在克殷後，尤兢兢以德治爲務❺，對殷所遺留的文化問題思以解決。周之定天下，其憑藉在周禮的制訂，依王國維〈殷周制度論〉謂：

(續)禮有兩義，一指節文、即禮之末、與時變的部分，一指禮之本、不可變的部分。陳大齊先生從「人而不仁，如禮何?」推定仁是禮不可或缺的內容。(見該書頁一五二）又說:「義是質，禮是文。」(同上頁一六三)「義與禮是一事的表裏，互相依存。」(同上頁一六六）以上所出現的諸概念主要有道、德、仁、義、禮。其概念之立名含義各有所重，其間同異有從表裏論者，有從本末論者，有從殊相共相論者，有從分子集合論者，有從外延內含論者……今本吳康先生以「道」是孔子全部思想中最高之統一形式，即是最高之共相（見《孔孟荀哲學》上册、頁二二）之意，以「道」爲虛名，則「道」之體即是「仁」，「道」之相即是「德」，「道」之用即是「道」（「道」之本義即是「行」，行是實義，此上之「道」爲虛名，下之「道」爲實義），「道」之文即是「禮」。本文中，以「德」爲「道」之內容，是從「道」之「相」言，有「殊相」而有「衆德」，有「共相」而有「德」之名；以「禮」爲「道」之形式，是從「道」之「文」言。德與仁之立名，依此而言，一是「道」之相，一是「道」之體。一體而萬相，故本文首先以「德」言，末以「仁」言。而所謂「義」也者即是「應爲之德行。」而「道」也者亦指「應爲之行爲」（道之實義），故「有道」即是「有義」，「無道即是無義」，「道」與「義」實名異而實同。

❺ 王國維〈殷周制度論〉文末段引《尚書．牧誓》、〈多士〉、〈多方酒誥〉、〈西伯戡黎〉、〈微子〉、〈召誥〉，而斷言道：「是殷周之興亡，乃有德與無德之興亡。故克殷之後，尤兢兢以德治爲務。」

「周人制度之大異於商者，一曰：立子立嫡之制，由是生宗法及喪服之制。並由是而有封建子弟之制，君天下臣諸侯之制。二曰：廟數之制。三曰：同姓不婚之制。此數者，皆周之所以綱紀天下。其旨則在納上下於道德。而合天子諸侯卿大夫士庶民以成一道德之團體，周公制作之本意，實在於此。」

「古人言周制尚文者，蓋兼綜數義而不專主之謂。……周人以尊尊之義經親親之義而立嫡庶之制；又以親親之義經尊尊之義而立廟制，此其所以爲文也。」

「尊尊、親親、賢賢，此三者治天下之通義也。周人以尊尊親親二義上治祖禰，下治子孫，旁治昆弟。而以賢賢之義治官。故天子諸侯世，而天子諸侯之卿大夫皆不世。蓋天子諸侯者，有土之君也。有土之君，不傳子，不立嫡，則無以弭天下之爭。卿大夫士者，圖事之臣也，不任賢，無以治天下之事。」

「周之制度典禮，實皆爲道德而設，而制度典禮之專及大夫士以上，亦未始不爲民而設也。」

「制度典禮者，道德之器也。周人爲政之精髓，實存於此。」

如上所述，除第一段引文，所謂「周人制度之大異於商者」之「大異」有待修正外❻，大體而言

❻ 張光直《中國青銅時代》一書中第二篇〈從夏商周三代考古論三代關係與中國古代國家的形成〉（原載《屈萬里先生七秩榮慶論文集》臺北，聯經出版事業公司，一九七八，頁二八七～三〇六）頁三一～六

所論甚精。周朝平天下之資具就是《周禮》，《周禮》根本上是以宗法的倫理親情滋潤封建之尊尊的政治體制，企圖以親情「化解或支撐」權力的「緊張或運作」，結合「倫理」與「政治」爲一體。從大宗統小宗的立場，當然倫理道德的講求是政治運作的基礎，我們更可以說周朝的政治

(續)三謂：「我覺得我們過去對三代古史看法的兩個元素，現在要經過根本性的修正。這兩個元素，一是對三代的直的繼承關係的強調……二是將三代一脈相承的文明發展看做在中國古代野蠻社會裏的一個文明孤島上的一件孤立的發展……。最近的考古研究使我們對新舊史料重新加以檢討的結果，使我覺得這二個元素是對古史眞相了解的重大障礙。夏商周三代之間的橫的關係，才是了解中國古代國家形成過程的關鍵。……我對三代的看法是這樣的：夏商周在文化上是一系的，亦即都是中國文化，但彼此之間有地域性的差異。另一代關係與三方面，在政治上夏商周代表相對立的政治集團；它們彼此之間的橫的關係，才是了解三代發展的關鍵，同時亦是了解中國古代國家形成程序的關鍵。……從新舊文字史料來看，夏商周三代的文化大同而小異。……再從社會組織的特性和發展程度來看，夏商周似乎都具有一個基本的共同特點，即城邑市的宗族統治機構。……君王的繼承制度三代間也有基本上的類似；這方面三代之中以商較爲清楚，見拙作〈商王廟號新考〉和〈談王亥與伊尹的祭日並再論殷商王制〉兩文。一致說來，商王以十日爲名，是代表王室內宗族分類制度；五室內十號宗族分爲兩組，輪流執政，與周初的昭穆制度是相同的。」又見該書第七篇〈商王廟號新考〉頁一八五云：「我們從廟號分析上對商王繼承法所得結論，適與王國維相反：子繼爲常，而弟及爲變。」根據張光直先生的研究成果，我們可以說：周人制度並非大異於商。至少就王位繼承制，廟數之制，二者而言如此。目前對商廟（子姓）到底是行族內婚或族外婚，如周廟（姬姓）行同姓不婚制還有爭論，姑存疑。（參見該書頁一六九～一七〇。）另外較早的學者陳夢家先生之《殷虛卜辭綜述》一書，對王國維的論斷，亦有修正，可參看該書結論部分、頁六二九～六三一。

是周朝宗法（倫理）的延長，儒家的政治學說根本上是以周公制禮的理想為理想而展開的，所謂的「德治」、「禮治」就是最好的證明。

從文化的特質來說，西漢時已有「夏尚忠」、「殷尚敬」、「周尚文」，或以「殷質」「周文」的說法，可見周以「文」爲盛，「文」是周的特質，所謂「禮儀三百，威儀三千」（《中庸》）「文之以禮樂」（14．12）孔子就說過：

「周監於二代，郁郁乎文哉！吾從周。」（3．14）

「文」是周朝的文化特質，它是周朝一代文化發展的指導方針，整個時代的風尚，政治體制，人格教育無不受制於它，西周的盛世就是周文的具體的結果；然而，自周平王東遷以來，王命不行，諸侯內亂，大夫專政，僭禮頻生，務利尚力，競相浮誇，孔子對當時諸多現象，有深刻的反省，並提出了他的看法。據作者的研究，可分三類：

（一）文化問題

「文化」在古代，可以一「禮」字所含攝❼。中國自古號稱禮義之邦，禮義便是文化的核

❼ 李宗侗〈史官制度——附論對傳統之尊重〉（臺大、《文史哲學報》第十四期、頁一一九～一五七）頁一四二～一四三引左傳昭公二十五年「子大叔見趙簡子」一段文字，接着說：「由子大叔這一段話看起來，他所謂禮，就是包括一切典章制度，社會組織，君臣上下的秩序，婚姻男女的分別，甚而至於個人

心，孔子晚年删《詩書》、訂禮樂、贊《易》、作《春秋》，無非是傳述文化的工作。維護文化的目標就是使我們這個世界是個「人文化成」的世界，不是個禽獸的世界。所以，孔子在討論華夏夷狄之別時，尤在於文化的維護，孔子說：

「夷狄之有君，不如諸夏之亡也。」（3．5）

「管仲相桓公，霸諸侯，一匡天下，民到于今受其賜，微管仲，吾其被髮左衽矣！」（14．17）

「桓公九合諸侯，不以兵車，管仲之力也。如其仁！如其仁！」（14．16）

諸夏卽使無君，尚能依禮不亂，不致於如夷狄之全仗政治權力來維繫，一失君便完全瓦解。管仲之所以配稱乎「仁」者，在乎維護華夏文化之功。如按之《春秋》，則以華夏屬禮義之邦，乃華夏之行合於禮義之故，若不合禮義，則視爲新夷狄。《春秋繁露．竹林篇》云：

「《春秋》曰：『鄭伐許』，奚惡於鄭而夷狄之也。曰：衞侯遬卒，鄭師侵之、是伐喪

（續）的喜怒哀樂都要合於禮節。」頁一三七云：「禮並不是指禮節，而是指着關於當時社會間的一切傳統。」又見錢穆先生《國史大綱》頁六六云：「大抵古代學術，只有一個禮。古代學者，只有一個史。」徐復觀先生《中國人性論史～先秦篇》頁四九云：「春秋時的道德觀念，較之春秋以前的時代，特爲豐富；但稍一推究，殆無不以禮爲依歸。」綜合以上三位學者的研究，我們可以「禮」含攝中國古代的傳統文化。

也。鄭與諸侯盟于蜀，以盟而歸諸侯，於是伐許，是叛盟也。伐喪無義，叛盟無信，無信無義，故大惡之。」

由董仲舒之言，知《春秋》要求華夏爲禮義之邦。《春秋公羊傳》昭公二十三年秋經「戊辰，吳敗頓、胡、沈、蔡、陳、許之師于雞父。胡子髡、沈子楹滅，獲陳夏齧。」下云：

「此偏戰也，曷爲以詐戰之辭言之，不與夷狄之主中國也。然則曷爲不使中國主之？中國亦新夷狄也。」

何休《解詁》云：

「中國所以異乎夷狄者，以其能尊尊也。王室亂，莫肯救，君臣上下壞敗，亦新有夷狄之行，故不使主之。」

由孔子之贊許管仲維護之功，則知當時中國文化之存亡。在文化衰亡之際，才顯得文化必須護持的迫切性。夷狄之所以能入侵，表示中國文化本身衰微。文化本來是隨時調暢才有活力的。孔子說：

「殷因於夏禮，所損益，可知也。周因於殷禮，所損益，可知也，其或繼周者，雖百世可知也。」（2・23）

文化的運作是要時時調適損益，如果不能調適，隨卽僵化，淪於形式、器物之保存。孔子說：

「禮云禮云，玉帛云乎哉？樂云樂云，鐘鼓云乎哉？」（17・11）

禮樂有禮樂的精神面與物質面。若以《易．繫辭上》傳「形而上者謂之道，形而下者謂之器。」分之，則精神面屬於「道」，物質面屬於「器」，「器」本來彰顯「道」的，可是後來「器」不足以彰顯「道」時，應當變「器」以從「道」，絕對不是執著了「器」，就得到了「道」。只是玉帛、鐘鼓的「器」的講求以爲就是禮樂，那是文化精神的喪失，孔子指出了那個時代文化問題的癥結。問題看清楚了，解決的辦法就在其中了，那就是趕緊找回「道」（精神），這便是求本。孔子對其學生林放問禮之本時，贊美說：「大哉問！」表示林放了解了「求本」的重要性，抓住了文化問題的核心。

「林放問禮之本。子曰：『大哉問！禮，與其奢也，寧儉；喪，與其易也，寧戚。』」（3．4）

「祭如在，祭神如神在。子曰：『吾不與祭，如不祭。』」（3．12）

「子曰：『奢則不孫，儉則固，與其不孫也，寧固。』」（7．36）

「子曰：『麻冕，禮也；今也純，儉，吾從衆。拜下，禮也；今拜乎上，泰也。雖違衆，吾從下。』」（9．3）

禮是有文質兩面，質的一面就是本，文的一面就是末，本末原是一整體而不可分，可是在不可兼得的情況下，寧儉其末而全其本。就以祭祀爲例，當時諸侯等怠政爲常，就連像祭祀祖先的重大典禮，也不親自出席，而委任臣下虛應了事，孔子特就祭祀的本義，提出了「吾不與祭，如不祭」的批評。祭祀本在誠心肅穆，不在虛應形式。

禮的精神是一種人文精神，周初提出「禮」是針對殷文化尊天事鬼之弊病而來，《白虎通義．三教篇》云：

「王者設三教者何？承衰救弊，欲民反正道也。三王之有失，故立教以指受。夏人之王教以忠，其失野；救野之失莫如敬。殷人之王教以敬，其失鬼；救鬼之失莫如文。周人之王教以文，其失薄；救薄之失莫如忠。繼周而黑，制與夏同。三者如順連環，周而復始，窮則反本。」

我們知道：周針對殷文化之弊提出「文」以治之，可是殷之餘習亦難完全根絕，譬如民間信仰中應於人性的弱點而有祭神要福之事，甚至於淫祀，這簡直是惑於鬼神了❽。孔子在這一方面仍然維持周文的精神，所謂「從周」便是，《論語》中，孔子對這種淫祀及惑於鬼神的行爲，有如下的批評：

「非其鬼而祭之，諂也。」（2．24）

「務民之義，敬鬼神而遠之，可謂知矣。」（6．22）

---

❽ 依漢人的說法：殷尙鬼，也就是宗教信仰特盛的時代。參照日本白川靜著《甲骨文的世界——古殷王朝的締構》一書，可證實殷商是個宗教權威至上的氏族社會，祖祭成了生活的中心，卜筮決定了日常生活的一切（該書譯者序言）。

的確，鬼神之事是否實際存在，依孔子意不如存而不論，《論語》上說：「子不語：『怪、力、亂、神。』」（7．21），但是若說它存在，那也只是「祭如在，祭神如神在。」（3．12）的「存在」，那是相應於人心之「敬」的精神而立，亦即是說鬼神是應人心之要求而立，若把祭鬼神當作是一種宗教，則它是一種人文的宗教。因此，若順應俗情——視鬼神爲實有，或可應人之禱而賜福，則祭自己祖先而求得祖先的保祐，尙有可說，否則非「諂」即「愚」，鬼神，敬之可也，而不可爲其所惑，故遠之爲智。《白虎通義》上提到「周人之王教以文，其失薄；救薄之失莫如忠。繼周尙黑，制與夏同。」這完全是承襲西漢董仲舒的《春秋》說而來。《春秋．繁露三代改制質文》上云：「《春秋》應天作新王之事，時正黑統、王魯、尙黑。」又〈玉杯〉上云：「《春秋》之序道也，先質而後文，右志而左物。……孔子立新王之道，明其貴志以反和（「和」字恐「物」字之誤）見其好誠以滅僞，其有繼周之弊，故若此也。」假如，我們把這種改制質文交替，尙忠、尙敬、尙文循環之硬性格套去掉，而取其救弊之論點，確實能傳述孔子針對周文疲弊而救之以質的主張。

（二）人格問題

一個時代是「無道」時，反應到文化上便是「文質」的割裂，或稱作「道器」的割裂，這一層已於前文論及之。若反應到個人的行爲（人格）亦然，所謂「文質」的割裂，表裏不一，言行不一，角色錯亂，人格的偏行、偏激便是；總而言之，就是人格的分裂、破碎。孔子之教是一種成德之教，也對是要求由分裂的人格，失去平衡的人格恢復完整、和諧的人格，道道地地作爲一個凡人，然後由凡人而士、君子、仁人、賢人，終爲聖人，這一串成德的工夫，由下而上，《論語》一書相當多的內容完全是記載人如何成德的修養方法。「成德」是屬「應然」的問題，因爲實際上的現實人格（實然）是分裂、偏行、虛僞、不和諧、不完整，所以成德之教才顯出它的必要性。由孔子之提示理想人格應如何時，反襯出現實人格之實際如何。我們依此方向去探尋，才能了解孔子之言，句句有著落，有深意。那麼，那個時代的個人人格呈現著什麼特徵呢？依《論語》顯示出：不仁、不實、無禮、巧言、令色、鄉愿、犯上、作亂、固執（器）、重利、尚力、好行小慧、無信、自私。如果我們進一步察考《春秋》，從《春秋》的筆法，所謂「譏、貶、絕、諱」處看那個時代貴族階層人格的實際表現，就更能證實作者之言了。孔子說：

「羣居終日，言不及義，好行小慧，難矣哉！」（15・17）

「古者民有三疾，今也或是亡也。古之狂也肆，今之狂也蕩；古之矜也廉，今之矜也忿戾；古之愚也直，今之愚也詐而已矣！」（17・16）

「巧言令色，鮮矣仁。」（1・3、17・17）

「色厲而內荏，譬諸小人，其猶穿窬之盜也與？」（17・12）

「鄉愿，德之賊也。」（17・13）

「道聽而塗說，德之棄也。」（17．14）

「吾未見好德如好色者也。」（9．18、15．13）

「巧言令色足恭、左丘明恥之，丘亦恥之。匿怨而友其人，左丘明恥之，丘亦恥之。」（5．25）

「君子恥其言而過其行。」（14．27）

「君子不器」（2．12）

「觚不觚，觚哉！觚哉！」（6．25）

「君子喻於義，小人喻於利。」（4．16）

「君子求諸己，小人求諸人。」（15．21）

「狂而不直，侗而不愿，悾悾而不信，吾不知之矣！」（8．16）

「亡而爲有，虛而爲盈，約而爲泰，難乎有恒矣！」（7．26）

「人而不仁，如禮何？人而不仁，如樂何？」（3．3）

由以上引文，得知當時一般人人格上呈現着言行不一、名實不符，內外不一的不和諧狀態，即使外表上合於禮儀，實際上却欠缺眞實的感情。表裏不一，這就是人格的不完整。孔子對理想的人格曾說道：

「質勝文則野，文勝質則史，文質彬彬，然後君子。」（6．18）

的確，內外合一，質文合一，人格才算完整、和諧。就最完美的人格——聖人人格而言，孔子是主張仁智合一的。關於這一論點，《論語》中有七章顯示仁知對舉，二章直接說明仁智的關係，孔子說：

「里仁為美，擇不處仁，焉得知？」（2·1）

這是說「知（智）者」之所以為知，在於所選擇的是「仁」。〈公冶長篇〉孔子許令尹子文，陳文子為「忠」、「清」，而獨不許其仁者，以其未智也。孔子說：

「未知，焉得仁？」（5·19）

可見仁智是相待而成，偏行卽有蔽，孔子說：

「好仁不好學，其蔽也愚；好知不好學，其蔽也蕩；好信不好學，其蔽也賊；好直不好學，其蔽也絞；好勇不好學，其蔽也亂；好剛不好學，其蔽也狂。」（17·8）

所以，在人格修養上，以不偏為上，仁智交盡是完美人格的表現。

（三）政治問題

《大學》所謂「齊家、治國、平天下」，是屬於政治領域。卿大夫理家、諸侯理國、天子理天下。其政治的最佳理想，在家曰「齊」，在國曰「治」，在天下曰「平」。至於如何齊家、治國、平天下呢？這是屬於治道的問題，依孔子的說法，治道涉及三方面·

㈠領導者本身要以身作則。孔子說：

「政者，正也。子帥以正，孰敢不正？」(12・17)

「其身正，不令而行，其身不正，雖令不從。」(13・6)

「苟正其身矣，於從政乎何有？不能正其身，如正人何？」(13・13)

由上三章，知領導者本身自正，始能正人，然者正者何也？「正」就是「禮」，合禮爲正，不合禮爲不正。孔子說：

「克己復禮爲仁，一日克己復禮，天下歸仁焉，爲仁由己而由人乎哉？」(12・1)

「上好禮，則民易使也。」(14・41)

「能以禮讓爲國乎？何有？不能以禮讓爲國，如禮何？」(4・13)

「知及之，仁不能守之，雖得之，必失之。知及之，仁能守之，不莊以涖之，則民不敬。知及之，仁能守之，莊以涖之，動之不以禮，未善也。」(15・33)

唯有克己者始能行禮；誠然，自正者必以禮約束自已的私欲，自已好禮、行禮，才是使民治國的基礎。

㈡領導者以德導民，以禮齊民。孔子說：

「爲政以德，譬如北辰，居其所，而衆星共之。」(2・1)

「子爲政，焉用殺？子欲善而民善矣！君子之德風，小人之德草。草上之風，必偃。」

（12・19）

「道之以政，齊之以刑，民免而無恥；道之以德，齊之以禮，有恥且格。」（2・3）

以上所引，知孔子對當時爲政者以政刑治民的傾向提出批評，而認爲以德導民才是爲政的最好方法，其所以最好，乃在於孔子認爲人人莫不好德。孔子說：

「民之於仁也，甚於水火。」（15・35）

水火爲人們日常生活所必需，而於仁德之需求更甚，誠如孟子所言：

「今夫天下之人牧，未有不嗜殺人者也。如有不嗜殺人者，則天下之民，皆引領而望之矣！誠如是也，民歸之，由水之就下，沛然誰能禦之？」（《孟子》1・6）

「不嗜殺人」的結果有如此的效力，更何況「爲政以德」者乎？禮是爲政的基本措施，亦是修己治人的根據。唯有人人依禮而行，社會才能安定，才會有秩序，《論語》載：

「齊景公問政於孔子。孔子對曰：『君君、臣臣、父父、子子』。公曰：『善哉！信如君不君、臣不臣、父不父、子不子，雖有粟，吾得而食諸？』」（12・11）

「子曰：『恭而無禮則勞；愼而無禮則葸；勇而無禮則亂；直而無禮則絞。君子篤於親，則民興於仁；故舊不遺，則民不偸。』」（8・2）

「顏淵問仁，子曰：『克己復禮爲仁。……』顏淵曰：『請問其目』。子曰：『非禮勿視，非禮勿聽，非禮勿言，非禮勿動』。」（12・1）

以上第一章，說明倫理的秩序，這就是「禮」。其次第二章都是針對一個爲政的領導者（君子）一切行爲，施政措施，均應以禮爲歸，修己以禮，齊民以禮，施政亦莫不以禮，若領導者本身失禮，則一切皆失，政治秩序將爲之大亂。

㈢領導者要選賢舉能，使臣以禮。

政治要好，必須要有好的領導階層，領導階層中，有君、臣兩者。以上所論，都側重在君主；誠然，君主是領導的核心，然而沒有優秀的臣下，政治亦不能行。古今以來，有愛民之君而無愛民之政者，以君不知選賢舉能，斥枉罷不肖也。周禮中，卿大夫不得世，蓋以賢賢之義治官，佐治圖事之臣，不任賢，無以治天下之事。《論語》載：

「哀公問曰：『何爲則民服』？孔子對曰：『舉直錯諸枉，則民服；舉枉錯諸直，則民不服。』」（2・19）

「仲弓爲季氏宰。問政。子曰：『先有司，赦小過，舉賢才』。」（13・2）

「定公問：『君使臣，臣事君，如之何？』孔子對曰：『君使臣以禮，臣事君以忠』」（3・19）卽使，領導者本身無道，若懂得選賢舉能，國家亦不致於亡。《論語》載：

「子言衞靈公之無道也。康子曰：『夫如是，奚而不喪』？孔子曰：『仲叔圉治賓客，祝鮀治宗廟，王孫賈治軍旅，夫如是，奚其喪？』」（14・19）

政治之事，經緯萬端，歸結起來，在乎「德禮」二字。凡是失德失禮者卽是無道，孔子之批評當時政治者，見諸《論語》者：

「孔子謂季氏：『八佾舞於庭，是可忍，孰不可忍也？』」（3．1）

「陳司敗問昭公知禮乎？孔子曰：『知禮。』孔子退揖。巫馬期而進之。曰：『吾聞君子不黨，君子亦黨乎？君取於吳爲同姓，謂之吳孟子。君而知禮，孰不知禮？』巫馬期以告。子曰：『丘也幸，苟有過，人必知之。』」（7．31）

「子曰：『管仲之器小哉』！或曰：『管仲儉乎？』曰：『管氏有三歸，官事不攝，焉得儉？』『然則管仲知禮乎？』曰：『邦君樹塞門，管氏亦樹塞門；邦君爲兩君之好，有反坫，管氏亦有反坫，管氏而知禮，孰不知禮？』」（3．22）

「子曰：『事君盡禮，人以爲諂也。』」（3．18）

以上第一章，指出魯國卿大夫季氏僭禮，第二章指出魯昭公娶同姓女爲妻，違背「同姓不婚」之禮，第三章斥管仲奢侈，室內陳設超出自己身分地位應有的陳設，僭邦君之禮。可見當時僭禮毀制是一般常態，而守禮者反而被譏爲諂。孔子當時對禮的主張，雖主禮以時變，可是大體上仍依周公舊制。假如，我們再按之孔子晚年所著《春秋》一書，則當時非禮的現象，上至天子，下至諸侯，卿大夫，比比皆是：天王好利（隱公三年、文公九年）則譏之，不孝（僖公二十四年）則書「出」以絕之；於諸侯喪娶（文公三年冬、宣公元年春），以妾爲妻（僖公八年秋），逆祀（文公二年八月），始忌省（莊公二十二年春）則譏之；於始滅人之國（隱公二年夏）、始取邑（隱公四年春）、始以火攻（桓公七年春）則疾之；於弒而不忍言故隱（閔公二年秋、文公十八年也、襄公七年冬）；於亟取邑（宣公九年秋、成公六年春）、滅同姓（哀公八年春）、取同姓之田（僖公三十一年春）、娶同姓（哀公十二年夏）則諱之；於滅同姓（僖公二十五年春、哀公八年春），外淫（桓公六年秋），得罪于天子（桓公十六年冬）則絕之；於卿大夫之世卿（隱公二年夏）則譏之，大夫專擅（襄公十六年春）則徧刺之。《春秋》譏、貶、疾、刺、隱、諱、誅、絕之例甚多，無法一一列舉；約而言之，斥其無天理，失人倫，壞禮儀，廢制度也。❾

---

❾ 一個時代的非禮現象之多寡當視當時時代對禮的標準的賦予而定。就以掌握當時代學術標準的史官來說由史官的評斷記錄便可知對周禮堅守的尺度。這一方面依李宗侗先生的研究，在《左傳》裏史官所記九十九條中選出記載魯國的六十四條，並把春秋時代以三十年爲一期分爲九期，發現了一個結論，那是：「在保守性最強的魯國，史官對禮的記錄多於非禮的批評，可以說傳統仍舊有它的力量，但是到了最後兩期，無論是禮或非禮，史官幾乎都不加以批評了，可見這種傳統觀念已經漸漸衰微而至於不存在了。到了春秋的末年，我們只看到孔子和他的弟子對於禮與非禮仍舊很重視。」（見註七）這個結論值得重視。因爲依據它，我們可以斷定史官對周禮的意識已經衰退了，到了孔子所見世（昭、定、哀）連史官都對價值的意識淡泊了，那時人則不可言喻。此時孔子發現了喪失價值意識與是非不明的時代是個危機的時代，於是秉春秋之筆；重振周禮的價值意識，指出一條人生的正道，這便是「撥亂反正」的《春秋》經之所由作。依《公羊傳》所述之經義，指出非禮的事例特多，（可參考劉逢祿之《公羊何氏釋例》所歸納諸條）；雖然，傳文中，於昭定哀三公內明指之非禮事例不多。可是依春秋筆法：已著不明，所謂「春秋不待貶絕而罪惡見者，不貶絕以見罪惡也；貶絕然後罪惡見者，貶絕以見罪惡也。」「春秋定哀之間，文致太平，欲見王者治定，無所復爲譏，唯有二名故譏之，此春秋之制也。」（定公六年冬傳文

現在，我們總結前面所分析的三大問題，這些問題都是環繞着周禮（周文）解體而生。周禮之設原是以倫理經緯政治，結道德與政治爲一體，以親親之情滋潤尊尊之禮（理），可是東周以來，宗族親親之情隨着宗族的擴散而漸漸疏遠，轉爲淡泊，相對地，封建尊尊之禮沒有宗法親親之情的滋潤，漸漸轉向孤零零地權力分配、爭奪，隨着權力的下移，名實不一，禮制徒呈虛文，最後便倒塌了。原來賢賢之制亦毀，世卿的現象發生了。因此，歸結春秋時代之所以亂，從周禮本身之分化上看出來，那就是親親與尊尊的分離，質（本）與文（末）的分離。

三、孔子的對治之道

很明顯的，問題的產生在「分離」，則對治之道就在「合和」了⑩。合和的境界是一種宗法

（續）何休《解詁》），加上《春秋》有「內小惡書，外小惡不書」（隱公元年冬傳文何休《解詁》），既然於所見世「用心尤深而詳」（同上）則非禮之事當是書不勝書。簡而言之，在孔子心目中，春秋時代的末期是個「無禮」的階段，那是毫無疑問的。（昭公元年傳文）

⑩ 此處「合和」乃出自《周易．乾彖》曰：「乾道變化，各正性命，保合太和，乃利貞。首出庶物，萬國咸寧。」孔子的政治理想即《禮記．禮運篇》所謂的「大道之行」，此亦即「萬國咸寧」的境界。針對「分離」，而提出「合和」一詞作爲孔子的對治之道，最爲恰當。再者，《淮南子．本經訓》有「天地之合和」一語，則「合和」成詞，於古亦有據。

封建的理想，於是孔子的態度是走向重振周文的理想，在現有的基礎上，作補弊救偏的工作。針對以上的分析，在文化問題上，當時的情形是周文疲弊，流於形式、僵化，故孔子救之以質，重禮之本，喚起周公制禮作樂的本質，這可以從孔子特宣仁教上看出其時代性。在人格問題上，針對當時人之言行不一、文質偏勝、性格分裂，主張言行合一、文質合一、中行性格，甚至於矯治時人之務外、務虛、好色、多言不行之弊，特別著重求己、重德、躬行。《論語》中「仁」的概念提出一百零九次之多，位居其他概念之冠，可以看出其中的消息，這與文化問題的情形是一樣的。在政治問題上，針對親親與尊尊的分離，孔子特重親親，注重道德倫理的講求。孔子認爲政治是倫理的延長，不以宗法的親親之情不足以化解或滋潤封建尊尊那種政治權力的緊張關係，所以特別要求政治的領導者（大宗）發揮宗族的親親精神。孔子說：

「君子篤於親，則民興於仁；故舊不遺，則民不偷。」（8·2）

「爲政以德，譬如北辰，居其所，而衆星共之。」（2·1）

政治的領導者能親親則上行下效，政治的壓力才能緩和；爲政以德，則人人歸服。其次，在政治運作上，「禮」的講求特別重要，「禮」是通天下之義，自天子以至於庶人，莫不依禮而行，社會才會有秩序而不亂。固然，「禮」的講求當以釐清行禮者之各個角色之名分爲先，這就是「正名」。《論語》載：

「齊景公問政於孔子。孔子對曰：『君君、臣臣、父父、子子。』（12·11）

「子路曰：『衞君待子而爲政，子將奚先？』子曰：『必也正名乎！』子路曰：『有是哉！子之迂也，奚其正？』子曰：『野哉，由也！君子於其所不知，蓋闕如也。名不正，則言不順；言不順，則事不成；事不成，則禮樂不興；禮樂不興，則刑罰不中；刑罰不中，則民無所措手足；故君子名之必可言也，言之必可行也；君子於其言，無所苟而已矣！』」（13・3）

孔子這二章爲政必先正名的主張乃是針對當政者、居其位（名）者當有應具之德（實）⓫，這是循名責實的辦法，與客觀知識之講求依實定名不同，此其說之所以爲倫理、政治的意義，而終非知識論之意義之理由在此。一般而言，以爲孔子爲了正名而作《春秋》，其實，依《公羊傳》的立場，正名只是孔子發表政見的手段。《春秋》以正名始，以彰治國平天下之治道終，其目的在「撥亂反正」《公羊傳》文末上說：

「君子曷爲爲《春秋》？撥亂世，反諸正，莫近諸《春秋》。」（哀公十四年春傳文）

⓫ 爲政必先正名，正名也就是一種角色定位的措施，即由角色錯亂，即君不君、臣不臣、父不父，子不子，到了角色定位，即君君、臣臣、父父、子子。

四、結語

由以上所論，我們當可看出，孔子的對治之道根本上是一種「返本救弊」的取向，他的思想的基礎是奠定在周文背後的那種結合倫理與政治為一體的理念上，這就是「道」。「道」以「德」為內容，以「禮」為形式。德之本在仁，以仁含攝衆德。這也難怪《論語》中「道」、「仁」、「禮」三概念出現特多的緣故⑫，因為，「道」、「仁」、「禮」是孔子針對當時提出的補弊救偏的處方啊！

---

⑫ 依王書林《論語研討與索引》頁一四二，對《論語》中出現德目次數作統計，「仁」字計一〇九次，高居第一位，其次「道」字計八九次，「禮」字計七五次。「學」字計六六次，「德」字計四〇次，「信」字計三八次。（按以上德目出現次數之統計，依作者所見尙有胡志奎《論語辨證》頁二一八及《論語引得》等，但所計略有出入，今依王氏書，以其最精審故。）這些德目分作兩組，仁、道、禮、德、信、是指德行概念，學是指知識概念（包含德行之知與見聞之知）。依本文❹的分析，「道」以「德」為內容，「禮」為形式，而「仁」以核心義故含攝衆德。仁、道、禮、三德目在德性上為孔子所特別強調，更顯出三德目之對治時代弊病的意義。

論孔子的「君子」概念*

前言

依《論語》顯示：孔子的理想人格是君子與聖人，可是孔子對聖人既不敢自居又歎「不得而

---

* 本文初稿曾在中華民國七十三年十二月三日臺大哲學系例行學術討論會上宣讀，由謝啓武教授擔任講評。謝教授提出有關體例上細節的建議，會中鄔昆如老師指出初稿之前言中一些不宜的地方、第一節標題與內容不符、所列參考書目過泛，劉福增教授指出書目的排列順序以何爲準，研究所的某位同學指出文中修正蕭公權先生意見的論證是否充分，會後郭博文教授指出第四節末之引文是否不合時宜等等建議、指正與質疑，都令作者再三反省，並予以刪除、修正初稿中的章句、體例，加強了某些論證的嚴密性。本文既成，幸能減少錯誤到最少，當由衷地感謝以上諸位教授、先生的指正。

❶ 見《論語》（《十三經注疏》第八册，臺北：東昇出版事業公司影印），〈述而第七〉，子曰：「若聖與仁，則吾豈敢。」，子曰：「聖人，吾不得而見之矣，得見君子，斯可矣。」

見」❶，令人想到它恐非現世所能成就的理想人格；然而，以「君子」而論就完全不同了，它在《論語》裏諸人格概念中出現一〇七次，居於首位❷，這無疑地，它是孔子在現世所期望達成的理想人格。對君子人格的內涵，孔子有許許多多的說明；因此，作者以爲把「君子」概念加以研究，對理解孔子思想而言極爲重要，是以本文將以《論語》爲主要材料加以歸納與分析，其中凡對《論語》裏孔子之「君子」概念有助於證明或說明的先秦儒家典籍及時賢研究的成果有所採用，綜合地對孔子之「君子」概念作深入而有系統的探討。本文分以下四節加以論述：第一節：孔子以前「君子」含義的演變；第二節：孔子提出「君子」概念之可能的理由；第三節：「君子」的內涵，本節裏透過「君子與小人的對顯」、「君子之所以爲君子的必要條件」、「仁、義、禮、智、知命的意義」及「君子的實踐」諸項目來進行分析與說明，顯出君子人格的成就含有道德與宗教兩面；第四節：「君子」概念在當今可能具有的意義；最後是簡短的結論。

---

❷ 依作者的統計結果，「君子」出現一〇七次，「仁人（者）」佔一五次，「智者」、「賢人（者）」、「聖人（者）」各佔五次，「善人」佔四次，「大人」佔二次，其餘之「善人」、「惠人」、「成人」、「志士仁人」、「孝者」、「勇者」、「剛者」、「直者」、「直躬者」、「狂者」、「狷者」、「中行者」、「有恒者」各佔一次。

一、孔子以前「君子」含義的演變

現在將有關的典籍依考據學者研究的成果判定其內容成立的先後順序是《卜辭》、《易·卦爻辭》、《詩經》和《尚書》。《尚書》問題較多，以《今文尚書》而論，有些篇是西周初年的作品，有些是春秋前期的作品，甚至有些是遲至戰國中期的述古作品，故把它放在《詩經》之後去討論❸。大略言之，「君子」這個概念的出現可透過以上所列的文獻來考察。「君子」、「大人」在《卜辭》中從未發現❹，可是到了《易·卦爻辭》就有了。出現在《論語》裏的「大人」、「君子」、「小人」在《易·卦爻辭》裏早已出現，其數爲「大人」十二次、「君子」十九次、「小人」十一次，其中「大人」與「小人」對舉者一次，「君子」與「小人」對舉者六次：

「包承，小人吉，大人否。」（〈否·六二〉）

「童觀，小人無咎，君子吝。」（〈觀·初六〉）

「碩果不食，君子得輿，小人剝廬。」（〈剝·上九〉）

---

❸ 屈萬里，《先秦文史資料考辨》（臺北：聯經出版事業公司，民國七十二年二月初版），頁三〇九～三三五。

❹ 嚴靈峰，《易學新論》（臺北：正中書局，民國六十八年十月，臺四版），頁二五。

「好遯，君子吉，小人否。」（〈遯·九四〉）
「小人用壯，君子用罔。」（〈大壯·九三〉）
「君子維有解，吉，有孚於小人。」（〈解·六五〉）
「君子豹變，小人革面。」（〈革·上六〉）

此外，王公大君與「小人」並舉者有三：

「大君有命，開國承家，小人勿用。」（〈師·上六〉）
「公用享於天子，小人弗克。」（〈大有·九三〉）
「高宗伐鬼方，三年克之，小人勿用。」（〈既濟·九三〉）

從這裏我們可以推知「小人」是指庶民，與「小人」相對的「君子」、「大人」是指「大君」、「公」等統治階層的王公百官貴族。所以，我們可以斷言最早出現的「君子」、「小人」是指社會地位，似無關於人格修養的品性。❺

❺ 有關《易·卦爻辭》之社會階層的分析見郭鼎堂，《中國古代社會研究》（人人出版社，民國四十三年新版，臺影本），頁四三～四四；《易·爻辭革上六》：「君子豹變」李鼎祚，《周易集解》（臺北：臺灣學生書局，民國五十六年十月影印初版）引干寶曰：「君子大賢、次聖之人，謂若太公、周召之徒也。」，依此，「君子」指「聖賢」，若此解正確，則似不可謂卦爻辭中之「君子」與品性無關，然就卦爻辭之用法中，似乎很難看出有純指品格而無涉及社會地位之用法，故謂其似無關乎人格修養之品性應無大誤。

《詩經》中「君子」概念出現一百八十四次、「大人」一次、「聖人」二次、「善人」一次、「美人」三次、「小人」四次。「君子」與「小人」對舉四次，均在〈小雅〉中：

「君子所依，小人所腓。」（〈小雅・采薇〉）

「弗問弗仕，勿罔君子，式夷式已，無小人殆。」（〈小雅・節南山〉）

「君子所履，小人所視。」（〈小雅・大東〉）

「君子有徽猷，小人與屬。」（〈小雅・角弓〉）

以上第一、三、四條引文中，「君子」指貴族統治階層的軍官或官員，「小人」指被統治的士卒或庶民。第二條引文的「君子」作國君，「小人」作無德的官員，這是就品性而言❻。《詩經》中所出現的「君子」其用法約分四類❼：

---

❻ 有關此四條引文之註釋可參見屈萬里，《詩經詮釋》（臺北：聯經出版事業公司，民國七十二年二月初版）；周錫䪖，《詩經選》（臺北：源流出版社，民國七十一年十月初版）；另見《中國哲學史資料選輯先秦之部》（臺北：九思出版有限公司，民國六十七年五月十日臺二版）。大體說來第一、三、四條中「君子」指官員，「小人」指小民，無特別異解。惟第二條引文之「小人」當不是一般的小民，而是指欺騙國君、處事不公、沒有節制的無德官員而言，見《中國哲學史資料選輯先秦之部》頁六〇譯作「啥事你都不問又不察，不要把國王來欺騙。作事要公平，也要有節制，莫教小人給國家惹禍患。」可知。

❼ 《詩經》中所出現之「君子」，其含義隨原作者之身分、處境、意向而改變；惟原作者之身分、處境、意向，以時代久遠，實難查考，於是後人在詮釋它時便有差異。屈萬里說：「詩經中之君子，多指有官

爵者言（婦人稱其夫亦用之），與後世專指品德高尚之人言者、異。」（《詩經詮釋》，見註六，頁四註八），蕭公權說：「惟詩書君子殆悉指社會之地位而不指個人之品性，卽或間指品性，亦兼地位言之。離地位而專指品性者絕未之見。」（《中國政治思想史》，臺北：聯經出版事業公司，民國七十一年三月初版，上册頁六八）。綜合言之，「君子」之含義可分㈠純指官爵者有天子、諸侯、及一般官員。㈡雖指品性然實兼地位而言。如贊美在位者之德者所用之詞。㈢妻對夫之稱，或男女幽會之詩中所用之詩。現在問題是：《詩經》中「君子」是否絕無純指品性之意含？蕭先生傾向肯定，而屈先生似乎有所保留。〈小雅小弁〉：「君子無易由言」屈註：「此君子，謂善人也。」「善人」便是專指品性的用語，若屈先生詮釋無誤，則《詩經》中「君子」不可謂絕無純指品性之意含。除此句外，⑴〈國風・鄘・載馳〉：「大夫君子，無我有尤。」此句中「大夫」指位，而以「君子」形容之，則「君子」當指品性無疑；若「君子」兼指位，則言「君子」語意便足，何用言「大夫」？⑵〈國風・衛・淇澳〉：「有匪君子，如切如磋，如琢如磨。」此句《大學》亦引用，原詩蓋衛人誦衛武公之德而作，（屈註引〈詩序〉、徐幹《中論》均如此說），若屬誦德，則「有匪（斐）君子」之「君子」當屬品性意含，蓋有位者未必有德，故非指在位者之義可知。⑶〈國風・曹・鳲鳩〉：「淑人君子，其儀一兮。」屈註謂此乃曹人美某在位者之詩，既對已在位者加以美詞，則必以品性義誦之，詩中「淑人」「君子」連稱，更能證成此一說法。⑷〈小雅・湛露〉：「顯允君子，莫不令德。」屈註引《左傳》文公四年記寧武子謂「昔諸侯朝正於王，王宴樂之，於是乎賦湛露」及〈詩序〉謂「湛露，天子燕諸侯也。」本諸王以「君子」美諸侯，繼以「莫不令德」賦予「君子」之義，則顯然是以品性義作爲「君子」的含義，基於以上的詮釋，作者以爲《詩經》中「君子」之品性意含的用法雖不多，但絕不能謂「絕無品性意含」。另見《中文大辭典》（臺北：中國文化大學出版部，民國七十一年八月六版）頁二三九七，「君子」目下，對《詩經》之解釋亦有品性意含一類。所以，除以上共認之分類外，另加一純指品性意含一類，故言約分四類。

第一類純指人君或在位者，除上所引外，可引者甚多，例如：

「百爾君子，不知德行。」（〈國風·邶·雄雉〉）

註：此君子，指在官者。（屈萬里，《詩經詮釋》，下同）

「君子至止，鸞聲將將。」（〈小雅·庭燎〉）

註：毛傳：「君子，諸侯也。」

「君子樂胥，萬邦之屏。」（〈小雅·桑扈〉）

註：君子，指天子。

第二類純指品性者，例如：

「君子無易由言，耳屬于垣。」（〈小雅·小弁〉）

註：此君子，謂善人也。

「大夫君子，無我有尤。」（〈國風·鄘·載馳〉）

「有匪君子，如切如磋，如琢如磨。」（〈國風·衛·淇澳〉）

「淑人君子，其儀一兮。」（〈國風·曹·鳲鳩〉）

「顯允君子，莫不令德。」（〈小雅·湛露〉）

第三類指品性兼在位者，例如：

「未見君子，憂心奕奕；既見君子，庶幾說懌。」（〈小雅頍弁〉）

第四類指男子美稱或妻對夫之稱。例如：

「既見君子，云胡不喜。」（〈國風・鄭・風雨〉）

　　註：此男女幽會之詩。

「未見君子，惄如調飢。」（〈國風・周南・汝濆〉）

　　註：此君子，謂丈夫也。

尙書若僅以伏生所傳之《今文尙書》爲據，則「君子」一辭計出現四次：

「庶士、有正，越庶伯君子，其爾典聽朕教。」（〈酒誥〉）

　註：君子，謂在官位者。（屈萬里，《尙書今註今譯》，下同）

「予小臣，敢以王之讎民、百君子、越友民，保受王威命明德。」（〈召誥〉）

　註：百君子，衆官員。

「君子所其無逸。先知稼穡之艱難，乃逸；則知小人之依。」（〈無逸〉）

　註：君子，謂有官位者。……小人，民衆。

「俾君子易辭，我皇多有之。」（〈秦誓〉）

　註：君子，指君主言。

若根據僞《古文尙書》所出現的次數，則除以上四次外，尙加四次，如下：

「君子在野，小人在位。」（〈大禹謨〉）

「我西土君子，天有顯道，厥類惟彰。」（〈泰誓〉）

「狎侮君子，罔以盡人心；狎侮小人，罔以盡其力。」（〈旅獒〉）

「凡我有官君子，欽乃攸司，愼乃出令。」（〈周官〉）

今觀僞《古文尚書・孔傳》之註，此「君子」有就品性言者，見第一條引文之註，作「廢仁賢，任姦佞。」，有就地位言者，如第四條引文之註，作「有官君子，大夫已以。」可證。爲了學術討論共信起見，應當略去僞《古文尚書》多出《今文尚書》二十五篇所出現的四條證據，則在《尚書》裏「君子」一辭純指君主或有官位者，而絲毫不具有專指品性的意含遂可確定❽。

在《論語》裏「君子」概念出現一百零七次，其中與「小人」對舉十九次，針對其用法而言，可分四類：

第一類專指孔子，佔五次。例如：

「陳亢問於伯魚曰：子亦有異聞乎？……陳亢退而喜曰：問一得三。聞詩、聞禮、又聞君

---

❽ 蕭公權，《中國政治思想史》，第一編第二章第五節本文及該文之註七五所言有誤，應予修正。其言：「君子一名……其見於〈周書〉者五六次，見於〈國風二雅〉者百五十餘次，足證其爲周代流行之名稱。」又註七五云：「〈周書〉中凡六見。……詩三頌均不用君子字。」其實若順蕭先生所依之僞《古文尚書》之〈周書〉部分來計算應爲七次，〈大禹謨〉之一條除外。《詩經》本文一共出現「君子」百八十四次。而且在〈魯頌〉中出現過一次，並非「均不用君子字」。

子之遠其子也。」（16・13）

第二類指有位者，佔九次。例如：

「君子學道則愛人，小人學道則易使也。」（17・4）

第三類指有德者，約八十六次。例如：

「學而時習之，不亦說乎？有朋自遠方來，不亦樂乎？人不知而不慍，不亦君子乎？」（1・1）

第四類指有德位者，約七次。例如：

「子謂子產有君子之道四焉：其行己也恭，其事上也敬，其養民也惠，其使民也義。」（5・16）

以上四類用法之中，前二類比較容易確定，後二類或有相重疊處，故以大約數記之。孔子有敎無類，對有位者示以德，對庶人有心向學者敎以「文、行、忠、信」（7・25），希望對方成爲「文質彬彬」的「君子」、「用之則行，舍之則藏」的「君子」；所以，有德冀望有位，以達德位合一，這就是孔子以「君子」指有德者爲數特多的緣故。

根據以上的分析，「君子」概念在《易・卦爻辭》上出現，初指有位者，《尚書》亦沒有變化，惟在《詩經》裏含義就加入了才德或品性，《論語》還是順著《詩經》的用法下來，但是特別著重在品性的意含，甚至用來指稱孔子。在《論語》裏「君子」絕大部份的用法是指有德者，這個現象最值得注意。孔子以後的儒者都是秉持這個意含，大量地使用它，譬如在《易傳》、《春秋三傳》、《禮記》、《孟子》、《荀子》書中都廣泛地出現著。所以，「君子」成爲儒者思想中關心的焦點。孔子以前「君子」之含義在演變上，蕭公權先生曾說：

「惟詩書『君子』殆悉指社會之地位而不指個人之品性。即或間指品性，亦兼地位言之。離地位而專指品性者絕未之見。」

「據吾人之推想，孔子所言君子之第一義（按：指地位）完全因襲詩書，其第二義（按：指品性）殆出自創，其第三義（按：指德位兼有）則襲舊文而略變其旨。舊義傾向於就位以修德，孔子則側重修德以取位。」⑨

此項論斷中，除「離地位而專指品性者絕未之見」及「其第二義殆出自創」恐有待商榷外，大體甚精。蓋依據作者的分析，《詩經》中本有純指品性者，此爲孔子所特重，並加以發揮。孔子在「無道」之世讀《詩》，獨會心於此，而說：

「詩三百，一言以蔽之曰：思無邪。」（2·2）

「人而不爲周南召南，其猶正牆面而立也與！」（17·10）

孔子自謂「述而不作」（7·1）故不能謂「殆出自創」，然在「述」的情形下，却決定了儒家的道德優位取向，這樣在概念演變史上，似乎是比較合理的論斷。

---

⑨ 同⑧，頁六八～六九。

二、孔子提出「君子」之可能的理由

(一) 人格的理由

《論語》裏孔子對子夏說：「女爲君子儒，無爲小人儒！」(6·13) 這是孔子提出「君子」作爲弟子們修養的目標之最明顯的證據。孔子爲什麼提出它作爲弟子們修養的目標呢？要回答這個問題，可從兩方面來說，首先，從對治現實人格之分裂、破碎而來。從《論語》裏我們看出孔子所批評的現實人格是：不仁、不實、無禮、巧言、令色、鄉愿、犯上、作亂、固執、重利、尙力、好行小慧、無信、自私；總而言之，就是當時人的人格、行爲呈現著表裏不一、言行不一、角色錯亂、人格偏行、偏激⑩；其次，從人人有自覺是人而不是禽獸，不甘於自小，恒取向完美人格的價值意識而來。順應人性這種恒進不已，企向高明的價值意識，孔子在現實世界中指出了「君子」的理想人格概念，作爲世人追求的目標，也是點醒世人莫忘人自身的靈性，從這點上看，孔子是人文世界中的導師，他爲人世開導出一條人生正道。孔子常常藉著「君子」與「小人」在

⑩ 見拙作〈論孔子所面臨的時代問題及其對治之道〉，(《文史哲學報》，第三二期〈臺北：國立臺灣大學文學院，民國七十二年十二月出版〉，頁四二〇~四二二有詳細的分析。

人格上的對比，激起人們不要做「小人」而要做「君子」。例如：

「君子喻於義，小人喻於利。」（4・16）

「君子成人之美，不成人之惡，小人反是。」（12・16）

「君子求諸己，小人求諸人。」（15・21）

「君子上達，小人下達。」（14・23）

君子有一種「求諸己」的自覺意識，知道何者爲義、爲美、爲善，而上達之；然而小人却不然，小人是現實世界中的惛昧者，以其無知而逐下之故。孔子說：

「唯上知與下愚不移。」（17・3）

「性相近，習相遠也。」（17・2）

「中人以上，可以語上也；中人以下，不可語上也。」（6・21）

從這三章，可知孔子認爲人的本性是相近的，然而智慧却有上中下三等的差別，上智者恒知人生的最高價值所在，往上求進，不會迷失；可是下愚的人，智慧短淺，他們却不知道最高價值所在，僅向其所知的低價值追逐下去，如此追求的方向既定就不會改變了；中等的智慧者，隨時浮沉，上下不定，更需要智慧來貞定其方向。孔子標出人生的最高理想價值便是「道」，志於「道」，得了「道」便是「君子」。孔子曾說：

「朝聞道，夕死可矣！」（4・8）

「道」是人類追求的最高理想，亦是人存在意義的根據，孔子的意思是若能知道人生活在世上的意義就算在短短一天內死去，亦不覺得遺憾，可見「道」的重要性。孔子提出「君子」是有指點世人的迷惘，朝向人生正道修養的用意。

（二）文化的理由

「道」放在個人上是個人追求的理想，放在文化上是文化活動的理想；如果「道」在文化中消失，那文化的活動立刻出現危機，失去活力，趨向滅亡。要挽救危機，促進活力，免去死亡，只有在文化活動中的個人有「道」的認識，握其玄機才有辦法，孔子把解決這項危機的任務就寄託在「君子」身上。我們知道在孔子的時代，周文出現了疲弊的危機，因而招致夷狄入侵，這便是孔子提出「君子」的現實理由。在《論語》裏，孔子曾推許管仲，就是他有維護華夏文化之功；孔子特別提出管仲就是要時人學他的文化意識。文化的運作是要時時調適上遂，損益適中，才會呈現活力，垂諸久遠。林放問禮之本，孔子贊許道：「大哉問！」（3．4）便是說在衆弟子之中終於有人了解到文化（禮）的根本問題的重要性了。文化有文質兩面，文的一層是指表面的儀式、器物，質的一層是指表面的儀式、器物背後的精神實質。質的一面是文化活動的動力所在，如果文化已遠離了質而徒具虛文的時候，也就是文化生命喪失動力的時刻。春秋末期，孔子便發現了這個問題，所以，站在人文世界的立場，喚起時人注意，並訓練其學生作個「君子」，努力於此項文化建設。孔子本身便是個典型人物，他不在意能否獲得官祿，而是在乎行道，甚至於在難挽狂瀾於既倒的當兒，亦抱著自己應盡的一分心力。子路有相當深刻的說明：

「君子之仕也，行其義也，道之不行，已知之矣！」（18．7）

在文化的理由方面，除對治現實文化之弊病外，尚有顯揚文化的正道面。孔子認爲文化要悠久博厚，必要採取因革損益、融通淘汰、取精用宏的進路，所以，反對執一而廢百，故步自封。孔子說：

「殷因於夏禮，所損益，可知也。周因於殷禮，所損益，可知也。其或繼周者，雖百世可知也。」（2．23）

「攻乎異端，斯害也已。」（2．16）

「君子不器。」（2．12）

「周監於二代，郁郁乎文哉，吾從周。」（3．14）

的確，文化上不必相互排斥，切忌物化，要取法乎上，有容乃大。孔子重視「大」字。孔子贊美堯說：「大哉堯之爲君也！巍巍乎！唯天爲大，唯堯則之。」（8．19）特別拈出「大」字。達巷黨人贊美孔子說：「大哉孔子！博學而無所成名。」（9．2），孔子博學無常師（19．22，子貢答衞公孫朝語），孟子說孔子是「集大成」者（《孟子譯注》10．1），《中庸》上說：「萬物並育而不相害，道並行而不相悖。小德川流，大德敦化，此天地之所以爲大也。」「天地之無不持載，無不覆幬。」」。前後的觀念就是在說明法天之大，法天之容。所以，文化的正道就在容受、不在閉拒，由《論語》到相關的文獻裏透出孔子對文化的見解，這些見解只有待「君子」才能了解，才能擔負起人類文化生生不已的使命。

(三) 政治的理由

周朝以宗法封建爲經綸天下的根本體制，所謂親親、尊尊、賢賢便是三個主要治理天下的原則。其中賢賢是指公、卿、大夫、士，爲輔治階級，不得世襲其官。此項原則至春秋初年尚能維持，此後世卿之局便開，甚至掌握了諸侯的實權，到了孔子所見之世，卿大夫不賢，亦由其家臣代行，此所謂「陪臣執國命」。孔子曾感歎地說：

「天下有道，則禮樂征伐，自天子出。天下無道，則禮樂征伐，自諸侯出。自諸侯出，蓋十世希不失矣！自大夫出，五世希不失矣！陪臣執國命，三世希不失矣！天下有道，則政不在大夫，天下有道，則庶人不議。」（16．2）

「祿之去公室五世矣，政逮於大夫四世矣，故夫三桓之子孫微矣。」（16．3）

孔子的意思是說天子之禮樂征伐的決定權，若由諸侯代行也決定不過十代，就會旁落到大夫手裏，大夫代行國政也不過五代，便會旁落到大夫的家臣手裏，由家臣把持國政也不過三代。三桓是大夫，到孔子的時候已傳了文子、武子、平子、桓子四代，政權勢必會落在家臣的手裏，所以，孔子說：「三桓之子孫微矣！」三桓之子孫之所以微，就是表示長期世卿導致重門閥輕賢能的結果，最後却由權勢抬頭，家臣掌政，國家的命脈更岌岌可危。鑒於這般「無道」，孔子反對世卿——《春秋》之義譏世卿（《公羊傳》隱公二年夏），反對門閥持政，爲補救世卿之無德無能，急需人才之際，孔子應運以《詩》《書》禮樂敎弟子，把原來貴族階級的教育內容普及於大衆，訓練一批有理想（志於道）、有才幹、有操守的「士」，希望這些「士」個個都成爲「君子」，於是「君子」成爲訓練弟子的理想典型。

孔子論政主張德治，並認爲德政是百姓人人所企求的，所以說：「民之於仁也，甚於水火。」（15·35），孟子更推闡此說：「不嗜殺人者能一之。」（《孟子》1·6），可是事實上，那個時代的當政者却採取刑政，就以魯國大夫季康子問政於孔子的話可透露出一般的想法。《論語》上記載著：

「季康子問政於孔子曰：『如殺無道，以就有道，何如』？孔子對曰：『子爲政，焉用殺？子欲善而民善矣。君之子德風，小人之德草，草上之風，必偃。』」（12·19）

「季康子問政於孔子。孔子對曰：『政者，正也。子帥以正，孰敢不正？』」（12·17）

周朝之統治分貴族與平民兩個階層，所謂「禮不下庶人，刑不上大夫。」（《禮記·曲禮上》），到了子產鑄刑書，擴大了刑的施用範圍。根據學者的推測「周人開國氣象之中，肅殺之威多於寬厚之德。」「用嚴刑峻法來部勒全民，使其過一種集團生活」[11]孟子就不太相信書的記載，以爲

「以至仁伐至不仁，而何其血之流杵也？」（《孟子》14．3），《論語》中記哀公問社，宰我答以周人用栗在「使民戰栗」（3．21），孔子謂文武之道，一張一弛。（《禮記．雜記下》），莫非周政本有尚德與尚刑兩面乎？春秋之季，政局動盪，征伐過甚，百姓流離失所，《詩經》裏所反應的民生哀怨，《論語》裏季康子之患盜都有連帶的關係吧！針對周政尚文，不免「法令滋彰」之弊病，孔子主張「道之以德，齊之以禮」（2．3）而寄寓諸「君子」，不是很明顯嗎？蕭公權先生明確地指出：

> 「孔子屢言君子，其用意似有二端。一以救宗法世卿之衰，二以補周政尚文之弊，而兩者間實有連帶之關係。」⑫

歸結起來，孔子提出「君子」的可能理由，蕭公權先生特別著重政治的理由，而作者以為尚有更深遠的理由，亦即為人類的人格及文化指出一條人生正道與文化大道，唯有君子明瞭斯道而且宏揚斯道。

---

⑪ 前一句見同❽，頁六七，後句見《沈剛伯先生文集》（臺北：中央日報編印，民國七十一年十月初版），頁一二四，「周室果有仁政乎」？一文論及史實，大有突破過去美化史實的缺陷；另見同書，頁二三九～二四〇對《論語．哀公問社章》有較合理的解釋，作者以為可取。

⑫ 同❽，頁六九。

三、君子的內涵

在孔子以前「君子」含義的演變一節裏，作者曾分析《論語》之「君子」之用法有四，一指孔子，二指有位者，三指有德者，四指位德兼具者。專指孔子者可與有德者歸併在一起，蓋孔子是有德者中的一份子。在孔子的用語中，「君子」含有以上三種含義，而特重有德者特徵的描述。作者推測孔子之「君子」用語之混用的情形乃因襲《詩》《書》裏「君子」的含義，又加以引申，將貴族的教育內容普施一般平民之故。原來「君子」是貴族統治官員的稱呼。據學者的研究，周朝的宗法封建社會其社會階層至少有六級，上從天子、諸侯、卿大夫、士、下至庶人百工、奴隸。上下層之間具有主從關係。天子、諸侯、卿大夫是貴族統治階層，士介於大夫與庶人之間，受命則與大夫連稱爲「士大夫」，不受命則與庶人連稱爲「士庶人」，士爲知識分子，流於上下之間，庶人以下則是從事勞動的被統治階層。⑬因爲，治者與被治者所需要的知識不同，治者所學的是「道」，是一套處理政事、治理人羣的知識；被治者是勞動者，所學的是「食」的知識，譬如樊遲向孔子請學稼、學圃（13．4）之類。如果《管子．小匡篇》的記載可信，那麼自古卽有士農工商四種職業分類，各業均是世襲的。士是參與貴族治理政事的輔治人員。到了孔子的時候「禮

⑬ 謝康，《中國社會制度研究》（臺北：成文出版社有限公司，民國六十九年九月初版）頁五六五～五六九。

壞」了，整個制度宣告解體，四民世襲其業的方式恐怕早已打破，孔子的學生子貢一介平民，其向孔子學道，即「不受命而貨殖焉」——不願當公務員而去作生意（11・19）；孔子早年也學習道，可是「吾不試，故藝。」（9・7）。孔子是郰邑大夫叔梁紇的次子，早年喪父，可是從小就在大夫階層的家庭氣氛中長大，自然也學會了一般貴族教養的知識，加上孔子好學，精通《詩》《書》禮樂自在預料之中。孔子時值「無道」之世，發現當時國君、卿大夫無德無能、不知治道，故急於出仕，以便「撥亂反正」，可是僅在短期間受任用外，均無法施展抱負，只好從事教育，企圖間接透過學生從政以改變「邦無道」的局面。《論語》中「君子」的含義由「位」而「位德」，由「位德」而「德」的演變，似乎脈絡可尋，在對學生的言談中，以「德」的含義爲主，希望學生以德致位，這是孔子將貴族的教養知識普及化於一般庶民，打破原來階級的局限，邁向人人皆可爲士、爲君子的理想。以下將次第彰顯「君子」與「小人」在取義上的差別，進而分析德性義的「君子」之所以爲君子的必要條件，及其各必要條件的意義，最後提到君子的實踐問題。

（一）君子與小人的對顯

以位而論，君子與小人是指治人者與治於人者，二者的身份不同，其關懷的對象亦異。孔子說：

「君子懷德，小人懷土；君子懷刑（型），小人懷惠。」（4・11）

「君子之德風，小人之德草，草上之風，必偃。」（12・19）

「君子有勇而無義爲亂，小人有勇而無義爲盜。」（17・23）

「君子學道則愛人，小人學道則易使也。」（17・4）

在位的君子所關懷的是如何才能把家、國、天下治好，所以要學道、知義、懷德、懷型。德是獲得民心的根本，《大學》裏有句話說：

「君子先愼乎德，有德此有人，有人此有土，有土此有財，有財此有用。德者本也，財者末也。外本內末，爭民施奪，是故財聚則民散，財散則民聚。」

這裏所講的是在位者應知道的治道。反過來看，小人是「治於人」的庶人，他們關懷的是如何活下去，謀食憑藉土地、勞動，仰賴上位者的施惠，唯有上位者「因民之所利而利之」之「惠而不費」（20・2）的措施，庶人才樂意受領導，所謂「上好禮，則民易使也。」（14・41），「惠者足以使人」（17・6）。最後一條指出不管君子或小人，學了道對政治的治理都有好處。

其次，在位者之中亦有君子與小人之別，這裏的區別是由道德之大小來判定的，故作者將它列做位德兼含之類：

「君子易事而難說也，說之不以道，不說也，及其使人也，器之。小人難事而易說也，說之雖不以道，說也；及其使人也，求備焉！」（13・25）

「君子不可小知而可大受也，小人不可大受而可小知也。」（15・34）

「子謂子夏曰：『女爲君子儒，無爲小人儒。』」（6・13）

前兩章涉及「使人」「知受」必是指有位者無疑，同是在位者却有易事難悅、難事易悅及使人以「道」、不以「道」的分別。君子謀的是「道」、求的是「道」、悅的是「道」，這與小人之所好、所求不同。儒在《周禮》是「以道得民」者，可是以「道」爲工作的人之中亦有君子與小人的分別，君子所爲的是大道，不是小道。子夏說：

「雖小道，必有可觀者焉；致遠恐泥，是以君子不爲也。」（19・4）

子夏聆受孔子之敎，對大道與小道之「求」關連到君子與小人之「爲」有深刻的體會才說出這番話來。總之，以上幾章是孔子針對有位者賦予德的要求，或是對有位者再加以區分而來，這個德的區分，成爲孔子判別世人是君子或是小人的關鍵。以下，作者將根據《論語》對顯君子與小人在德上的不同。

「君子上達，小人下達。」（14・23）

本章可視爲君子與小人在知行上的趨向，由此也可知道如何修養才能成爲君子。「上」「下」是指價值的高低，「達」是指通曉與實踐。君子通曉某事物具有高價值而實踐它，小人僅知低價值事物而實踐它，那麼那些是高價值的事物，那些是低價值的事物呢？孔子說：

「君子喩於義，小人喩於利。」（4・16）

「君子謀道不謀食，耕也餒（餧）在其中矣，學也祿在其中矣，君子憂道不憂貧。」（15・

32）

「道」與「義」同類，「食」與「利」同類。君子所思考的是由整體來看各各事物之適當分際，而不是僅就單獨某一面去決定合宜不合宜。譬如，小人僅知見利思利，可是君子却見利思義；利是人人所想要的，可是君子却能從整體觀察下，決定是否我所應得，應得的就取，不應得的就不取，而不是一味地去取，這就是「義」；整體觀下的「義」並沒有排斥「利」的追求，而是要注意到獲利的正當性。小人順著求利的本能，見利思利，沒考慮到正不正當，換言之，僅憑「利」無法決定應不應當追求。孔子說：

「富與貴，是人之所欲也；不以其道得之，不處也。貧與賤，是人之所惡也，不以其道得（恐應作「去」字）之，不去也。」（4・5）

富貴是人所欲，爲利；貧賤是人所惡，爲不利；君子於利與不利間以「道」來決定「處」與「去」；顯然，道的考慮是高於利不利的考慮，道的價值比利的價值爲高，君子所求的便是高價值的道義。君子與小人在面臨困窮的時候，有道者與無道者立刻有別，孔子說：

「君子固窮，小人窮斯濫矣！」（15・2）

這說明了在窮困的境地，君子仍有所守，時時以道義存心而不濫，小人因心中無道，便守不住了。《中庸》裏有句話正好可以說明這個情況：

「君子素其位而行，不願乎其外，素富貴則行乎富貴，素貧賤則行乎貧賤，素夷狄則行乎夷狄，素患難則行乎患難，君子無入而不自得焉！在上位，不陵下；在下位，不援上；正己而不求於人，則無怨；上不怨天，下不尤人，故君子居易以俟命，小人行險以徼幸。」

「君子素其位而行」即是守道而行，「不願乎其外」即是求諸己，不求諸人，故能泰然處之，坦然應之。孔子說：

「君子坦蕩蕩，小人長戚戚。」（7．37）

「君子泰而不驕，小人驕而不泰。」（13．26）

「君子求諸己，小人求諸人。」（15．21）

君子凡事求諸己，以道存心，以義行事，依禮而行，一切自求，不怨天，不尤人，不以一己之得失爲憂，自然泰而不驕，心胸坦然。小人便不然，其常爲一己之得失爲憂，求全責備於人，一朝得利便驕而失禮，失利便長戚戚。

「君子成人之美，不成人之惡，小人反是。」（12．16）

「成」有「促成、贊許」之義。「美」與「惡」係價值評價上相反的概念，在此指的是人的優點、長處和缺點、短處⑭。君子善與人同，樂道人之善，小人妒心甚強，不欲人比己善。《曾

---

⑭ 作者曾就《論語》《老子》《孟子》在「美」、「惡」、「善」三概念之對舉習慣上加以考察，發現「善」與「不善」之對舉用法最常用，以上三書均同。至於「美」與「惡」對舉似乎僅見於前二書。至

子・立事篇》很有好的發揮：

「君子己善，亦樂人之善也；己能亦樂人之能也；雖不能亦不以援人，君子好人之為善而弗趣也，惡人之為不善而弗疾也。」

曾子此段言論，說明君子有成人之美的仁心，又有好惡合宜於人的義行。

「君子周而不比，小人比而不周。」(2・14)

「周」「比」二字本義皆主「與人親厚」之義，且可互訓；可是孔子善於正名，用以分別君子與小人之嫌疑，其中必有孔子獨特的寓義。總結前人之訓解，略為四種：(1)《集解》引孔安國云：「忠信為周，阿黨為比。」《皇疏》承之。(2)《集註》云：「周，普遍也。比，偏黨也。皆與人親

(續)於「好」「惡」對舉作動詞用者最多，做形容詞或名詞者較少。「善」「惡」對舉在《易・繫辭傳》《中庸》裏出現過。在《孟子》裏是「善」「利」對舉，與孔子之「義」「利」對舉看來，孟子是以「善」釋「義」，若與「善」、「不善」配合，似乎以「利」指「不善」。現代用法中，「美」「醜」中之「醜」字於前三書中絕未出現。在孔子思想中，「美」「善」有別，與《老子》第二章所顯示的相同。吳森，《比較哲學與文化》(臺北：東大圖書公司，民國六十七年七月初版)，頁五九，曾指「美」「善」兩概念關係密切到成為同一概念，「美」「善」從「羊」部首，《說文解字》明言「美與善同意」，「羊」是「善」的象徵，也是「美」的象徵。作者以為《老子》《論語》中之「善」字即現在用語中的「好」，在這層意義上，與「美」似乎可通用，一般說「美好」，連成一詞便是明證。然作為「好」的「善」與純指道德判斷的「善」終當有別。本章中對「美」「惡」的詮釋是採取「好」「壞」之義。

厚之意，但周公而比私耳。」(3)王引之《經義述聞》云：「以義合者、周也；以利合者、比也。」；陳大齊《論語臆解》承之。(4)楊伯峻《論語譯注》云：「君子團結，却不勾結；小人勾結，却不團結。」今考以上四說之根據，王引之依「君子喻於義，小人喻於利。」解之。朱熹《集註》以公私及「君子羣而不黨」解之。楊伯峻以「君子羣而不黨」釋之。孔安國以《國語．魯語下》之「忠信爲周」兼「君子羣而不黨」解之。陳大齊承王引之之說並評孔安國之注有失，然程樹德《論語集釋》云：「按以義合曰周，以利合曰比，旣以義合得非忠信耶？注朱（作者按：「未」字之誤）爲失，無所可譏，王氏之說非也。」作者以爲四說之中，當以本《論語》者爲佳。總之，君子是以義合，與衆人親而不私；小人是以利合，與人黨而不公。

「君子和而不同，小人同而不和。」（13．23）

「和」「同」兩字本義亦相近。在《左傳》裏有分別、不分別二種用法（見成公十六年「和同以聽」及昭公二十年晏子的對語）。孔子亦於衆人不甚分別處而分別之，此孔子別嫌明疑、「惡紫之奪朱」（17．18）也。孔子謹於正名，自必取分別義，以狀君子與小人之別。《左傳》昭公二十年齊侯與晏子的對話裏就指出「和」與「同」有別：

「公曰：『和與同异乎？』

對曰：『異。和如羹焉！水火醯醢鹽梅以烹魚肉，燀之以薪，宰夫和之，齊之以味，濟其不及，以泄其過，君子食之，以平其心。君臣亦然，君所謂可而有否焉，臣獻其否以成其可；君所謂否而有可焉，臣獻其可以去其否；是以政平而不干，民無爭心。……先王之濟五味，和五聲也，以平其心，成其政也。聲亦如味，一氣、二體、三類、四物、五聲、六律、七音、八風、九歌，以相成也。清濁、大小、短長、疾徐、哀樂、剛柔、遲速、高下、出入、周疏，以相濟也。君子聽之，以平其心，心平德和。……今據（按：齊大臣梁丘據）不然。君所謂可，據亦曰可，君所謂否，據亦曰否。若以水濟水，誰能食之？若琴瑟之專壹，誰能聽之？同之不可也如是。』」

陳大齊先生對此有所評論：「晏子所說的『同』是一味順從的意思，所說的『和』，與『同』相反，意是不一味順從的意思，只說到消極意義，未兼及其積極意義。且關於所以和與所以同的原因，雖有暗示，亦未有所明說。故晏子這一番話，引以爲參考則可，引以解釋孔子所說的「和」與「同」，猶嫌不足。」（《論語臆解》），作者以爲晏子的話中，「和」不是只有「消極意義」的「不一味順從的意思」，而且更有積極的「相成」「相濟」的意義。孔子說「君子謀道」、「志於道」、「朝聞道，夕死可矣！」其中「道」字何等重要。「道」是整體和諧，其內各部份依然是獨立自主，彼此之間又是相反相成。「道」在個人修養上是情理和諧之道，「道」在文化表現上是文質彬彬之道，「道」在人言行相處上是仁義之道。君子是爲行道而仕，不是爲干祿（食）而仕，君子以「道」爲行動的依據，自然是「和而不同」，劉寶楠《論語正義》云：「和以義起，同由利生。」不爲無見。君子在態度上、不卑不亢，與集體之間、相卽相融、互不相軋；可是小人的表現，不是過分自卑，就是過分自大，與集體之間，不是泯滅個人，就是無視集體，無法守住中和之道，而一味求表面的一致性，《中庸》云：「君子中庸，小人反中庸。」的確是最好的說明。

「君子有三畏：畏天命，畏大人，畏聖人之言；小人不知天命而不畏也，狎大人，侮聖人之言。」（16・8）

本章指出君子與小人的最大不同在於君子對天命、大人、聖人之言知所敬畏，小人不知天命而不敬畏，甚至慢待大人，輕侮聖人的言語。

以上分別探討的是《論語》裏君子與小人明文對擧者，此外，雖無明文，然可依句型推之者。句型有二：⑴依「君子成人之美，不成人之惡；小人反是。」句，其句型爲：「君子×××，小人反是。」⑵依「君子和而不同，小人同而不和。」句，則句型爲：「君子〇〇而不××，小人××而不〇〇。」。其中以⑴用法最廣。《論語》中尙有二章：

「君子矜而不爭，羣而不黨。」（15・22）

「君子貞而不諒。」（15・37）

若以句型⑴推之，則僅於章末加「小人反是」便可。若以句型⑵推之，則爲：「君子矜而不爭，羣而不黨；小人爭而不矜，黨而不羣。」

「君子貞而不諒，小人諒而不貞。」

現就此三章看君子與小人之別。《集註》云：「莊以持己曰矜，然無乖戾之心故不爭。和以處衆曰羣，然無阿比之意故不黨。」君子進退以禮而不爭奪，和羣而不黨同。小人不知禮而爭奪，黨同而不和羣。其次，貞、諒，《集註》云：「貞，正而固也；諒，則不擇是非而必於信。」孔子曾答子貢說：「言必信，行必果，硜硜然小人哉！」則小人之「言必信」之「必信」即是「諒」。孔子說：「……豈若匹夫匹婦之爲諒，自經於溝瀆而莫之知也？」（14．17），此「諒」即本章之「諒」，小信是也。《孟子．離婁下》云：「大人者言不必信，行不必果，唯義所在。」此「義」即是「貞」，大信是也。君子講的是大信，小人講的是小信。同樣是講「信」却有大小之不同，由此而決定了君子與小人的區分，故爲君子者不可不愼思。

(二) 君子之所以爲君子的必要條件

以上從君子與小人的對顯處，看出兩者的差別，然其差別在理論上當不止如上所列。爲了對君子有本質上的了解，本段將就《論語》歸納其本質，亦卽指出君子之所以爲君子之必要條件有那些。根據作者的研究，其條件有仁、義、禮、智、知命五者，缺一不可，至於其他諸德當可含攝於此五者之中，不必另立名目。以下，作者將順次推出。孔子說：

「君子去仁，惡乎成名？君子無終食之間違仁，造次必於是，顚沛必於是。」（4．5）

從本章可知道君子之所以有「君子」之名，在於他時時刻刻不離仁德之實，沒有仁之實就不成其爲君子，故知「仁」是君子之必要條件。

「君子之於天下也，無適也，無莫也，義之與比。」（4·10）

「君子義以爲質，禮以行之，孫以出之，信以成之。君子哉！」（15·18）

據前章，知道君子對天下事情，沒有一定要怎樣做，也沒有一定不怎樣做，凡事只要怎樣做才合理恰當，便怎樣做。這可跟孔子另外一句話：「我則異於是，無可無不可。」（18·8）相印證。後一章指出君子以義爲質。在《論語》裏「文」「質」是相待之辭，文指文飾，質指本質，文是外加的，質是內存的。這樣看來「義」是君子內存的本質，缺少不得，故亦爲君子之必要條件。孔子說：

「人而不仁，如禮何？人而不仁，如樂何？」（3·3）

「先進於禮樂，野人也；後進於禮樂，君子也。如用之，則吾從先進。」（11·1）

「質勝文則野，文勝質則史，文質彬彬，然後君子。」（6·18）

由第一章看出一個人若沒有仁德，則徒具有禮樂之外在文飾，又怎能算是個人呢？這是強調仁德的重要，但並沒有說禮樂不重要的意思。一個君子還是要具備禮樂的教養，否則不能立身行事，所謂「立於禮，成於樂。」便是說明禮樂的重要。第二章中野人、君子指平民、世襲官位的子弟而言。在孔子的時代，平民要想做官必須先學習爲官的禮樂知識，至於有位的子弟是後學禮樂知識的，這便「先進」「後進」之義。孔子是說要是有這二類人選，他寧願選用先進於禮樂的人。孔子以四教，文、行、忠、信是其教學的內容，其目標就在培養君子，孔子有教無類，其學生大都屬先進的一羣，這一羣是有知識的、行爲中禮的、具有忠信之質的君子。第三章裏直接指出文質彬彬才算君子，質是質地，文是文彩，文彩施於質地之後，這便是「繪事後素」（3·8）之義。只有質地而沒有文彩卽是「野」，野卽是無知義、未學義。孔子說：「好仁不好學，其蔽也愚。」（17·8），純任天生之仁質而不好學禮義，其失也愚，愚卽野。君子是內外兼備的人，這層意思還有一章可以互證：

「棘子成曰：『君子質而已矣，何以文爲？』子貢曰：『惜乎！夫子之說君子也，駟不及舌。文猶質也，質猶文也。虎豹之鞟猶犬羊之鞟。』」（12·8）

由此，可見禮正是君子「不學禮，無以立」的「立」身要件，孔子三十而立，就是要「立於禮」，禮是君子的必要條件可知。《論語》有三章：

「子曰：『知者不惑，仁者不憂，勇者不懼。』」（9·29）

「司馬牛問君子。子曰：『君子不憂不懼』。曰：不憂不懼，斯謂之君子已乎？』子曰：內省不疚，夫何憂何懼？』」（12·4）

「子曰：『君子道者三，我無能焉：仁者不憂，知者不惑，勇者不懼。』子貢曰：『夫子自道也。』」（14·28）

第一章與第三章合起來看，當知第一章也是答覆時人問君子的，只是略記了何人所問而已。此章對人說明君子應該具有知、仁、勇三種修養，這與《中庸》之稱「知、仁、勇三者，天下之達德也。」相同。第二章是針對司馬牛問君子的實際情境，從仁、勇二德的效驗上加以指點，並沒有完全說出，孔子的重點擺在「內省不疚」上。譬如曾子「吾日三省吾身」（1．4）的工夫，君子自問「上不愧天，下不怍人」就能自立自強，不憂不懼。從孔子之「君子道」而言，仁、知、勇都是君子之完整人格的修養要件，其中之「知」便是本段所要標出的。《論語》以「學」始，以「知」終，學卽爲了知，要知天命、知禮、知言、知人，不但要知道自己知道了些什麼，而且還要知道那些是目前還未知道的，絕不強不知以爲知，換言之，對自己之知有不斷地自覺，這便是「智」，智是君子之所以爲君子之要件，據前所論，誠屬必然。

君子在德行之修養上已具備了仁、義、禮、智四個必要條件，這在君子「求諸己」上已盡了力，足以立身應世，然而世人未必知之，知之未必用之。故君子成德之後是否能受推舉、重用，這是君子本身不能決定的事情，因此，孔子才說：「人不知而不慍，不亦君子乎？」，要如何才能「人不知而不慍」呢？這就涉及到「知命」的問題。孔子說：

「不知命，無以爲君子。」（20．3）

由此知：知命亦是君子的必要條件。我們從孔子的自述中，得知孔子「五十而知天命」，又從孔子言「君子有三畏」中得知「畏天命」，《中庸》裏言「君子居易以俟命」，俟命卽等待天的命令而行，這便是孔子「六十而耳順」之「順天命」吧！⑮孔子到了七十歲才「從心所欲，不踰矩。」，順著先前的境界，由知命到畏命，由畏命到順命，最後心之意欲與天之命不一不異，此卽後儒所謂「天人合一」之境界。孔子列爲君子之必要條件的「知命」便是打開了極高明的宗教之門了。總結起來，君子之前四個必要條件是屬於盡己的道德領域，而後者是屬於聽天的宗教領域；君子盡人事、聽天命便是孔子所謂的「君子」之人生觀了。

(三) 仁、義、禮、智、知命之意義

---

⑮「六十而耳順」一句自《集解》引「鄭曰：『耳聞其言而知其微旨也。』」以來，註解甚多，朱熹《集注》云：「聲入心通，無所違逆，知之之至，不思而得也。」亦有影響力。然考之唐以前古註，唯《筆解》云：「韓曰：耳當爲爾，言如此也。既知天命又如此順天也。」程樹德，《論語集釋》（臺北：藝文印書館，民國五十四年三月初版）對《筆解》之說提出批評：「按韓氏好變易經文，已開宋儒喜談錯簡之風，不可爲訓。」此句關鍵字在「耳」字，「耳」字置於句中，甚費解。傳統大多數均順有「耳」字作解，勢必與聞於耳有關。然韓愈《筆解》中已懷疑此「耳」字另作別解，此甚有眼光，作者讀及程石泉，《論語讀訓解故》（臺北：先知出版社，民國六十四年六月臺一版）其謂「陳鐵凡《敦煌論語校讀記》：《敦煌論語集解》殘卷S．4696作『六十如順』。陳君按：『此又如、而通用之一例。』……按此章文理，應無『耳』字，『耳』字必爲後人所誤入。」甚表贊同，故以「六十而順」理解本句，順從「五十而知天命」當作「六十而順天命」一氣貫下，別無葛藤。

(1)仁　仁的含義極爲豐富，當代學者對它探討極多⑯。自程伊川把仁分作「偏言」之仁與「專言」之仁後，遂引起概念之間關係的討論。許多學者特別看重「專言」之仁，例如陳榮捷先生把仁作爲「孔子破天荒之觀念，爲我國思想上一絕大貢獻。」⑰，徐復觀先生認爲「孔學」即是「仁學」⑱。這都是把「仁」當作「全德」去闡揚孔子思想，如果是站在實踐簡易的立場，自無不可，可是純就孔子之原本思想而論，似乎就有困難⑲。依作者的研究，孔子重視「仁」是具

---

⑯ 見韋政通，《中國哲學辭典》（臺北：大林出版社，民國六十九年五月再版）「仁」字條下，其末附有參考文獻，除所例外，尚有許多值得參考的文獻待補。就作者所見，尚有：(1)陳大齊，《孔子學說》（臺北：正中書局，民國六十六年三月臺七版），頁一一三～一二四；(2)徐復觀，《學術與政治之間》（臺北：臺灣學生書局，民國六十九年四月臺一版）中「釋《論語》的『仁』」一文；(3)唐君毅，《中國哲學原論原道篇卷一》（香港：新亞研究所，民國六十二年五月出版）中「孔子之仁道」；(4)胡志奎，《論語辨證》（臺北：聯經出版事業公司，民國六十七年九月初版）中「孔子之『仁』字思想探原」；(5)范壽康，《中國哲學史綱要》（臺北：臺灣開明書店，民國五十六年三月二版），頁二四～二九；(6)蟹江義丸，《改版孔子研究》（東京：京文社，昭和二年十二月五日發行），頁二九一～三四一第六章〈孔子の根本思想（其五）仁〉等等，按以上均爲當代學者，淸以前之學者不計在內。

⑰ 陳榮捷，〈仁的概念之開展與歐美之詮釋〉（見《中國哲學資料》書內《陳榮捷哲學論文集》，新竹，仰哲出版社影印）。

⑱ 徐復觀，《學術與政治之間》，頁三〇三。

⑲ 徐復觀，《學術與政治之間》，頁三二四；陳大齊，《孔子學說・自序》及《孔子言論貫通集》（臺北：臺灣商務印書館，民國六十七年十一月五版），頁一五；都反省到徒「仁」不足以表現孔子思想的眞相。胡志奎，《論語辨證》，頁一〇七～一三三結論中謂「孔子所言之『仁』，當非居諸德之上，兼攝諸德目而爲其總稱；故亦無廣、狹之義，乃至言『仁』有積極、消極之分。」

有時代背景的對治成分在內[20]，運用對比的方式來彰顯「仁」的含義比籠統地說「仁」是全德的方式好；於是從仁與智、仁與義、仁與禮之對舉上，看出其意義。

「仁與智」就人格言，表示「愛心與智慧」；就心理言，表示「感情與理智」；就實踐言，表示「行動與知識」。孔子說君子道者三：「仁者不憂、知者不惑、勇者不懼。」（14・28），「仁者必有勇，勇者不必有仁。」（14・4），所以，君子道可以「仁」且「智」來統括。《論語》裏有七章仁智對舉的用法，加深了這個說法的合理性。由於「好仁不好學，其蔽也愚。」（17・8），肯定了獨「仁」不足以表示君子之道。君子之道原是仁智相濟而成的。以人格的角度而言，仁是指愛心，智是指智慧。《論語》有一章：

「樊遲問仁，子曰：『愛人。』」（12・22）

可以證實這個說法。

「仁與智」若從心理的角度而言，仁表示感情，智表示理智。孔子說：

「唯仁者，能好人，能惡人。」（4・3）

從這裏可看出仁者有眞實的好惡之情。陳大齊先生說：「仁既是愛，自亦屬於感情。」[21]，仁的發動顯出情，智的發動顯出理，仁與智的相濟之德顯在心理層面上表現出情與理的和諧，君子的

[20] 同[10]。

[21] 陳大齊，《孔子言論貫通集》，頁一六。

心理作用是感情與理智的交融。從實踐上，「仁與智」也可透出「行動與知識」這一層含義。《論語》的「知」有知曉、知識與智慧三義，在此取知識義。與知識相待的便是依知識而行。仁有行的含義，《中庸》云：「力行近乎仁」，卽以力行釋仁。孔子論仁均從實踐方面指點。《論語》載：

「司馬牛問仁。子曰：『仁者其言也訒』。」（12・3）

爲什麼「仁者其言也訒」呢？因爲仁者重視信，怕說到做不到，故有：

「君子欲訥於言而敏於行。」（4・24）

「君子恥其言而過其行。」（14・27）

「剛毅木訥近仁。」（13・27）

之語。仁是靠實踐來表現的，無行則無仁，仁則必行。以下各章可以爲證：

「仁者先難而後獲，可謂仁矣！」（6・22）

「樊遲問仁。子曰：『居處恭，執事敬，與人忠。……』」（13・19）

「子張問仁於孔子。孔子曰：『能行五者於天下，爲仁矣！』，請問之。曰：『恭、寬、信、敏、惠。……』」（17・6）

如此，仁含攝諸行，至少剛、毅、木、訥、敏、忠、信、恭、敬、寬、惠均包括在內。

「仁與義」從道德原則上言，它是兩條基本爲人處事的原則。孔子說：

「君子去仁，惡乎成名？君子無終食之間違仁，造次必於是，顚沛必於是。」（4・4）

「志士仁人，無求生以害仁，有殺身以成仁。」（15・9）

「苟志於仁矣，無惡也。」（4・4）

「依於仁」（7・6）

由以上所引各章，知道君子之一切行爲均依止於仁，把仁做爲一條行爲的基本規範。那麼仁到底是怎樣的一種規範呢？孔子說：

「夫仁者，己欲立而立人，己欲達而達人。」（6・30）

「其恕乎！己所不欲，勿施於人。」（15・24）

由此知，仁是推所欲於人，勿施所不欲於人，這項原則基本上是奠定在人類對事物有共同的好惡之情上。仁在積極面是善的擴充，誠心地由內而外對待他人，這便是忠；在消極面是無惡意，這是恕。曾子對孔子之「一貫之道」詮釋爲「忠恕」，確實的當。一般地說，都以仁做爲孔子道德思想的核心，然通觀孔子思想却發現徒仁亦有蔽，所謂「好仁不好學，其蔽也愚。」（17・8），換言之，一味地好仁、求仁、行仁會失去公正原則，反而傷害了仁，所以，孔子又論及「君子義以爲上」（17・23）以補充之，令仁義二基本原則相反相成。陳大齊先生謂孔子的思想是「仁義合一主義，不是唯仁主義，亦不是唯義主義。」㉒語極精當。在此與義相待的仁，其意爲善、忠、恕。

㉒ 陳大齊，《孔子學說》，該書序言。

「仁與禮」在文化上，仁是質，禮是文。禮在古代是指一切的文化傳統，當然含蓋倫理、政治、宗教等三層面。在倫理上，禮爲一切倫理規範。人自出生便生活在倫理社會之中，故不能不學習倫理規範，所以說：「不學禮、無以立。」（16．13）就以對父母一倫而論，「生、事之以禮，死、葬之以禮、祭之以禮。」（2．5）這是以盡禮來表示孝。然而孝非僅是外表之行禮盡節而已。孔子說：

「今之孝者，是謂能養。至於犬馬，皆能有養；不敬，何以別乎？」（2．7）

可見僅是供養食物不算孝，而是要包含敬意在內。這個敬就是對父母之禮的本。孔子說：「人而不仁，如禮何？」（3．3），「禮云禮云，玉帛云乎哉？」（17．11），合而觀之，禮之所以爲禮其本在仁，仁是禮節的精神，這樣看來，仁可包括孝、悌、忠、信、敬、恭、慈……等等德目。在政治上，禮是指政治制度。孔子說：「爲政以德，譬如北辰，居其所而衆星共之。」（2．1）又說：「道之以德、齊之以禮，有恥且格。」（2．3）「克己復禮爲仁。」（12．1）合而觀之，孔子認爲治國的方式最好是以德教，以禮齊，不管是德教、禮齊其背後之精神，乃是君子之仁所發。一個國君能「非禮勿視、非禮勿聽、非禮勿言、非禮勿動。」（同上）卽是行仁。可見禮是仁的表現，仁是禮的實質。換言之，仁便是一切政治制度背後的精神實質。在宗教上，祭是禮，然祭特重在仁天地鬼神，《論語》載：「祭如在，祭神如神在。子曰：『吾不與祭，如不祭。』」（3．12）「林放問禮之本。子曰：『大哉問！禮，與其奢也，寧儉；喪，與其易也，寧戚。』」（3．4）這裏所提的禮是祭禮與喪禮，孔子所重視的是禮的本，那個本便是仁，眞實的敬意、眞實的感情與哀思。孔子說君子是「文質彬彬」（6．18）這是落在文化範圍之內的君子表現，由小看大，文化的生命的表現依然以「文質彬彬」爲理想。故以禮爲文化之「文」，則仁當爲文化之「質」，在這個意義下，仁是文化的精神。

(2)義　在《論語》裏，孔子要人「喻義」、「好義」、「聞義」、「徙義」、「行義」、「義以爲上」、「義之與比」乃至「義以爲質」，這是把「義」看做是面臨富貴貧賤、困窮患難、辭受取予、出處去就時所應遵守的原則。可是什麼是「義」呢？在《論語》裏沒有明言其意義，我們只好從其言語脈絡中推得其義。孔子說：「使民也義」（5．16）、「務民之義」（6．22）、「使民以時」（1．5），由此知「務民」即「使民」，而且以「時」爲「義」，此即中庸所謂「時措之宜」之義。一個政府要徵民服役必須擇其農暇之時，這就是以時使民的實義。另外，孔子又說：「富與貴，是人之所欲也，不以其道得之，不處也。」（4．5）、「不義而富且貴，於我如浮雲。」（7．16）、「見得思義」（16．10）、「見利思義」（14．12）、「義然後取，人不厭其取。」（14．13），以上所引，均是就利的場合而言義。君子所思者在此利是否是我所應得，應得、則取之，不應得、則不取，這便是以「應該」爲「義」，在相關脈絡裏，「道」即是指「義」。就事君而論，孔子說：「事君，敬其事而後其食。」（15．38），此亦即「先難後獲」「先事後得」之意。若見得而獲，不慮是否敬事、盡責，便是不義。「子路問事君，子曰：『勿欺也，而犯之』。」（14・22），爲人臣在以道事君、不在苟順取祿，君有過，犯而諫之，這是事君之道，若臣子無法行道，則當退之以存其志。孔子說：「篤信好學，守死善道。危邦不入，亂邦不居。天下有道則見，無道則隱。邦有道，貧且賤焉，恥也；邦無道，富且貴焉，恥也。」（8・13），君子以行道爲志，天下有道則當見，不見則爲不義；無道則當隱，不隱則爲不義。這便是以「道」爲「義」。就言談而論，孔子說：「可與言而不與之言，失人。不可與言而與之言，失言。知者不失人，亦不失言。」（15・8），這是以「不失」言「義」。綜合言之，「義」有「時」、「應該」、「道」、「不失」諸義；陳大齊先生以「不固而中」釋「義」㉓，其「不固」即「時宜」，「中」即「不失」，與作者之分析所得不異。印證《論語》中孔子之其他言論：「用之則行，舍之則藏」（7・11）、「邦有道，則仕；邦無道，則可卷而懷之。」（15・7）、「毋意、毋必、毋固、毋我」（9・4）、「吾則異於是，無可、不可」（18・8）無有不合。孔子「疾固」（14・32），故主學以去固，乃有「學則不固」（1・8），亦是求義之語。孟子對孔子之「義」有深會，他說孔子是「可以仕則仕，可以止則止，可以久則久，可以速則速」（《孟子》3・2）之「聖之時者」（《孟子》10・1）；《易・乾文言》之「知進退存亡而不失其正」以釋聖人之知時、知義，與孟子之言相得益彰。「義」之時而不失最不易把握。顏淵乃孔門的高弟，其對孔子之言仁，直下承當，獨對義却有「瞻之在前，忽焉在後」

㉓ 同㉒，頁一三六～一四四；註㉑，頁三四。

（9·11）之歎，可見「義」難以捉摸。孔子說：「可與共學，未可與適道，可與適道，未可與立，可與立，未可與權。」（9·30）權是隨時衡量事理以求其至當，爲孔子思想之至極處。孔門經教以《春秋》殿後，卽有以義爲上之義；《春秋》顯義藏仁，《論語》顯仁藏義，要均以仁義爲歸。在孔子的思想裏，以經權論，仁是經，義是權，「權者反於經而後有善者也。」（《公羊傳》桓公十一年秋），熊十力先生說：「義者，仁之權也。」「夫義者，反仁以行權，而實以成就仁化爲歸者也。」㉔；舉例而言，孔子之「有敎無類」卽是仁，「因材施敎」卽是義，仁義相濟以成道。

(3)禮　在《論語》裏，孔子要人「學禮」、「好禮」、「聞禮」、「知禮」、「復禮」、「約之以禮」、「立於禮」。人生活在社會裏，就得學習社會生活的規範，君子立身行事，待人治世，亦要以禮爲準則。那麼孔子所謂的「禮」是指些什麼呢？傳統之禮分類爲吉、凶、軍、賓、嘉五禮。高明先生認爲「孔子所論，吉禮爲詳，凶禮次之；吉禮以祭祀爲主，凶禮以喪葬爲主，軍、賓、嘉禮僅略及之，可知孔子所重在喪、祭也。」㉕；依據現代學術的分類，古代的禮含有政治制度、社會制度、社會習俗、宗敎儀式，日常生活規範等層面，它是代表一種文化傳統，內容非常豐富。從其作用來看，含有指導、節制、貫串三種功能㉖；從其精神來看，是敬、

㉔　熊十力，《原儒》（臺北：明倫出版社，民國六十年一月初版），頁一四五～一四六。
㉕　高明，《高明孔學論叢》（臺北：黎明文化事業公司，民國六十七年七月初版），頁一九七。
㉖　同㉒，頁一四四。

讓、序、和㉗；從禮的制定原則來說，要隨時、達順、備體、從宜、合稱㉘；從禮的字義來說，有宜乎履行，合乎道理、體乎人情三種㉙；就《論語》林放問禮之本爲孔子所贊美而言，孔子顯然認爲禮有本末之分。制度、節文、器物均屬末，爲外在的、可變易的，而制度、節文、器物成立的精神是本，是內在的、不變的。《禮記》爲孔門後學論禮之重要叢書，其中若干言論，可以補《論語》言禮之不足：

「禮者，因人之情，而爲之節文，以爲民坊者也。」（〈坊記〉）

「禮也者，義之實也，協諸義而協，則雖先王未之有，可以義起。」（〈禮運〉）

「爲禮而不本於義，猶耕而弗種也。」（同上）

「仁者義之本也。」（同上）

由引文得知，禮指節文，爲末，其本在義；再深究之，其本在仁。禮之文是隨時損益的，孔子說：

「殷因於夏禮，所損益可知也；周因於殷禮，所損益可知也；其或繼周者，雖百世可知也。」（2・23）

㉗ 王甦，《孔學抉微》（臺北：黎明文化事業公司，民國六十七年五月初版），頁一九五～二〇一。
㉘ 高明，《高明經學論叢》（同㉕），頁九五～一〇四。
㉙ 同㉘，頁九六～九八。

孔子說：「不學禮，無以立。」（16・13）、「君子……禮以行之……。」（15・18）、「動之不以禮，未善也。」（15・33）從這些話看來，孔子所謂的禮當是指君子立身行事的規範。孔子之「君子」是人文世界中的淑世主義者，永遠不離開社會人羣而索居，這樣的「君子」一定要肯定而且接受社會的規範，成爲一個「君子」的必要條件之一。

(4)智　在《論語》裏，「知」作動詞、取「知曉」義，作名詞、取「知識」之「知」與「智慧」之「智」兩義。孔子說：

「我非生而知之者，好古敏以求之者也。」（7・20）

「賜也，始可與言詩已矣，告諸往而知來者。」（1・15）

這兩章之「知」，前者爲「知曉」，後者爲「推知」，後者可幷在前者之中。另外：

「吾有知乎哉？無知也。有鄙夫問於我，空空如也。我叩其兩端而竭焉！」（9・8）

本章之「知」指「知識」。君子要修己治人，必得了解許多修己治人的知識。孔子說的「君子博學於文」之「文」當是知識的內涵（6・27）。

「由！誨女知之乎！知之爲知之，不知爲不知，是知也。」（2・17）

本章中，最後一個「知」字指「智」言，其餘均指「知曉」之「知」。能夠知道自己知道些什麼，不知道些什麼的人，對自己的「知」有了更高一層的反省，他既知守經又知達權。總而言之，「知」在《論語》雖有事實界的認知，可是重點放在價值界的明辨，如何成人、利人成爲君子之「智」的專注焦點，而且以是否成就價值斷定是否爲智。孔子說：

「里仁爲美，擇不爲仁，焉得知？」（4・1）

「知者利仁」。（4・2）

「智」在孔子思想裏不乏是與「仁」對舉來彰顯兩者的特點，孔子說：

「仁者安仁，知者利仁」（4・2）

「仁者不憂，知者不惑」（14・28）

「知者樂水，仁者樂山。知者動，仁者靜。知者樂，仁者壽。」（6・23）

在中國哲學的心靈裏，「道」的整體和諧性貫串各思考領域，體道的人物卽是君子，君子既仁且智，動靜一如、樂壽兼備，相應於山水之交融而有生命的樂趣。

(5)知命　知命之事原可畫入「智」的觀念裏面，蓋《論語》裏由知禮、知言、知人、知我、知命，均是「知」之顯發，其對象由一般生活常識、人倫道德、再擴大至宗教的領域。宗教的領域是屬天，人倫道德是屬人，君子具有仁、義、禮、智四德，若只及於人倫道德尚有未備，孔子特別指出「不知命，無以爲君子」，蓋其智由知人以至知天，誠是貞定君子生命的一個重要關鍵，是以另立一項，加以討論所謂「命」是什麼？如何「知命」？在《論語》裏，命、天、天命三個概念在歷代學者詮釋下，呈現多種含義㉚，這三個概念是密切而不可分的，其中，主要概念是

㉚ 有關這方面的探討，可參見韋政通，《中國哲學辭典》，頁八五～九四，三九〇～三九四；《中國哲學

天，有天然後有天命，而命是天命的簡稱；君子必須知此命，即知此天命，然後才會畏天命、順天命。孔子之「人不知而不慍」（1．1）、「不怨天，不尤人」（14．35）、「知其不可爲而爲之」（14．38）、「從心所欲，不踰矩」（2．4）乃至「樂天知命故不憂」（《易．繫辭上傳》）均是君子知天命、畏天命、順天命之結果。今擬專就《論語》對以上三個概念之種種意含中檢別斯義。命在《論語》中用法有二，一種是屬於人事，另一種是屬於自然、宗教範疇。前一種如「可以寄百里之命」（8．6）、「不辱君命」（13．20）的「使命」，「舜亦以命禹」（20．1）的「命令」，「賜不受命而貨殖焉」（11．19）的「召命」，「君命召」（10．20）的「君命」，「闕黨童子將命」（14．44）、「將命者出戶」（17．20）的「將命」（傳達訊息），「陪臣執國命」（16．2）的「國命」，凡此等均不離政治、外交之授受之命、或權柄、辭令，這一層意義與天命之「命」無關。後一種屬自然、宗教範疇者，如「不幸短命死矣」（6．3）的「壽命」、「見危授命」（14．12）的「生命」、「死生有命，富貴在天」（12．5）的「莫之致而至」（《孟子》9．6）之「命」，「道之將行也與，命也；道之將廢也與，命也；公伯寮其如命何！」（14．36）、「不知命，無以爲君子也」（20．3）的「天命」，以上之壽命、生命屬自然生命

（續）大全》（臺北：水牛出版社，民國七十二年九月出版），頁三六九～三七三；吳康，《孔孟荀哲學》（臺北：臺灣商務印書館，民國六十一年五月二版），上冊，頁七一～八四；唐君毅，《中國哲學原論．原道篇卷一》，頁一一〇～一三四。

義，「莫之致而至」的命屬不可預料、不可抗拒、不可強求的命運，至於有關道之行廢，君子之成德之命均屬天命。然欲了解天命，勢必要了解天的含意。在孔子的時代，天的人格、主宰意含最爲普遍，這完全是繼承古代詩書之上帝、天命之宗教信仰而來㉛，此外尚含有天地運行、四時輪替，自然生物之天，與地相待之天等意含。如「猶天之不可階而升也」（19·25）的「天空」，「天何言哉？四時行焉，百物生焉，天何言哉？」（17·19）的「自然無爲天」，「獲罪於天」「天將以夫子爲木鐸」（3·24）、「天厭之」（6·28）、「天生德於予」（7·23）、「天之將喪斯文也」（9·5）、「固天縱之將聖」（9·6）、「天喪予」（11·9）、「不怨天」「知我者其天乎」（14·35）之「天」均爲人格，主宰意義的「天」。今觀《論語》中有關天之詞語，如「天子」、「天下」、「天道」、「天命」、「天祿」均依「天」而立詞。孔子之「天」乃徘徊在自然無爲與宗教兩意含之間，絕大多數主宗教義。根據以上的分析，「天命」即是人格、主宰意義之天的「命」，如此才能將以下三章之意含貫串起來：

「不知命，無以爲君子也。」（20·3）

㉛ 參見陳榮捷，*A Source Book in Chinese Philosophy*, (U. S. A., Princeton University Press, Princeton, New Jersey, Fourth Printing, 1973) 仰哲出版社影印本，頁一六；王甦，《孔學抉微》，頁三四～四六；李杜，《中西哲學思想中的天道與上帝》（臺北：聯經出版事業公司，民國六十七年十一月初版），頁五八～七二。

> 「五十而知天命，六十而耳順，七十而從心所欲，不踰矩。」（2・4）
>
> 「君子有三畏：畏天命、畏大人，畏聖人之言。小人不知天命而不畏也，狎大人，侮聖人之言。」（16・8）

於是君子與小人之不同就在君子知天命、畏天命、順天命、全德合天，小人不知天命，不畏天命，不順天命，缺德悖天。孔子之天命觀依上所述似乎完全是繼承傳統的宗教之天命觀，如果只是繼承之，信仰之，是又非當於孔子「下學而上達」（14・35）至五十歲方「知」之天命，應當是孔子全仁、義、禮、智之德在實踐過程中不斷地反省，至終所契會，而不可不肯定之天命。孔子曾說：「不怨天，不尤人，下學而上達，知我者其天乎？」（14・35），「不怨天，不尤人」是孔子之「求諸己」，「下學而上達」是孔子之日修其德以知命，「知我者其天乎？」是孔子之自信，「七十而從心所欲，不踰矩」是孔子契天命之極致。由孔子一生之道德實踐，我們當可知「如何知天命」之一問題之答案，這是透過道德實踐以遙契天命㉜亦卽全仁義禮智之實踐而悟仁義禮智原本於天之命，然後知實踐仁義禮智卽人事亦天命，至此天人合一，君子之生命於是得大貞定，大有爲。

㉜「遙契」兩字借自牟宗三，《中國哲學的特質》（臺北：臺灣學生書局，民國六十五年十月四版，學三版）用語，頁三二～三五。

（四）君子之實踐

根據以上的分析，君子之必要條件有仁、義、禮、智、知命五者，而君子之實踐就在具有這五個條件，然如何具有這五個條件呢？這就完全落實到實踐上。實踐須要循序漸進，由下而上，由小而大，「始乎爲士，終乎爲聖人」㉝，君子則成爲現世的理想人格。本段要依據《論語》尋出其實踐的層次：

「子貢問曰：『何如斯可謂之士矣？』子曰：『行己有恥，使於四方，不辱君命，可謂士矣！』曰：『敢問其次。』曰：『宗族稱孝焉，鄉黨稱弟焉。』曰：『敢問其次。』曰：『言必信，行必果，硜硜然小人哉！抑亦可以爲次矣！』曰：『今之從政者何如？』子曰：『噫！斗筲之人，何足算也？』」（13．20）

「子路問君子。子曰：『修己以敬。』曰：『如斯而已乎？』曰：『修己以安人。』曰：『如斯而已乎？』曰：『修己以安百姓。修己以安百姓，堯舜其猶病諸！』」（14．42）

「子貢曰：『如有博施於民而能濟衆，何如？可謂仁乎？』子曰：『何事於仁！必也聖乎！堯舜其猶病諸！夫仁者，己欲立而立人，己欲達而達人。能近取譬，可謂仁之方也已。』」（6．30）

㉝ 梁啓雄，《荀子簡釋》（臺北：木鐸出版社，民國七十二年八月初版），〈勸學篇〉，頁七。

透過以上三章，從孔子批評當時的從政者爲「斗筲之人」開始，依序是：「言必信，行必果」之「小人」之士、「孝悌」之士、「行己有恥、使於四方、不辱君命」之士、「修己以敬」之君子、「修己以安人」之君子、「修己以安百姓」之君子、「博施於民而能濟衆」的聖人。其中「行己有恥，使於四方，不辱君命」之士與「修己以敬」之君子當有重疊，蓋「行己有恥」與「修己」相當，「使於四方，不辱君命」與「敬事」相當。「修己以安百姓」之君子與「博施於民而能濟衆」之聖人相當。如果我們參考其他《論語》中的人格概念，略作一表如下：

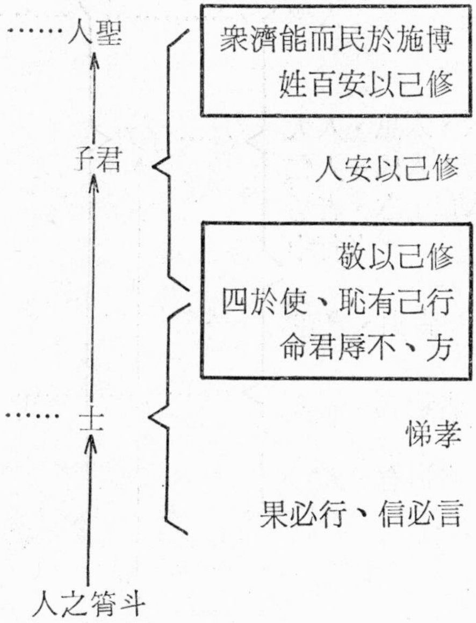

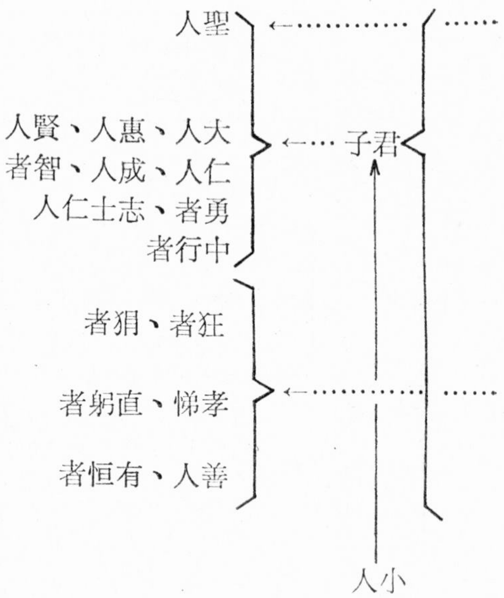

在人格的分類上，孔子最簡單的劃分是君子與小人。孔子之教是勸人爲君子，不要爲小人。這其中預設著人有意志自由，所以，這項分別才有意義。人要成爲君子，首先必須立志爲君子，孔子的言語中不乏有關「志」的提示：

「士志於道，而恥惡衣惡食者，未足與議也。」（4·9）

「志於道，據於德，依於仁，游於藝。」（7·6）

「君子謀道不謀食」「君子憂道不憂貧」（15・32）

「朝聞道，夕死可矣」（4・8）

孔子說：「吾十有五而志於學」，學卽學道，載道之文卽詩、書、禮、樂，「君子學道則愛人，小人學道則易使也。」（17・4）子游在武城所推行的教育卽是詩、書、禮、樂的教育，亦卽是「道」的教育。依孔子的思想，君子之養成由士開始，士的成就又分三層：最基層是「言必信、行必果」，孔子四教裏有「忠信」（7・25）、君子要「主忠信」（1・8）、崇德要「主忠信」（12・10），曾子一日三省中有忠信（1・4），可見「忠信」是孔子人格教育的基本要求，是立身行事的要件。孔子說：

「言忠信，行篤敬，雖蠻貊之邦，行矣。言不忠信，行不篤敬，雖州里行乎哉？」（15・6）

「人而無信，不知其可也。大車無輗，小車無軏，其何以行之哉？」（2・22）

孔子教誨鯉謂「不學詩，無以言」「不學禮，無以立」（16・13）亦從言行之修養開始，至少要做到「言寡尤，行寡悔」（2・18），如何才能做到這一點呢？孔子有許多話提示這一點：

「古者言之不出，恥躬之不逮也。」（4・22）

「君子欲訥於言而敏於行。」（4・24）

「君子……敏於事而愼於言。」（1・14）

「君子恥其言而過其行。」（14．27）

「君子於其所不知，蓋闕如也。……故君子名之必可言也，言之必可行也。君子於其言，無所茍而已矣！」（13．3）

「先行其言而後從之。」（2．13）

「久要不忘平生之言，亦可以爲成人矣！」（14．12）

以上在在都在勸人不茍說，不知不說，先做後說，絕不可以說而不做，所以要謹言愼行。時時抱著「失信於人是可恥」的道德自覺心。信的講求之重要性，不待贅言，可是一味地好信也會發生流弊，孔子說：「好信不好學，其蔽也賊。」（17．8），一般人不管所下的諾言是否合義，旣下之必踐之，以爲這就是信，這便是孔子所評的「小人」之士了。孔子曾說：「君子貞而不諒」（15．37），孟子承孔子之意，也說：「大人者，言不必信，行不必果，惟義所在。」（《孟子》8．11）就是針對「言必信、行必果」的弊端而說的。「言必信，行必果」較之言無信、行無果已算有小德，若能合義，當可成其大。

士之第二層是「宗族稱孝焉，鄉黨稱弟焉。」，《論語》裏尙有一章：「子路問曰：『何如斯可謂之士矣？』子曰：『切切偲偲，怡怡如也，可謂士矣。朋友切切偲偲，兄弟怡怡。』」（13．28）第一章論朋友相互責善，兄弟和順之義當可幷入士的「孝弟」層裏。孝弟是爲仁之本，雖是有子之言，却合孔子之意。孔子曾說：「弟子，入則孝，出則弟，謹而信，汎愛衆，而親仁，行有餘力，則以學文。」（1．6）本章以「孝弟」爲命士之首行，至於「汎愛衆而親仁」當已進入君子「修己以安人」「修己以安百姓」的階段。士之第二層所標示的孝弟，原不論命士或非命士均爲其達至之德行。

士之第三層卽修己有成，受命爲士，服務於卿大夫之家或諸侯之國，孔子謂士「在邦必達，在家必達」，其所謂「達」乃是「質直而好義，察言而觀色，慮以下人。」（12．20）。其「行己有恥、使於四方、不辱君命」乃是君子「修己以敬」層。敬是敬事，《論語》裏「敬事而信」（1．5）、「其事上也敬」（5．16）、「執事敬」（13．19）、「事思敬」（16．10）之「敬」均是指理事之精神、態度，其受命任事，誓死致成，故有「不辱君命」、「見危致命」（19．1）、「見危授命」（14．12）之行。這一層的修養可見以下所引：

「子路問成人。子曰：『若臧武仲之知，公綽之不欲，卞莊子之勇，冉求之藝，文之以禮樂，亦可以爲成人矣！』曰：『今之成人者何必然？見利思義，見危授命，久要不忘平生之言，亦可以爲成人矣！』」（14．12）

「子張曰：『士見危致命，見得思義，祭思敬，喪思哀，其可已矣！』」（19．1）

「曾子曰：『士不可不弘毅，任重而道遠，仁以爲己任，不亦重乎？死而後已，不亦遠乎？』」（8．7）

「子曰：『志士仁人，無求生以害仁，有殺身以成仁。』」（15．9）

這一層之士要負有擔當、不怕死，質直而好義，以仁爲己任的精神。

君子由修己敬事至修己安人的階級，以當時之社會階層來說，應是指卿以上，任齊家、治國、平天下之君主。《論語》中「安人」「安百姓」是有不同的。顯然，所安的對象有多寡、募僚與民衆的差異。《論語》裏「人」與「民」有別，孔子說：

「道千乘之國，敬事而信，節用而愛人，使民以時。」（1・5）

民是被治者、勞動者、食人者；《論語》裏「使民」「養民」「務民」「以臨其民」「勞其民」「民可使由之，不可使知之」諸詞中的「民」便是這一層人。與民相對的是君，及輔助君的臣子，他們是統治者、勞心者、食於人者。「人」的狹義指君主之部屬，廣義的是與己相待的他人。㉞本章中之「人」與「子路問君子」章中的「人」是指君主的部屬，當指大夫、士。君子「修己以安人」這層是要君主照顧自己的部屬，令部屬辦事無後顧之憂，因材任事，使臣以禮，換言之，君主懂得如何領導部屬，治理國家，推己及人。

君子到了「修己以安百姓」的階段，便是照顧到庶民的生活，孔子之「老者安之，朋友信之，少者懷之」（5・26）的理想當是這一層。以孔子所推爲「惠人」的子產來說，孔子說其「有君子之道四焉：其行己也恭，其事上也敬，其養民也惠，其使民也義。」（5・16）可見君子之道在於人，正如子貢所說：「文武之道，未墜於地，在人。賢者識其大者，不賢者識其小

㉞ 楊伯峻，《論語譯注》（臺北：河洛圖書出版社，民國六十七年十二月臺排印初版），頁四～五。

者，莫不有文武之道焉。夫子焉不學？而亦何常師之有？」（19・22），由此推知，孔子所述之「君子之道」當不止四端，凡《論語》中有關修身、齊家、治國、平天下的道理都是君子之道。扣緊「子路問君子」章所言，孔子所提示的是仁道。君子修己以安人、安百姓卽是仁的擴充，在這部份，《論語》裏甚多道理：

「顏淵問仁。子曰：『克己復禮爲仁。』」（12・1）

「樊遲問仁。子曰：『愛人。』」（12・22）

「子路問仁於孔子。孔子曰：『能行五者於天下爲仁矣！』請問其目。曰：『恭、寬、信、敏、惠。恭則不侮，寬則得衆，信則人任焉，敏則有功，惠則足以使人。』」（17・6）

「子貢曰：『如有博施於民而能濟衆，何如？可謂仁乎』？子曰：『何事於仁，必也聖乎！堯舜其猶病諸！夫仁者，己欲立而立人，己欲達而達人。能近取譬，可謂仁之方也已。』」（6・30）

「子貢問曰：『有一言而可以終身行之者乎？』子曰：『其恕乎！己所不欲，勿施於人。』」（15・24）

我們可以說：君子之治是仁、義、禮、智之治，其中尤以仁禮爲治之總綱。孔子說：「道之以德，齊之以禮」（2・3）能達到「有恥且格」之自律的地步，誠是王道的最高境界。孔子提示行仁的方法，所謂「己所不欲，勿施於人」之「恕」，與「己欲立而立人、己欲達而達人」之「仁」其實是一事，均是愛。能就當下此身推之於人，就是實踐仁道的入手處。

君子得時敬事、安人、安百姓，不得時亦修己而安之若命，此即是「用之則行，舍之則藏」（7・11）「邦有道，則仕；邦無道，則可卷而懷之。」（15・7），前者用舍在君命，非己所能料，故「人不知而不慍」（1・1）；後者行藏在「道」「義」，進退由己。君子謀道不謀食，求諸己不求諸人，勇於改過、博文約禮，守三戒、愼九思、持三畏，皆君子修養之大端。孔子說：

「君子不重，則不威；學則不固。主忠信。無友不如己者。過，則勿憚改。」（1・8）

「君子博學於文，約之以禮，亦可以弗畔矣夫！」（6・27）

「君子有三戒：少之時，血氣未定，戒之在色；及其壯也，血氣方剛，戒之在鬭；及其老也，血氣既衰，戒之在得。」（16・7）

「君子有九思：視思明，聽思聰，色思溫，貌思恭，言思忠，事思敬，疑思問，忿思難，見得思義。」（16・10）

「君子有三畏：畏天命，畏大人，畏聖人之言。」（16・8）

君子是以仁、義、禮、智爲其修養之必要條件，一生都在「謀道」，由「志道」而「學道」，由「學道」到「聞道」、「適道」、「守道」、「行道」、「達道」、「弘道」㉟，得時「行義以

㉟ 同㉕，頁二二一～二三〇。

達其道」，不得時「隱居以求其志」（16・11）。君子在盡人事，非關於時運，於行道之當下遙契天命，由知天命而畏天命，進而順天命，以至於從心所欲皆中道德，皆合天命，此乃孔子體證天命之途徑。

四、「君子」概念在當今可能具有的意義

透過以上的分析，我們了解到「君子」概念是以心行的修養爲主。君子以德取位，以便明明德於天下，如果不得位，亦不礙其志，反而襯托出君子的德行。這樣一個「君子」，其人格表現是情理交融、仁智合一、知行合一，其行事原則是仁義合一，其人文素養是文質彬彬，此外，尙有爲人所易忽略的宗教精神。孔子在盡人事修爲之後，直接觸及天命的問題，由知天命、畏天命、順天命、至天人合一的宗教體驗，也成爲君子修養的必要條件之一，這項體驗成爲人生意義終極來源的根據。卡普蘭（Abraham Kaplan 1918- ）曾說：「在我看來，哲學的本務是要闡明人可賴以爲生的原則，而人又必須是整個的人，而不只是他的某一面；他不能只是一個科學家，或者只是一個公民，或宗教家，或者任何單獨的一面。所謂『人的哲學』是指他在經驗世界中如何來標定自己的方向，他在事物中找尋的是什麼意義，他所期望的是什麼價值，他在一切行

爲、一切選擇中是以什麼標準爲引導。」㊱從這個哲學的含義看來，孔子的「君子」概念正是提供經驗世界中的人一個人生的理想、價值、與抉擇的標準，故顯出孔子的哲學是「人的哲學」。人自從自覺是人開始，便不斷地在追求人生的意義，實現人生的價值，那麼人生的意義與價值究竟在那裏？這個問題具有永恒性，孔子爲人生提供了「君子」的答案，並且本身就是個「君子」的實踐者。孔子的「君子」具有濃厚的人文精神、淑世精神、道德精神與宗教精神。孔子的「未知生，焉知死」（11・12）確定了今生優先的取向，「未能事人，焉能事鬼」確定了人倫優先的取向。孔子認爲只要生而爲人，就好好地做人，朝向「君子」人格做去，這是人生最平實的道理，沒有古今之分，中外之別。

若從思想史的角度去看，孔子的「君子」概念是對治當時代的人之人生意義失落而來。從《論語》反應出當時代的人表現出不仁、不實、無禮、巧言、令色、鄉愿、犯上、作亂、固執、重利、尚力、好行小慧、無信、自私等特徵，其人格是不健全、不和諧的、偏行的、分裂的，這可以說是人格的危機。孔子提出了「仁」「智」來對治，重新確定了人生的意義，恢復了情理的和諧，形成一個完整的人格。反觀時下的人格表現，與孔子所列舉的特徵相差無幾，因此，要解決這個人格的危機，孔子的處方就值得重視。孔子時代在文化上面臨周文疲弊的問題，孔子提出了仁，以濟禮之僵化，令文化恢復生機、條暢。反觀今天的時代問題，遠非昔比，多少的中外賢

㊱ 卡普蘭，《哲學新世界》（臺北：牧童出版社，民國六十七年八月初版），頁二一。

哲對之不乏作了高度的反省與批評，並提出了解決之道。作者現在就以當代社會思想家素羅金(Pitirim A. Sorkin 1889–1986) 的見解爲例，素氏在西元一九四一年出版的《時代的危機》一書最後一章〈感性文化的瓦解；危機的根源及其解救方法〉指出目前西方文化和社會正處於崩潰、瓦解的局面，這個危機是來自西方感性文化的瓦解。感性文化的主要信仰是以五官感覺作爲眞假、價值與非價值判斷的唯一根據。一個文化採取了這個感性價值取向，勢必使物質主義蓬勃發展，使機械主義走向極端，走向享樂主義、功利主義和感性價值的世界裏，在這個世界裏誠然有自然科學與工藝的空前成就，但同時也使眞理和價值領域更加窄化，不久之後，精神和道德上的混亂將告產生，無法分辨眞假、對錯、美醜等正負價值，接著，社會不斷引起衝突、矛盾和混亂，導致人類生命、物質、財產的摧殘、剝奪了感性文化中的優越部份，造成人類行爲文化的脫節與失序。那麼要如何超脫這種危機呢？根本上要正視這個文化危機，嚴格地對感性文化的基本信仰的前提提出批判，拓展更高遠的視野，把那些被擯棄已久的眞正價值 (real value) 尋找回來，重新提倡，促成一場精神、道德、社會和文化的創新。在諸多方案之中，他重視崇高的愛，重視家庭倫理的價值，以家庭倫理的價值爲化解這項危機不可或缺的成分，以愛來維繫人類之間的關係。最後，他以獅子吼的方式喚醒本世紀的人類要改變這種感性價值爲根基的取向，培養人類的神聖精神，認識人類的崇高面，拋棄僅把人類當成一部機器，只是一具只會消化和從事性生活的有機體的窄化觀點，在最短時間內超脫此項感性文化的危機，代之以理念或中庸的整合文化。㊲，個人以為素氏所提的理念文化（Ideational Culture）是偏方，而中庸文化（Idealistic Culture）則是常道。在此我們可以做個比較，西方感性文化的危機對比周文疲弊，以理念文化對治對比以仁對治，而素氏之中庸文化對比孔子之文質合一，在解決文化的模式上幾乎相同。今天整個世界文化以西方文化為主導，素氏所指出的危機正是當今世界的危機，要在最短時間內超脫此項危機，孔子之「君子」概念有為世人重新加以宣揚的價值。

就規範倫理學而言，當代倫理學者福蘭克納（Willam K. Frankena）的研究，他說：「我們對各色各樣的規範義務理論的檢討指出下面的觀點：至少有二條基本的而且是獨立的道德原理，告訴我們增加世界上之善（善大與惡之差額）的總量至極限的慈惠或功利的原理，以及公正的原理。」㊳接著他問道：「我們就應該接受此說而當作吾人之義務理論嗎？」，經過反省討論後，他認為公正的領域是道德的一部份，而不是道德的全部，而慈惠則是屬於道德的另外一部份。功利的原理預設了一條更基本的原理，便是我們應該為善避惡或防止為害他人的「仁愛原理」（Principle of benevolence），所以，他所建構的二條初步義務的基本原理是仁愛的原理與

㊲ 段宏俊編，《素羅金與危機時代的哲學》（臺北：大西洋圖書公司，民國五九年），頁一九六～二一三中由楊升橋所譯的〈瓦解中的感性文化〉一文。該文譯自《素羅金時代的危機》（*The Crisis of Our Age*）一書最後一章。

㊳ *William K. Frankena,* Ethics, Page 35；中譯本，黃慶明譯，《倫理學》（臺北：有志圖書出版公司，民國六十一年八月初版），頁七三；本段譯文採自中譯本。

公正或平等的原理，這兩條基本原理相互補充，形成一種「混合的本務論理論」（mixed deont-olgical theory）是比較圓滿的理論。作者發現：他的結論正與孔子「君子」之仁義合一原理相符合。仁的原理含蘊功利原理，在孔子的思想裏本來就有這層意思，可是片斷地了解「君子喩於義，小人喩於利」（4．16）的意思而忘了仁者「愛人」必得「因民之所利而利之」「君子惠而不費」（20．2）的其他言論，將仁獨立來了解，忽略了仁有待利來表現。仁的消極意義是「己所不欲，勿施於人」（15．24），積極意義是「己欲立而立人，己欲達而達人」（6．30），這裏並沒有論及所欲的對象是什麼，其所欲卽是對人有利、有價值的事物。因此，功利的原理預設了一條更基本的仁愛原理的說法極具有睿見。孔子多次指出「見得思義」（16．10）「見利思義」（14．12）並沒有叫人拒絕「得」「利」，而是所得要合於義，所利要合於義的意思。義的原理是含有正義、公平、公正、正當、合宜等等含義。這裏的「利」是指功利、公利，而非私利，孔子是反對自私的求利，並不反對公利。因爲，利人、惠人正是仁的表現。很明顯地，功利原理不但不與仁義之道相衝突，反而，仁的原理含攝了功利原理，這點正爲富蘭克納所證明。由此，看出孔子「君子」的行事原則——仁義之道，確實在倫理學的探討上掌握了最根本的二條互補原理。孔子的仁義之道雖然沒有像西方倫理學家那樣建立嚴密的理論來支持，只在隨時指點學生、時人的實踐上透露出零散的語句，此乃重實踐、不重理論證成的緣故，現在，運用西方倫理學家的理論思考方式，正好可以彰顯孔子「仁義合一」之道之然及其所以然了。在規範倫理學所提出的各項行動原則之中，仁義合一的原則應當是比較圓滿可行的原則，由孔子所提的君子之道與福蘭克納的論證，令我們接受這個看法。

孔子的「君子」概念裏蘊含著仁、義、禮、智的道德條件，也蘊含著宗教體證的「知命」條件。由於這個「命」是天命，而天是個人格、主宰意義的天，很顯然，這是孔子的宗教觀。孔子以道德體證天命的存在，因而畏天命、順天命。這層宗教精神對人性的需求而言，有很深的意義，可是却為今人所不易解。當代有些學者受新文化運動的影響，在有意無意間以西方經驗主義及科學主義的立場來看孔子的思想，結果對孔子的宗教觀無法正視它，甚至曲解它㊴，這樣對孔

㊴ 陳大齊說：「孔子學說，原只鼓勵道德的實踐，無意探究道德的淵源，……所以闡述孔子的學說，宜遵照此一基本觀點，對天與命，儘可存而不論。」（《孔子學說》，頁一〇四～一〇五）這是沒有正視孔子思想的宗教面的例子。郭鼎堂說：「孔子所說的『天』其實只是自然，所謂『命』是自然之數或自然之必然性，和向來的思想是大有不同的。」（《先秦天道觀之進展》，上海：商務印書館，民國二十五年五月初版）其論證有二，㈠依孔子說「務民之義，敬鬼神而遠之，可謂知矣！」章推斷孔子是否認鬼神的存在。若孔子思想中的「命」和「天命」是承殷周傳統人格神的解法必與此態度相矛盾，故孔子的「天」是指自然。㈡依孔子說：「天何言哉？四時行焉，百物生焉，天何言哉？」章，古本（按指魯論）二「天」字作「夫」，由「四時百物的兩句話看來，那顯然是字誤。」，故可知孔子心目中的天只是自然。作者以為此二論證的前提均有問題，蓋由孔子「敬鬼神而遠之」句並不能導出孔子否認鬼神存在。其次依所謂二「天」字作「夫」之「古本」，焉知「古本」非誤。清劉寶楠之《論語正義》已辨正之。孔子之言乃承前言「予欲無言」而來，其重點放在上天無為而自化的意義上，並非指天為自然的存在體（馮友蘭之《中國哲學史》亦有此義），顯然郭說不能成立。

子思想的了解是不中肯的。因爲，孔子思想裏主宰意義的天是個不可抹滅的事實。孔子的「君子」是貫通天人的「君子」，其宗教面的體證正是孔子對人性洞察的結果。

目前，在我們的社會裏重視科技的投資與經濟的發展，在享受其果實的當下，精神上却泛起一陣陣的迷惘、空虛，生活的意義不曉得在那裏，民間秘密宗教的興起與流佈正好填上這個空檔；顯然，宗教的生活也是人性需求的一項，孔子的「君子」概念裏就照顧到這一面，不能說孔子沒有睿見。因此，「君子」概念的了解與實踐，在今日仍然具有價值。

五、結論

由本文的分析，我們知道孔子的「君子」概念承自《易・卦爻辭》、《詩》、《書》的「君子」，由最早期之純指社會地位，漸漸加入了德性意含，孔子在《論語》裏所說的「君子」絕大多數取德性義，這是奠定後儒道德優位取向的重要因素。根據作者的研究，孔子提出「君子」概念除政治理由之外，尚有指出理想的人格與完美文化的理由。君子之所以爲君子必須要具有仁、義、禮、智、知命五項必要條件，其實踐乃由修己始，忠信孝悌成爲行仁的根本，其次學習詩書禮樂之文，充實知識，以備服務國家，若受命爲士，使於四方，不辱君命，進而安人、安百姓，博施濟衆。達則兼善天下，窮則獨善其身。進退以義，窮達由命，這是孔子的「君子」寫照。孔子的「君子」是宗法封建社會制度下的人格設計的產物，其所提出的實踐過程與內容不一定適於今日，但就「君子」人格的理想面而言，譬如仁智合一、仁義合一、內外合一、文質彬彬依然是人類所追求的理想，尤其對於知天命、畏天命、順天命的宗教體證面，雖容有不同的意見，然就人心的安頓上，恐非觸及宗教層面不可，這點孔子把它列做君子成就的必要條件之一，當有其甚深的人性理由存在。

論孔子的道德評價標準

一、導　言

依據《論語》，我們看出孔子對當時「無道」之世提出批評，批評的對象大至天下國家，小至個人。譬如「天下無道」（《論語譯注》16・2）、「邦無道」（14・1）、「衞靈公之無道也」（14・19）、「泰伯，其可謂至德也已矣」（8・1）。這些批評中所涉及的評價字詞，不是「道」便是「德」，因此，凡以「道」「德」或同類性質的字詞對事物或人物之某一言行做評價的稱作「道德評價」。孔子的道德評價有對個人的某一特定言行做評價，也有對整個個人的道德人格做評價，前者重在合不合乎「道」，後者重在是否有「德」。合道爲對，不合道爲錯，對錯的判斷是屬於義務判斷。有德的人因德有大小、全偏、高低而有諸種道德人格的品位，無德的人有小人、鄉愿、賊等等名稱，有德無德的判斷是屬於價值判斷。在孔子的思想裏這兩種判斷是關連在一起，一個人之有德是說其人之言行有得於道，依某人一生言行得道之多寡而定品位之高下，這就是說論道德人格價值的高低最後應歸本於言行的是否合道，那麼孔子所據以評價言行的道是什麼呢？這就是本文所要探討的重點。依作者的研究，其道爲仁、義、禮。禮是言行的外在規範，仁與義是言行的內在規範。惟禮有理想義與現實義，現實之禮隨時而變，故應損益；理想之禮乃仁義之節文化，故以仁義爲其質。孔子之道德評價以禮爲文，以仁義爲質，文質彬彬之君子之道即其道德評價的標準。

二、禮

禮在孔子思想裏是貫通修己與治人二面，修己治人之首要在確立行爲者居於怎樣的角色，而確立行爲者角色的工作便是正名。孔子說：

「君君、臣臣、父父、子子。」（12．11）

「名不正，則言不順；言不順，則事不成；事不成，則禮樂不興；禮樂不興，則刑罰不中；刑罰不中，則民無所措手足。」（13．3）

如果不先確定行爲者的角色，則每個行爲者所應盡的職責不明，那又如何判定行爲者言行的對錯呢？正名的依據就是禮，有子曾說：

「禮之用，和爲貴。先王之道，斯爲美；小大由之。有所不行，知和而和，不以禮節之，亦不可行也。」（1．12）

禮的設計以理人倫、序人類始，以整體社會和諧終，作者以爲其形上基礎卽在動態宇宙的整體和諧觀上。人一生下來便是社會一分子，要在社會中生存，必得學習禮，所以說「不學禮，無以立。」（16．13），在孔子的時代，所指的禮是周禮，周禮就是當時人的言行規範。從《論語》裏我們看出孔子之所謂的「學」一部份是指學禮，孔子便是以禮做爲言行對錯的標準。所以，孔子說：

「以約，失之者鮮矣！」（4．23）

「君子博學於文，約之以禮，亦可以弗畔矣夫！」（6．27）

「非禮勿視，非禮勿聽，非禮勿言，非禮勿動。」（12．1）

這裏的「約」便是「約之以禮」，舉凡一切言行均以禮爲依歸，勢必可以寡過，甚至於無失。譬如爲人子女者應當盡孝，但如何表現才算盡孝？這就涉及當時所奉行的言行規範。《論語》上載：

「孟懿子問孝。子曰：『無違。』

樊遲御，子告之曰：『孟孫問孝於我，我對曰：無違。』

樊遲曰：『何謂也？』

子曰：『生，事之以禮；死，葬之以禮，祭之以禮。』」（2．5）

有子謂「孝弟也者，其爲仁之本與！」（1．2）孝是行仁之一端。孔子說：「克己復禮爲仁」

（12・1），復禮即是履禮，依禮而行之意。行禮以顯仁，依此而論，禮屬節文，仁屬本質。本質不變，而禮文可隨時損益更化。禮之制定均託聖人稱情而立文。傳說周公制禮作樂，《中庸》云：「非天子，不議禮，不制度，不考文。」則禮之初屬於一種聖王的制定，然後透過政教的推廣，行之既久，成爲社會的風俗習慣。後代的人依循它，奉它作爲言行的規範，這種規範行之既久，不能配合社會其他條件的改變而損益，勢必形成虛文，喪失了價值，對於這種虛文的反省就有了儒道二家的不同。對孔子來說虛文雖是喪失了禮的精神價值，但仍有某些作用，不宜輕言廢除。譬如：「吾不與祭，如不祭。」（3・12）

「子貢欲去告朔之餼羊。子曰：『賜也！爾愛其羊，我愛其禮。』」（3・17）

從這點看出禮的節文亦是構成禮的部分，不可完全拋棄，這是孔子重視傳統的一面。雖然一個人的言行只循虛文未必着禮，可是完全拋棄虛文就錯了，這點從原壤夷俟，孔子叩其脛（14・43）的責備上看出。孔子重視周文，對僭制者均表嚴厲的指責，如謂季氏「八佾舞於庭，是可忍，孰不可忍」（3・1），譏管氏不知禮（3・22）等。這是孔子以禮的形式責其犯錯。禮不止於形式，只表面上合乎禮文，尚不能算合乎禮，因此，從高標準來看還是不算對。《論語》載：

「子游問孝。子曰：『今之孝者，是謂能養。至於犬馬，皆能有養；不敬，何以別乎？』」（2・7）

「子夏問孝。子曰：『色難。有事，弟子服其勞；有酒食先生饌，曾是以爲孝乎？』」

（2・8）

在當時的流俗道德上認爲能養、服勞就是孝，這是「生，事之以禮」之「禮」的形式面，我們可以了解到，若一個人不養、不服勞必是不孝，不能事之以禮，便是錯的。但是只謂能養、服勞便是孝，便是合禮亦未得，這是缺少「敬」的緣故。在社會環境發生變化的時候，禮文與禮質產生了裂痕，理想的道德與流俗的道德之間的差距過大，未能一致，於是容易產生是非不分、對錯不明。孔子說：

「事君盡禮，人以爲諂也。」（3・18）

孔子事君盡禮，俗人爲什麼會認爲「盡禮」反而是諂媚國君呢？這就在孔子所認爲禮，與俗人不同，對周朝原有的禮文取捨不同之故，這個可見：

「拜下，禮也；今拜乎上，泰也。雖違衆，吾從下。」（9・3）

這是孔子在尊君之禮上是傾向守舊，因爲在孔子的時代，拜下之禮似乎已經廢棄了。孔子爲什麼在這一點上極端堅持呢？這恐怕跟那個時代的僭上頻繁有關。若謂孔子一向守舊頑固亦不了解孔子，其取捨禮亦有合時通情之一面。孔子說：

「麻冕，禮也；今也純，儉，吾從衆。」（9・3）

「禮，與其奢也，寧儉。」（3・4）

「以績麻做禮帽，依照規定要用二千四百縷經線。麻質較粗，必須織得非常細密，這是很費工的。若用絲，絲質細，容易織成，因而儉省些。」「冕用麻用絲，只是原料不同，和禮的本質無關。」❶由上所述，可見孔子思想中的禮有本末之分，本是仁，發爲情，表其宜，達其和，致其敬；末是節文。稱人情的節文就是禮，眞正的理想規範，惟節文當隨時而變，不稱人情的節文就不是理想的規範。這裏所提的人情，當然不是某一個人的私情，而是人與人之間相互主體共感共許之情，而禮就是把這種情的表現規範化，做爲人人表達此情的言行依據，因此，孔子就以這個禮來判別言行的是非對錯，也用來判定這個人是仁、還是不仁。《論語》載：

「宰我問：『三年之喪，期已久矣。君子三年不爲禮，禮必壞；三年不爲樂，樂必崩。舊穀既沒，新穀既升，鑽燧改火，期可矣。』子曰：『食夫稻，衣夫錦，於女安乎？』曰：『安。』『女安，則爲之！夫君子之居喪，食旨不甘，聞樂不樂，居處不安，故不爲也。今女安，則爲之！』宰我出。子曰：『予之不仁也！子生三年，然後免於父母之懷。夫三年之喪，天下之通喪也，予也有三年之愛於其父母乎！』」（17・21）

從本章裏我們要討論兩個問題，一個是三年之喪的禮其制定之理由何在？另一個是孔子如何評斷宰我不仁？在本章中，三年之喪是指爲父母守喪三年之制。爲什麼要爲父母守喪三年，而不守喪一年呢？孔子的理由有二：

---

❶ 楊伯峻　《論語譯注》　臺北　河洛　民國六十七年十二月臺排印初版，頁九四，前句即該書中本章之三，後句即其餘論中句。

(一)人生三年，然後免於父母之懷，故理應回報父母生養三年之恩。

(二)三年之喪乃天下之通喪。

理由之(一)是訴諸報答三年養育之恩。理由之(二)是訴諸歷史傳統。依學者的討論，認爲「三年之喪爲周制，爲周王所應該行而在事實上未行者。」❷孔子至衰年始謂「甚矣吾衰也！久矣吾不復夢見周公！」（7・5）則早年當以周公爲典型，孔子說：「郁郁乎文哉，吾從周。」（3・14）由此可以看出孔子從周公所制之禮，其禮雖容有損益（9・3）但於三年之喪制則因而不改。孔子大體上仍依周禮的理想制度來批判當世衆人的行爲，《左傳》昭公十五年所載叔向的言論，與孔子所持的標準不異，我們可以說這乃承自周朝史官所持的評價標準，亦即周公所訂的評價標準。現在試問周公所定的評價標準是否是道德的唯一標準？答案是否定的。墨子同樣訴諸歷史傳統，但就不法周而法夏，非三年之喪而主三月之喪。歷史傳統的評價標準並非一元，何獨取此，而不取彼？所以歷史傳統的理由不是眞正的理由。孔子的第二個理由不足以說明爲何要守三年

❷ 馮友蘭《中國哲學史補・原儒墨》文中論三年之喪，頁二〇。
康有爲《論語注》：「三年之喪，蓋孔子改制所加隆也。」（見《論語集釋》頁一〇七三～一〇七四所引）所提論證不合史實。依《左傳》昭公十五年冬傳文「叔向曰：『三年之喪，雖貴遂服，禮也。王雖弗遂，宴樂以早，亦非禮也。』」昭公十五年孔子時齡二十五，是時三年之喪早已制定而爲叔向所據以責周王。孔子時値「無道」之世，緬懷周公制禮作樂之意，遂有法周之舉，予周禮以仁的精神。就三年之禮而論，並非孔子所改制，而是爲孔子所提倡。

喪，周公制三年禮的基礎何在，我們無法推知，但根據孔子所賦予的意含是在報父母生養三年之恩。由此意含可分析出二個主要成份，卽回報的形式與回報的內容。回報的形式是禮制定的恒常原則，《禮記・曲禮》上說：「禮尙往來，往而不來，非禮也；來而不往，亦非禮也。」孔子說：「以德報德」（14・34），「君使臣以禮，臣使君以忠。」（3・19）均是以交互主義（mutualism）爲根柢❸，本文曾指出禮的設計之形上基礎卽是動態宇宙的整體和諧觀，動態宇宙的整體和諧乃是透過二者交互來表現整體的和諧。此項原則運用在禮制上便是注重交互往來的平等性，在道德實踐上便是回報的義務性。回報的內容是隨現實生活下的心理感受、經濟內容而改變；因此，到底以怎樣的內容來表達回報的義務是沒有一定的標準的。在某一時期墨子認爲守喪三月爲合適，在另外一個時期孔子認爲守喪三年爲合適，甚至在同一時期不同的地區會有不同而各適其宜的表現內容。孔子在時空條件的變化下，找到一個人類生長的事實做爲基點——人人皆「生三年而後免於父母之懷」，這是崇尙父母子女之情的因素而來，此與墨子之「不失死生之利」者不同（《墨子・節葬下》），與宰我所持之「禮壞樂崩」的功利觀及人類配合自然運行的除舊佈新觀有所不同，如果我們把「自然」視爲道家觀點的特徵，「功利」視爲墨家觀點的特徵，則宰我主張一年喪的理由是道墨兩家觀點的綜合。透過上述的比較分析，孔子特重「人情」的因素便非常明顯。《荀子・禮論》及《禮記・三年問》有段大同小異之文，論及爲何主三年喪的理由。〈三年問〉上載：

❸ 謝扶雅 《倫理學新論》 臺北 商務 民國六十八年三月二版，頁九八。借用其「交互主義」一語。

「稱情而立文，因以飾羣，別親疏貴賤之節而不可損益（〈禮論〉作『益損』）也。」

「三年者（〈禮論〉作『三年之喪』），稱情而立文，所以爲至痛極也。」

「三年之喪，二十五月而畢，哀痛未盡，思慕未忘，然而服（〈禮論〉『服』作『禮』）以是斷之者，豈不送死有已，復生有節也哉！」

此中「稱情而立文」即表示三年之禮文乃稱「情」而立。由此觀之，先秦儒家後學皆本孔子重視人情的因素，人情本是宗法制度中所重視的「親親」，在孔子的思想裏就是「仁」。孔子在本章中不針對宰我主一年喪的理由作批駁，而改變話題，反問宰我「食夫稻，衣夫錦，於心安乎？」這是從「情」之發動處點醒宰我的「仁」心，而不是「說之以理」❹，不料宰我却答說「安」，宰我或許是理智偏勝的人，他認爲守喪三年沒有什麼必然不可損益的理由，在盡回報的義務下，食稻衣錦也沒有什麼不可以的事。依三年問謂「三年喪，人道之至文者也。夫是之謂至隆，是百王之所同，古今之所壹也，未有知其所由來者也。」這是訴諸久遠的傳統。爲了表示喪親至痛改爲「斬衰、苴杖、居倚廬、食粥、寢苫、枕塊」之飾，這樣固定節文之飾與孔子之直就居喪者之心之「食旨不甘，聞樂不樂，居處不安」是有別的。孔子所重的是在居喪者的心情，孔子說：

❹ 王敬眞　〈試論宰我問三年之喪章中的幾個問題〉青年戰士報　民國七十三年七月十一日、二十五日、二十七日連載。文中提及孔子「三年免於懷」的說法僅能視作「三年喪」的充分條件，亦即它是理由之一，而非唯一的主要理由，其目的在「動之以情」而非「說之以理」。

「人而不仁如禮何」（3．3），其評宰我「不仁」亦僅此而已。

透過以上的討論，做爲行爲評價標準的禮其表層是節文，與歷史傳統之流變不可分，孔子雖不會固執節文作爲行爲對錯的絕對標準，但是在某些地方却極端堅持，譬如事君以拜下爲禮，不欲去告朔之餼羊，主三年喪等。這些堅持在今日看來很清楚地是屬於相對的堅持，而不是絕對的堅持，依然是可損益的。禮的裏層是節文所以立的根據，今參證其他文獻可斷爲仁義。《禮記．禮運》就指出：「禮也者，義之實也，協諸義而協，則雖先王未之有，可以義起。」又說：「仁者義之本也。」因此，我們可以說仁義是社會節文的眞正基礎，理想的社會節文是稱乎仁義而立的，惟在某一時間所認爲理想的社會節文行之卽久，漸漸喪失了仁義的實質，也就喪失了言行對錯的標準身份，更何況社會現象不斷地在變化，原來流行的禮不敷使用，勢必加以損益，其損益之原則卽其內在的仁義規範。

三、義

「義」在《論語》裏出現的次數不比「仁」多❺，可是在孔子的思想中佔極重要的地位。孔

❺ 王書林　《論語譯注及彙文校勘》　臺北　商務　民國七十一年五月初版　下册，頁二二〇。書中列出《論語》抽象觀念出現次數及章數，備足參考。在此仁出現計一〇九次，義二十四次。

子認爲君子「喻於義」（4・16）「義以爲質」（15・18）「義之與比」（4・10）「義以爲上」（17・23）「行義以達其道」（16・11），「見得思義」（16・10；19・1）「使民也義」（5・16）綜合地說來，君子之所以爲君子在一切言行莫不合義。從道德修養上看，義是君子之必要之德，從言行規範上看，它是出處進退的準則，言行對錯的判準。可是這條判準是不容易把握的，孔子曾說：「可與共學，未可與適道；可與適道，未可與立；可與立，未可與權。」（9・30）陳大齊先生以「不固而中」釋「義」❻，作者曾提出「時而不失」釋「義」❼，其實二解一致，以這種方式解說「義」雖然簡明扼要，但終嫌不足，今再就「義」之構成條件加以闡明。我們說一個人的言行表現出來是否合義是要建立在行爲者所居的角色本身，行爲者所處的情境與人類所追求的目的之間的關係來衡量；易言之，義是行爲者角色、情境與目的三者函應（function）的結果。一個行爲之爲義首先要考慮行爲者本身是居於何種角色，居某種角色就應具有某種行爲，孔子之「君君、臣臣、父父、子子」（12・11），《大學》謂「爲人君，止於仁；爲人臣，止於敬；爲人子，止於孝；爲人父，止於慈；與國人交，止於信。」在所引的文句裏孔子只提示角色實踐的形式原則，而沒提角色所追求的目的是什麼。按諸《大學》我們可以說爲君盡仁、爲臣盡敬、爲子盡孝、爲父盡慈、爲友盡信。仁、敬、孝、慈、信均是目的善，目的善在孔子思想中可以仁或

❻ 陳大齊　《孔子學說》　臺北　正中　民國六十六年三月臺七版，頁一四〇

❼ 見拙作，臺大文學院《文史哲學報》第三三期中〈論孔子的「君子」概念〉一文。

道表示。孔子說：「隱居以求其志，行義以達其道」（16・11）「志於道」（7・6）「謀道」「憂道」（15・32）「弘道」（15・29）甚至「朝聞道，夕死可矣」（4・8），由以上引文，可見一個行爲者的言行是否有價值，當考察其言行是否朝向這個目的善——仁或道。一個行爲者的言行是否合義，我們可從此言行是否爲該行爲者所居之角色所當言當行，另一個重要的因素是該言行是否具有目的善而定。如果「言不及義」（15・17）「聞義不能徙」（7・3）那麼此言行雖有其目的，但仍不算爲義，因爲其目的不爲善。例如某甲欲謀殺某乙，某甲完成了一個乾淨利落的殺人行爲，這個行爲達到了他的目的，但是這個行爲還是不義，因爲此目的是惡而不是善。義在《說文解字》裏從我從羊，段注：「從羊者，與善、美同意。」故義必含美善，不美善不成義。可見人類所追求的目的善是構成一個人行爲是否爲義的必要條件。其次，再就獲得目的善所遵循的途徑來考察，其途徑是隨著行爲者所處的情境之變化而改變的，這一層孔子所提示的話如「勿固」（9・4）「疾固」（14・22）「無可無不可」（18・8）「權」（9・30）再從「使民以時」（1・5）與「使民也義」（5・16）相關文句裏得知「時」亦是「義」的必要條件，《中庸》裏的「時措之宜」就是指行爲的時宜性，顯然不合時宜之行爲不能算是合於義的行爲。現在作者就《論語》中二章以透顯孔子所認爲的「義」，其一：

「或曰：『以德報怨，何如？』子曰：『何以報德？以直報怨，以德報德。』」（14・34）

本章是建立在報的觀念上說明應該怎樣報才合義的問題上。報是動態宇宙整體和諧觀中交互主義落在人倫世界的概念，在這個基礎上有以德報怨、以德報德、以怨報怨、以怨報德四種報法，《禮記・表記》上引孔子曰：「以德報德，則民有所勸。以怨報怨，則民有所懲。……以德報怨，則寬身之仁（鄭玄注：仁亦當言民，聲之誤。）也。以怨報德，則刑戮之民也。」可做為本章的參考。對於「以怨報怨」的說法有的學者似乎認為〈表記〉與《論語》中孔子的說法有不一致處❽，作者以為表記的語句是假設的描述句，《論語》的語句是直敘的規範句，二者不同，〈表記〉裏的「以怨報怨」句並不是孔子的道德主張。以德報怨是「愛身以息怨，非禮之正也。」（鄭玄注），孔子反問「何以報德」乃是指出「以德報怨」有失公平原則，所以，直敘其道德主張「以直報怨，以德報德」。孔子認為「以德報德」是合於義，「以怨報怨」是不合於義，應當以「直」報怨，不應當以「怨」報怨。那麼怎樣的表現是直呢？在《論語》中孔子未嘗明示其義，依陳大齊先生的研究，認為「直」之三個消極意義是不枉、不隱、不詐。❾作者就《論語》：「人之生也直，罔之生也幸而免。」（6・19）參考《管子・內業》：「凡人之生也，必以平正，所以失之，必以喜怒憂患。」〈心術下〉：「凡民之生也，必以正平。」《禮記・樂記》：「人生而靜，

---

❽ 楊聯陞著 段昌國譯〈報——中國社會關係的一個基礎〉，文見《中國思想與制度論集》 臺北 聯經 民國六十六年九月初版，頁三四九～三七二。另見陳大齊《孔子言論貫通集》 臺北 商務 民國七十一年七月初版，頁六一～六六。

❾ 陳大齊 《孔子言論貫通集》，頁六四～六五。另見《淺見續集》、臺北 中華民國六十二年三月初版〈孔子所見的直〉一文頁四三～四七。陳先生之見解當以此為準。

天之性也。」《中庸》：「喜怒哀樂之未發謂之中，發而皆中節謂之和。」看出先秦古義以人之天性未發是靜、中，已發是直、和、平正。孔子認爲「人之生也直」，依此可以說「人之生也平正」，此卽是以平正爲直。以德報怨有失平，以怨報怨有失正，以德報德合乎平，以直報怨合乎正。我們曾說「以德報德」「以直報怨」是義，乃是此二種報合乎平正之故，由此也看出諸報以「直」爲最低限度的目的善。其二：

「葉公語孔子曰：『吾黨有直躬者，其父攘羊而子證之。』孔子曰：『吾黨之直者異於是：父爲子隱，子爲父隱。——直在其中矣。』」（13・18）

依前章的分析，直有不枉、不隱、不詐、平正之義，此乃行爲所應追求的目的善，可是只考慮到目的善的達成而不考慮行爲者的角色、情境實不足以稱義，本章卽抒發此層義理。依本章，葉公所謂的「直」是不考慮到行爲者的角色與情境的，換言之，只要發現到社會上有偸竊的行爲，人人均應檢舉它，這是只講求公理——社會的公平、正義，不涉及親疏之情。孔子所謂的「直」則是以不悖情之直爲直，換言之，落在父子關係裏有一方犯有偸竊行爲，則另一方當爲之隱而不舉，這是維護父子天性至情勝於維護社會公正的緣故，也就是說當行爲者一方面是社會的一分子應當盡社會一分子的責任，另一方面他又是家族中爲人父子的角色應當盡慈孝的責任，在面臨社會責任與家族責任的衝突時，孔子認爲以全慈孝爲先，故主張「隱」，並且認爲在這個特殊關係上去「隱」，似與「不隱」之直相反，却成就了眞正的「直」。所謂的「直」應通過行爲者的角色、情境與目的三因素而呈現的，而不是只依目的因素來決定的。勞思光先生以「價值在於具體理分之完成」來詮釋孔子之「直」，這樣的「直」是具體的理分觀念，與抽象的理分觀念（如葉公所持之直）不同⑩，其所謂的「具體理分」正是作者所謂通過行為者之角色、情境與目的善而呈現的義務。

從以上的討論，一個言行之為對就是要合於義，合於義的言行必須考慮到此言行是否為行為者的角色所當有，不當有而有，則言之行之謂之不義。所言所行的內容是否合乎當時的情境，如不合，則謂之不合時宜，同一個言行在此時此地合宜，在彼時彼地不一定合宜，所以，行為者之言行的對，亦決定於言行的時宜性；公明賈對孔子所言的「時然後言，人不厭其言」（14．13）及孔子的「可與言而不與言，失人。不可與言而與之言，失言」（15．8）便是表達了這個時宜性。一個言行之時宜性是配合其目的性來說的，所以，言「時」常與「中」連在一起，《中庸》引孔子話說「君子而時中」「時中」同時表達了言行的時宜性與合目的性。禮之設計以「時」為大，以「和」為貴，這個「時」、「和」可以說是根於義的時宜性與合目的性。由以上的分析，

---

⑩ 勞思光《中國哲學史第一卷》，香港中文大學崇基書院，一九六八年一月初版，頁五八～六〇。另見張其昀　《孔子新傳》　華岡出版部　民國六十三年六月出版　頁一〇八。其云：「情與理必須相準。天理內之人情乃是眞人情；人情內之天理，乃是眞天理。子不私其父，則不成其子。只憑直覺，而不知其父子之親，即不近情理矣。」

一個言行之爲義是要考慮到此言行之行爲者的角色、言行的時宜性、言行的合目的性三者以爲定。在這三個要素當中，言行的目的是否具有善成爲言行是否爲義的先行條件，換言之，言行之爲仁是言行之爲義的基礎，《禮記·禮運》上謂「仁者義之本」，就是指出這層意思，故接著論仁。

四、仁

孔子所說的仁，其意義不易確定，依陳大齊先生的研究謂「孔子所說的仁、自其核心意義言之，卽是愛，自其構成分子言之，則爲衆德的集合體。」⓫，作者認爲這樣意義的仁正是人類所追求的目的善，也就是「志於道」(7·6)「朝聞道，夕死可矣！」(4·8)的「道」。孔子思想中一個人之言行是否對亦有視該言行是否爲仁，一個人是否爲君子亦有視其人格是否具有仁德。孔子說：

「苟志於仁矣，無惡也。」(4·4)

「君子去仁，惡乎成名？」(4·5)

一個言行之表現可能不合時宜，不合其角色所當言，但其言行的動機若純在求仁，雖不成其義，亦可無惡。一切道德的言行應當以此爲最低的標準，所以，孔子之敎以仁爲基德，在此，我們可

⓫ 同❻ 頁一二四。

把它看作是言行的基本規範。作爲規範意義的仁是如何呢？孔子說：

「唯仁者能好人，能惡人。」（4．3）

「夫仁者，己欲立而立人，己欲達而達人。」（6．30）

「志士仁人，無求生以害仁，有殺身以成仁。」（15．9）

第一條說明仁者以眞情待人，好好惡惡，不自欺亦不欺人。第二條說明仁者要求自立自達，進而推己及人，令人如己之能立能達。由這二條的含義可以看出仁含人己兩端。第三條說明人己生命在無法俱存的特殊情況下，仁者採取了犧牲自己而保全他人，這是追求目的善的極至。《論語》裏孔子的話中明顯地提出具有普遍性與永恒性的言行規範有二章：

「子張問行。子曰：『言忠信，行篤敬，雖蠻貊之邦，行矣。言不忠信，行不篤敬，雖州里，行乎哉？……』」（15．6）

「子貢問曰：『有一言而可以終身行之者乎？』子曰：『其恕乎！己所不欲，勿施於人。』」（15．24）

第一章之「言忠信、行篤敬」若參酌《論語》論仁各章，當可發現忠信、篤敬均爲仁之顯露，第二章之「恕」亦不例外。仁之積極意義是「己欲立而立人，己所欲達而達人」，這是己所欲之正價值的推廣；其消極意義是「己所不欲，勿施於人」，這是說己所不欲之負價值的消除，也表示對人之無惡意。仁的積極義與消極義所形成的規範其有效性在預設著人我有共同一致的所欲與所不欲的常情上，稱此常情而有一致的目的善之認定。依此仁的規範，一個人的言行只要動機有惡卽成不善，爲錯。一個人言行不及義卽是錯，是不仁；一個人自暴自棄，卽是不自立自強，自外於目的善卽是錯，是不仁；一個人自私自立，只顧自己不顧別人亦是錯，是不仁；孔子謂：「克己復禮爲仁」（12・1）卽是針對行爲者克制私欲，實行人我和諧之禮而言。禮者仁之表，行禮卽行仁；禮是義之實，行禮亦是行義；仁、義具是禮的實質，仁義合一稱文以成禮，言禮必歸本於仁義，其理由在此。仁的規範其實踐重點放在「爲仁由己」（12・1）克除私欲爲先。依孔子的思想，仁是衆善的核心，可是一味地好仁並不是沒有蔽端的，故說：「好仁不好學，其蔽也愚」（17・8），求仁的人固然可以「安仁」（4・2），得仁固然可以不怨（7・15），但無智之「利仁」（4・2）亦終失之愚。針對「以德報怨」之「寛身之仁」而反問「何以報德」就是表示仁的實踐要輔之以義。一個人若有仁無智不足以成君子，同樣地，一個人的言行徒有仁而無義亦不足構成至道，就內在規範而言，仁義合一之道是言行對錯的終極標準。

五、結　論

以上的討論是專從言行的評價標準著眼，作者認爲孔子所提的道德評價標準在外爲禮，在內爲仁義，就理想的禮而言，此禮與仁義的關係是緊密地合在一起，就現實的禮而言，它的終極依據是仁義合一之道。一個人的言行合乎仁、義、禮謂之有德，從德著眼來評價一個人的人格，那是人的言行合乎仁、義、禮謂之有德，從德著眼來評價一個人的人格，那是人格的道德評價，惟人格的評價涉及一個人一生言行的綜合評價，其間問題更爲複雜，評價更爲不易，更何況論及人格品位的高下。惟本文題目是論孔子的道德評價標準，自當論及人格評價的標準，在導言中作者亦曾指出人格評價標準亦歸本於言行評價標準，故仁、義、禮爲言行對錯的標準，亦可做人格評價的善惡標準。在《論語》中孔子對堯（8・19）、舜（8・18／15・5）、禹（8・18／8・21）、泰伯（8・1／8・20）、微子、箕子、比干（18・1）、管仲（3・22／14・16／14・17）、子產（5・16／14・9）、臧文仲（5・18／15・14）令尹子文、陳文子（5・19）、伯夷、叔齊（5・23／7・15／18・8）、虞仲、夷逸、朱張、柳下惠、少連（18・8）、齊景公（16・12）、晏平仲（5・17）、史魚、蘧伯玉（15・7）、齊桓公、晉文公（14・15）、微生高（5・24）、原壤（14・43）等等的人格評價除以事功論、以智慧論外均可統攝於仁、義、禮三德之中，其中之智慧，孔子特別提出與仁相待而論（4・2／6・23），具有微意，蓋仁、義、禮三德缺乏智是無法成就的，作者曾分析君子之所以爲君子其必要條件有四，卽仁、義、禮、智四德。⑫此四者便是人格評價的標準。今以管仲爲例，試論之。在《論語》中，子路與子貢均對管仲不徇主而死，懷疑他是否有仁，由此一問似可反映出當時一般所持的流俗道德觀念均認同召

⑫ 同⑦。

忽徇公子糾爲仁，疑管仲之不死糾爲不仁。誠然單就此一不徇主之行爲而論是屬不仁，可是孔子却以佐桓公、霸諸侯，救華夏之功來辯護其爲仁，並指管仲之行爲怎可與「匹夫匹婦之爲諒，自經於溝瀆而莫之知也？」相比。（14．16／14．17）作者對此事曾參考《管子．大匡篇》所載，從召忽與管仲的對話中，知道他們兩人的君臣觀迥不相同。兩人同受命齊僖公傅公子糾，召忽以受命始終奉糾至死爲義，管仲以承君命、奉社稷、持宗廟、與齊國共生死爲義，可見召忽的仁是仁於公子糾一人而已，而管仲之仁是仁於整個齊國，難怪他在權衡公德與私德之間時，不以死一糾之私德爲念，由這個地方看出管仲的超凡見識，而終能佐齊桓公，成霸業，拯救華夏民族文化於存亡絕續的關頭，此功當爲孔子所推許，以辯護其爲仁之故。旣使管仲後來沒有佐桓公，成霸業，維護民族文化之大事功，就其當初不徇糾之去私體國一念，亦足堪孔子許其仁矣。孔子在《論語》中對管仲非只褒無貶，觀管仲生活奢侈、擬邦君樹塞門，亦不免孔子「焉得儉？」「管氏而知禮，孰不知禮？」之譏，綜觀孔子之評論管仲，前許「如其仁」，後責「不知禮」而歸結於「器小」（3．22）。再比較孔子之評價堯說：「大哉堯之爲君也！巍巍乎，唯天爲大，唯堯則之。蕩蕩乎，民無能名焉。巍巍乎其有成功也，煥乎其有文章！」（8．19）則大小之間的評價，宜可顯出其所以評價，及評價之標準矣。

孔子論人之研究

一、前言

人到底是什麼？這個問題極不容易回答，自古以來，就有許多不同的看法，然以研究的進路而論，約可分爲三類：一爲科學進路，它是把人當作客觀存在的觀察對象，加以如實的考察，結果成就了有關人的知識。另爲宗敎進路，它是把人放在信仰某種上帝、神靈的前提下，做一種宗敎性的說明，它可以提供有關人之宗敎層面上體驗的知識。最後爲哲學進路，從哲學史上看，哲學的概念與時推移，難有一致的見解，但不管是對有關人的概念作一種語言的分析、概念的釐清、或是對人之所以爲人做一普遍、綜合而究竟的解說，蓋可稱爲人之哲學進路。由於作者多年來關心孔子哲學思想，在研究過程中，發覺孔子的哲學根本上是一種「人的哲學」，它道道地地是採取人的哲學進路。在不同的哲學進路下，對人之所以爲人的答案，亦見仁見智，如人是理性的動物（animal rationale）、象徵的動物（animal symbolicum）、歷史的存有（historical being）、社會的動物（social animal）❶、文化的存有（cultural being）。在諸定義的對照下，孔子的看法是什麼呢？孔子所採取的哲學進路是怎樣一種進路呢？這個問題是作者本文所要解答的。孔子在《論語》中，當然沒有一套現成明確而有系統的人論，於是透過作者對《論語》中孔子的言論加以有系統地整理、分析與詮釋，輔之以孟子與荀子思想之間的辯證觀點，彰顯孔子的人觀。

大體上，孔子的人觀是人不以天生本能爲本質，亦無已成的本質，而是以其所做所爲爲本質，人做了什麼就是什麼。人從生下來就活在人文脈絡之中，秉其天生的「性」加上後天的學習，逐漸由自然人提昇到文化人，在文化領域裏特別凸顯道德生活、政治活動、甚至也涉及人文宗教層面，由內而外、由下而上，層層推廣與提升，看出人是個「待成者」而不是個「已成者」，人除了天生極少數上智與下愚不移者外，絕大多數的人是可以透過學習與修養成爲一個「文質彬彬」的君子。以下，作者將依人智、人性、人心、人格、人物、人德六個項目逐一分論，最後是結論與簡短的批評。

---

❶ Ernst Cassirer, *An essay on man*, Page 25, 26, 171, 63–71, 223.（臺北：雙葉，民國六十三年英文版翻印。）本書亦有中譯本，杜若洲譯，書名《人的哲學》（臺北：審美出版社，民國六十五年九月初版。），此譯本有漏譯現象；此外，據聞尚有劉述先譯本。

二、本 論

(一) 論人智

人有身心兩面，在心方面約可分爲知、情、意三種能力。在孔子的用語中，身、心二字合以言人。如謂伯夷、叔齊「不降其志，不辱其身」，柳下惠、少連「降志辱身」（18・8），在此「志」屬心，合「身」以言人。並於身心二者之中，以心爲身之主。孔子答顏淵問仁，以「克己復禮」爲言，並繼以「非禮勿視、非禮勿聽、非禮勿言、非禮勿動」（12・1）此視、聽、言、動乃是己身之活動，其見不合禮而不行卽表心之主宰功能，否則不可能有「殺身以成仁」（15・9）之舉。顯然，人的結構有生理與心理二層，生理方面與動物沒有多大區別，同樣受生理法則的制約，唯獨在心理層面的表現超出動物遠甚；古來稱人爲萬物之靈，其靈蓋指心之靈明覺知。故以下述孔子從人之知的方面來分別天生有三等人：

「生而知之者上也，學而知之者次也；困而學之，又其次也；困而不學，民斯爲下矣。」（16・9）

「中人以上，可以語上也；中人以下，不可以語上也。」（6・21）

「唯上知與下愚不移。」（17・3）

孔子在這三章中，第一章從學者的學習能力、態度分爲「不學而知」的生知者、「學而知之」學知者、「困而學之」的困學知者與「困而不學」的「無知」者四等。第二章是從教學者的立場分受教者的領悟力爲中人以上、中人以下，其實中人以上就包括了上人與中人，合「中人以下」之下人爲三等。第三章說明上智與下愚這二等人以學習來改變他們原先的知識與智慧的見地而言，那是絲毫沒有影響的；換言之，上智的人有天生之資，不學而知；下愚的人，困而不學，永遠無知；可見學習只是對中等之資的人有了很大的影響力，這也是教育成立的基礎。以孔子之聰明睿智，尙且自稱：「吾非生而知之者，好古，敏以求之者也。」（7・20），在孔子的思想中，或許承認有天縱之生知者，不過還是以中等之資的人佔絕大多數，這點包括孔子自己在內。至於爲什麼人之智有這三等的差別，孔子雖無明顯的解答，但可歸諸天生如此。後儒企圖以陰陽五行氣化所產生清濁偏全等來解說，可說是補孔子之所未備。子貢謂「夫子之言性與天道，不可得而聞也。」（5・13）此章之記錄當是有人問子貢有關孔子談論性與天道的見解而來，據《史記・孔子世家》所載，孔子晚而喜《易》，且有傳《易》的史實，當是孔子晚年進入極高明的思想階段，對人性之來源與天人的關係所做的解說，只是子貢以爲非凡人所能領會，故不能肯定爲孔子所不談。《論語》記載「子罕言利，與命與仁」（9・1）孔子要人「見利思義」（14・12）不專就利言利，此乃「罕言利」之理由，至於命與仁是孔子所推許的（按《皇疏》，與者言許與之也。），孔子思想中有「知天命」「順天命」（2・4）「畏天命」（16・8）及「道之將行也與，命也；道之將廢也，命也。」（14・36）的說法，那麼在此說人類生下來有上智、中智、下愚的分別也是天命如此罷了，《中庸》之「天命之謂性」當是據此明確推斷所致。

(二)論人性

「天何言哉？四時行焉，百物生焉，天何言哉？」（17・19）

「性相近，習相遠也。」（17・2）

「天生德於予，桓魋其如予何？」（7・23）

「人之生也直，罔之生也幸而免。」（6・19）

就物而言，人爲百物之一，是天之所生，亦承天之命而有性，性到底是善是惡，自孔子以後，成爲儒門的一大公案。其中爭論的根源一部份是起於「性」字本身歧義，另一部份起於對人性的解釋在理論上過分要求簡易單一性的效果所引起的。吾人就孔子之言論推測之，性卽天生於人者，實合身心而言，且心爲身之主宰。人爲萬物之靈，貴在此心。心具知、情、意三方面的作用，君子善修此心而具智、仁、勇三德，小人不善修此心而泥於小智、私情、血氣匹夫之勇。孔子謂「君子喩於義，小人喩於利」（4・16），此「喩」卽「知」，知「義」而取「義」爲大智，反之，爲小智。前述孔子心中心智有三等差別，唯上智與下愚不移，則就所引第二章「習相遠」而言，當是指中等之資者，故「性相近」之「性」不是普遍地論斷人性，而是在對答時有意忽略少數的方便語，目的在鼓勵人重視後天學習的效力而已。孔子好古敏求，學而知之，但在當時的某太宰與子貢就謂孔子「固天縱之將聖」（9·6），孔子適宋臨危時曾謂「天生德於予」，這是孔子的自信，此可與「不怨天，不尤人，下學而上達。知我者其天乎！」（14·35）相照應。孔子自認天賦予德，其實是孔子善承天之命，下學而上達所致。古時「德」字亦作「悳」，並訓為「得」，《左傳》桓公二年古疏：「德者得也，謂內得於心，外得於物。在心為德，施之為行，德是行之未發者也。」可見孔子之德乃是孔子修養而有得於心，這是發揮天所命於孔子之心的主宰功能，由「志道」、「學道」、「聞道」、「適道」、「守道」、「行道」、「弘道」、「達道」，最後得了「道」，得了道就是有了「德」。作者以為人之身，純是天生自然的存在，只是實然狀態，無所謂善惡。心之主宰功能，從心理學看只是一「實然」之事實，若從道德學看，則它是道德價值的根源，所以，心有事實義與價值義。先秦儒家孟荀二子對心的取義有別。孟子以仁義禮智之心為心之義，而荀子是以「虛壹而靜」之清明、知照、思慮、徵知為心之義，且將「心」中的「知」與「情」「意」分別開，專就「知」言「心」，將好利、樂道歸諸「情」，以「情」以言「性」。以下，試加分析，以究其原委。就性而論，孟子以心言性，而其所謂的心是指仁義禮智的「道德心」，故說「性善」。孟子說：

「無惻隱之心，非人也；無羞惡之心，非人也；無辭讓之心，非人也；無是非之心，非人也。惻隱之心，仁之端也；羞惡之心，義之端也；辭讓之心，禮之端也；是非之心，智之端也。人之有四端也，猶其有四體也。」（《孟子・公孫丑上》）

「人之所以異於禽獸者幾希，庶民去之，君子存之。」（《孟子・離婁下》）

孟子不以「生」言「性」而以「心」言「性」，並且指出此「心」乃人之所以異於禽獸幾希的部份，可是由於此微小部分之「心」的操捨、養與不養決定了小人與君子之別。那麼這個「心」到底是怎樣作用的一種心呢？孟子認爲它是含仁義禮智的一顆道德心，在人雖僅是「端」而已，但却是天生所固有的。據此，孟子是個道德的固有論者，同時亦可看出孟子的人論，孟子是把道德作爲人的本質。人天生就具有這個道德的本質，只要好好存養它，擴充它，小人就會成爲君子。可見人之道德雖天生固有，但顯不顯還靠後天的修養，因此，這樣的主張就成了人性待顯論。現在看荀子如何說「性惡」，他所說的「性」究何所指？一般學者的說法是說荀子以「生」言「性」，承前以合身心言性，恐有以生卽身之誤解。因身是生，但生非卽是身，以「生」指「天生」，非天生僅有生理之身。若以生指天生，則合於荀子之用義。蓋荀子之「性」實指「生而有」，故當含心知。

「凡以知，人之性也；可以知，物之理也。」「人生而有知」（〈解蔽〉）

「所以知之在人者謂之知。知有所合謂之智。」（〈正名〉）

「心有徵知」（〈正名〉）

「人何以知道？曰心。心何以知？曰虛壹而靜。」（〈解蔽〉）

「心者，形之君也而神明之主也，出令而無所受令。」（同上）

由以上所引，知「以知」即「所以知」，指「能夠認識事物，是人的本性。」❷認識能力是屬心的功能，心是形（身）之君及諸感覺功能的主宰。所以，荀子的「性」不是僅就生理之身而言，它還包括心知，心知也是天生於人、自然而有。看荀子對「性」所規定的含意，似乎純就實然而言，應不含價值判斷在內，那麼，荀子怎可說「性惡」？這不是把性亦作價值義嗎？故有必要考察其「性」的含義。

「性也者，吾所不能爲也，然而可化也。」（〈儒效〉）

「性者，本始材朴也；僞者，文理隆盛也。無性則僞之無所加，無僞則性不能自美。」（〈禮論〉）

「生之所以然者謂之性。性之和所生，精合感應，不事而自然謂之性。」（〈正名〉）

「性者，天之就也；情者，性之質也；欲者，情之應也。」（同上）

「凡性者，天之就也，不可學，不可事；禮義者，聖人之所生也，人之所學而能，所事而成者也。」（〈性惡〉）

「不可學，不可事而在天者謂之性；可學而能，可事而成之在人者，謂之僞，是性僞之分

---

❷《荀子新注》（嶄新校注本）（臺北：里仁，民國七十二年十一月），頁四三二～四三三原文註❶。

也。」（同上）

「今人之性，固無禮義，故彊學而求有之也。」（同上）

由以上所引各條，當知荀子分別自然與人文二範疇，將「性」歸諸自然，即人不能創造之原始材料，它是「本始材朴」、「天之就」、「生之所以然者」（生來就如此的），本來就不含有「禮義」（僞）的成分。據此，若謂荀子之「性」是以「生」言「性」，那「生」是指「天生自然」之意，再就以下各段而言，荀子之「性」是以天生之「情欲」爲性，情欲按照作者以知、情、意言人之性而言，是屬心的功能，而不屬身的機能；只是荀子之「性」乃特就順生理之需求所引起之情欲而言。蓋荀子曾說：

「今人之性，生而有好利焉。」（〈性惡〉）

「今人之性，飢而欲飽，寒而欲暖，勞而欲休。」（同上）

「性之好、惡、喜、怒、哀、樂謂之情。」（〈正名〉）

情欲是人性天生的表現，心知亦是人性之所本有。這樣對「性」說明純屬實然描述，不涉及應然的判斷。那麼荀子說：

「人之性惡，其善者僞也。」（〈性惡〉）

應如何了解？是不是說人性的本質是惡的？如果說人性的本質是惡的，那惡的本質是不可能改變的，那又如何待師法而正，彊學之僞就可化性成善？諸多疑問，當再求諸荀子「性惡」的推論：

「今人之性，生而有好利焉，順是，故爭奪生而辭讓亡焉；生而有疾惡焉，順是，故殘賊生而忠信亡焉；生而有耳目之欲，有好聲色焉，順是，故淫亂生而禮義文理亡焉。然則從人之性，順人之情，必出於爭奪，合於犯分亂理而歸於暴。故必將有師法之化、禮義之道，然後出於辭讓，合於文理而歸於治。用此觀之，然則人之性惡明矣，其善者僞也。」（〈性惡〉）

「凡人之欲爲善者，爲性惡也。」（同上）

根據以上二段引文，可以簡化成一個「性惡」的論證：

（A）⑴若人是順縱性情的，則人一定出現爭奪。

⑵人一定出現爭奪就表示人性是惡的。

⑶人是順縱性情的。

⑷因此，人性是惡的。

若荀子的意思就是（A）論證的意思，那麼此論證是有效（Valid）的。不過除了前提⑵之外是有問題的。是不是只要人順縱性情就一定出現爭奪呢？這是要看性情順縱到什麼程度而定；還有是不是只有好利、疾惡、耳目之欲，聲色之好才是人的性情？人欲爲善是不是也該算做人的性情？其次「人是順縱性情的」這個命題是否是一個全稱的命題（universal proposition）？依〈性惡篇〉所論，荀子認爲「凡人之性，堯、舜之與桀、跖，其性一也；君子之與小人，其性一也。」

「所賤於桀、跖、小人者，從其性，順其情，安恣睢，以出乎貪利爭奪。」「聖人之所以同於衆其不異於衆者，性也；所以異而過衆者，僞也。」，那麽此命題是全稱命題毫無疑問。不過聖人可順性但又不願順性，所以才有化性積僞之舉，從聖人積僞上看，聖人必不願順性而不順性，若此，則這個全稱命題就必爲假；總之，這個論並不是個合理的論證(sound argument)。其次：

（B）(1)凡人之欲爲善者，爲性惡也。

(2)人之欲爲善。

(3)因此，性惡。

這個論證的前提(1)是說：凡人之欲爲善者乃因爲人性是惡的。那麽我們可以化作如下的條件句：若人性是惡的，則人之欲爲善。若前提(1)的意思是這樣，則論證（B）顯然是無效的(invalid)。若前提(1)的意思是雙條件句，那麽它的意思是：人性是惡的，若且唯若人之欲爲善。這樣的話，這個論證會是有效的。但問題是這個雙條件句是不是荀子的原意，若是，那麽這個雙條件句的命題是否爲眞？依常識的了解，因人性是惡的，所以人想化性爲善，是可以成立；但是否可以說，因人想化性爲善，所以，人性是惡的？我們可以說要談化性起僞，不必定要預設人性爲惡，而以人性爲無善無惡亦無不可。若順荀子以天生自然言「性」，原不必說「性惡」，其積僞論照樣可以成立。荀子哲學的弱點除以上所論的性惡論之外，一般都會對荀子所謂的「聖人」能化性起僞感到懷疑，既然聖人之性亦同衆庶，又如何能成「聖人」？蓋「小人可以爲君子而不肯爲君子，君子可以爲小人而不肯爲小人。」（〈性惡〉）其中之「可以」表示實際上有「可能性」，「不肯」表示聖人有智慧，意志能抉擇，歸諸天生有上智者一類，爲中智以下立禮義法度，以解除衆庶順性所導致的爭奪之暴，這樣又要回到孔子對人在智慧上分三等的看法。現在作者要考察荀子的人觀，他說：

「水火有氣而無生，草木有生而無知，禽獸有知而無義；人有氣、有生、有知亦且有義，故最爲天下貴也。」（〈王制〉）

可見人的實存涉及四層存有界，其中人禽之別就在有沒有「義」。依荀子的用語，「義」常與「禮」合言，「禮義」是「生於聖人之僞，非故生於人之性也。」（〈性惡〉），所以，他把人之所以爲人放在人文教化的「禮義」上而不歸於「性」；換言之，禮義乃聖人爲治人而生，不出於人之「性」，「人之性，固無禮義」，其有禮義乃是「彊學而求有之」，人秉「性」加上積學之「僞」合而「成聖人之名」（〈禮論〉）；因此，荀子認爲人之所以爲人是積僞而成，看所積僞的程度而有小人、君子、聖人之別，這點跟孔子把人當作「待成者」無異。把它與孟子之道德先天論相對照，孟子以人之所以爲人在人不失其先天之「本心」且加以擴充而成，而荀子是不認爲人之所以爲人的「義」是天生固有的，而是透過後天的學習、積僞而成。據作者的研究，孟荀二子在研究人的途徑上是不同的：孟子從道德價值論出發，以「反身而誠」的道德自覺爲方法，存養擴充爲工夫；荀子從經驗認識論入手，以「虛壹而靜」的「徵知」爲方法，積僞化性爲工夫。結果兩位同樣使用「人」字，其所賦予的含義就有不同。一個是「人不是動物，而是道德的人」，是價值論意義下所規定的人；另一個是「人是含氣、生、知、義的實存」，是認識論意義下所描述的人。

以上，作者特別分析孟荀的人觀，主要是爲了呈現孔子對人的看法。在《論語》裏孔子沒有對人之性做明顯的善或惡的論斷，但是其中有一章：

「人之生也直，罔之生也幸而免。」（6．19）

往往被解釋做孔子隱然主張性善論的依據，然後配合孟學，以孔孟爲正統而貶抑荀學，這是先秦儒學發展的不幸。現在作者要來考察此章，它是否含有孔子主張性善論的用意。一般人斷取「人之生也直」爲義而解作「人生下來原本就是直的」，而「直」是一種善德，所以，就意味著人一生下來就是善的。作者認爲順承孟子的道德固有論，當易接受這樣的詮釋，東漢鄭玄、北宋程顥、南宋朱熹就是秉持「生理本直」的詮釋。但是這個詮釋很難說明下半章，既然人生來即善，又何有「罔之生」？如果再追溯古注，依《集解》所引馬融與包咸之語，就不是做道德固有論的詮釋。程顥把「人之生也直」作「人生來就是直的」，但依古注，解作「人之生是以正直」。《集解》所引如下：

「馬曰：『言人所生於世而自終者，以其正直也。』

包曰：『誣罔正直之道而亦生者，是幸而免。』」

綜合其義是說：因爲人的正直，所以人能生於世而自終；誣罔正直之道而生，其實只是一種僥倖地免於禍害。可見他們認爲人活著是因爲直道而行之故。就《論語》之句法論，「使民也義」（5．16）、「使民以時」（1．5）、「務民之義」（6．22）其意相同，「也」「以」互通，故本章亦卽「人之生以直，罔之生以幸而免。」意同古注。作者再參考《管子》類似文句後，斷定古注才合孔子本義：

「凡人之生也，必以平正，所以失之，必以喜怒憂患。」（〈內業〉）

「凡民之生也，必以正平。」（〈心術下〉）

很明顯，「人之生也直」其義乃是「人之生也，必以直。」，這樣解釋才無葛藤。換言之，孔子之意是認爲人秉直道而行，才能生存於世，不秉直道而能苟存的，那只是倖免罷了，因此，做人應該正直。《論語》中有十七章提到「直」，都是要人明白「直」，而不是說人生來本直；正直是一種德，有待於人的認知與實踐而得的。順此，仁義禮智是否爲人天生所固有之一問題，孔子的看法是：除了少數天生上智者外，仁義禮似非天生所固有，見《論語》中，要人去學、去知、去思、去行可知，例如「學禮」（16．13）、「知禮」（20．3）、「聞義」（7．3）、「徙義」（12．10）、「思義」（16．10）、「好義」（12．20）、「行義」（16．11）、「志於仁」（4．4）、「好仁」（4．6）、「依於仁」（7．6）、「欲仁」（7．30）、「取仁」（12．20）、「近仁」（13．27）、「蹈仁」（15．35）；因此，如果說仁義禮三者是人天生所固有，實在難以了解以上諸措詞。所以，仁義禮之於人，在孟子是看做先天的內在於人而有，孟子說：「人之所不學而能者，其良能也。所不慮而知者，其良知也。孩提之童，無不知愛其親者，及其長也，無不知敬其兄也。親親，仁也；敬長，義也；無他，達之天下也。(〈盡心上〉)可爲確證；但在荀子是看作人經過後天積僞而有，荀子說：「今人之性，固無禮義，故彊學而求有之也。」(〈性惡〉)「積禮義而爲君子」(〈儒效〉)就是明證。合而觀之，仁義禮三者之於人有以上兩種不同的看法，非常明顯，那麼「智」的一端又如何？在《論語》中，以「知」作「知」與「智」用，作「智」時成爲君子之一德。孔子認爲人智因天賦不同，有上智、中智、下愚之別，可見「智」之於人，對上智者說是天生固有，對中智者是後天學習而有，下愚者是不肯學而無的。在《孟子》中，「知」亦作「知」與「智」用，但「智」亦曾單獨用，表示人之是非之心，爲人天生所固有。在《荀子》中，雖「知」亦有時作「智」用，但二者終有別，荀子說：「所以知之在人者謂之知，知有所合謂之智」(〈正名〉)，「是是非非謂之知，非是是非謂之愚」(〈修身〉)。可見「知」是天生固有的認識能力，但「智」必待「知有所合」而有，知有所合稱作智，有所不合就不稱作智，可見智非屬天生固有。就「智」而論，孔子看法介於孟子與荀子之間；就仁義禮而論，與其說近於孟子，不如說近於荀子。人性之善惡，本孔子所不論，孔子僅持人有待後天的學習而成爲君子，除非天生下來就是個聖者。

（三）論人心

心在人是居於主宰地位，一個人是否有德，關鍵還是在心的修養上。孔子自謂：

「吾十有五而志於學，三十而立，四十而不惑，五十而知天命，六十而耳順，七十而從心所欲，不踰矩。」（2・4）

孔子一生的道德進境是由「志」於學始，三十能「立於禮」，四十能不惑於欲，五十達「知天命」，進而「畏天命」、「順天命」，以至「七十而從心所欲」不踰於禮。這裏的「志」是心的「意」，也就是「意欲」。孔子說「從心所欲」，卽以「欲」作爲「心」的作用。孔子所意欲的最大價值是「道」，故說「志於道」（7・6）「朝聞道，夕死可矣。」（4・8），道德的成就完全在實踐，而實踐與否完全繫於心之意志、意欲，孔子謂「君子有三戒」（16・7），戒之守完全在於意志的作用。另外又說「君子有三畏」（16・8）、「仁者樂山，知者樂水」（6・23）、「唯仁者能好人，能惡人。」（4・3），此「畏、樂、好、惡」均屬情；「君子有九思」（16・10）、「知之爲知之，不知爲不知，是知也。」（2・17），此「思、知」屬知；可見孔子所謂的「心」是心理事實的含義。孔子說：

「回也，其心三月不違仁，其餘則日月至焉而已矣。」（6・7）

可見「心」不是「仁」，因說「不違」可推知「心」與「仁」爲二，仁是道德實踐的價值，是

「心」之所「欲」、所「好」、所「取」的價值對象。孟子說：「仁，人心也。」（〈告子上〉）、「仁也者，人也。合而言之，道也。」（〈盡心下〉）可知孟子是就仁與人心合一言，亦卽孔子所謂的「不違」，就孟子而言，卽心卽仁，卽仁卽心；可是就荀子而言，是心仁爲二，仁是僞而加於性（心）而成，此合是後天積僞的，故有三月不違仁與日月不違仁的差別。荀子曾說：「小人可以爲君子而不肯爲君子，君子可以爲小人而不肯爲小人。」（〈性惡〉）其中「不肯」兩字是表示心求取價值的意志作用。通觀荀子的看法，就心的取義而言，完全同乎孔子，了無疑義。孔子之教要人爲君子，不要爲小人，通觀《論語》凡君子與小人對顯之章，當不易此項斷言。孔子對子夏說：「女爲君子儒！無爲小人儒！」（6・13）可證。

（四）論人格

以上作者是從人的構成要素出發，特別拈出《論語》中爲後儒所重的概念爲分析的重點，約而言之，孔子之論知、性、心，蓋以心理學的實然層爲義；換言之，此層所討論的人，是把它當作一個對象，觀察其現象，見人事實上有上智與下愚、好義與好利、尙德與尙力、不惰與惰、上達與下達等等的分別。本段特就價值學的應然觀點，看孔子對人格的分類。孔子最常用的分類是君子與小人，依據作者前文〈論孔子的「君子」概念〉的分析❸可選取其中對顯的概念作圖如下：

---

❸ 林義正，〈論孔子的「君子」概念〉（臺北：臺大《文史哲學報》第三三期，民國七十三年十二月出版），頁一三九～一八七。

君子	←→	小人
上達		下達
謀道		謀食
懷德		懷土
懷型		懷惠
喻於義		喻於利
求諸己		求諸人
坦蕩蕩		長戚戚
泰而不驕		驕而不泰
成人之美 不成人之惡		成人之惡 不成人之美
周而不比		比而不周
和而不同		同而不和
矜而不爭 羣而不黨		爭而不矜 黨而不羣
貞而不諒		諒而不貞

於是孔子之教的整個重點就在教人由小人向君子邁進，所以要「見賢思齊焉，見不賢而內自省也。」（4·17），在這一層看，人是由自然人修成道德人，由事實層登上價值層，人不只是個純依生物法則而活的動物，而是個活在追求價值的人；孔子是站在價值的領域，教世人捨離低價值而取向高價值的人文導師。孔子在《論語》裏提出這個道德等級表，並指出在當時的社會裏應如何去實踐而達到君子的境界。所以，作者順孔子之意，認爲生爲世人除非是下愚者，他根本沒有智慧判別價值的大小、高低，不知道追求高上的價值，而只活在自然人的層次，否則絕大多數的人都會朝向君子境界邁進。上智的人依孔子的看法不能說沒有，但大多數的人不經學習、教導、努力修養是不可能達到君子的境地。人就是這樣的一種人，他是個自然人又是個不安於自然人的人，他活著是要追求他的生存意義，實現他的理想目標。卡西勒認爲人之所以爲人是人活在象徵

(symbol)、意義的宇宙裏而不是只活在符號（sign）、物理的宇宙裏❹，誠然是一針見血之論。

在儒學發展中，天、命、性、人、心等字，隨着思想家立論的不同，其取義亦有別，孟荀當不例外，尤其在天、性、心三字之取義上涇渭分明。在思想史上，孔子思想是居於先秦儒家思想的奠基地位，原創性思想概念的特徵是渾含的、多義的，孟荀均繼承孔子而有不同的發揮，思想愈激盪、概念的釐清愈必要，而思想的特色也愈明顯化。孔子的人觀是把人看做一個待成者，由生物人待成為道德人，由自然人待成為文化人，由小人待成為君子，君子是孔子現實世界中所追求的理想人。茲略作一圖表達其主要概念的關係與含義：

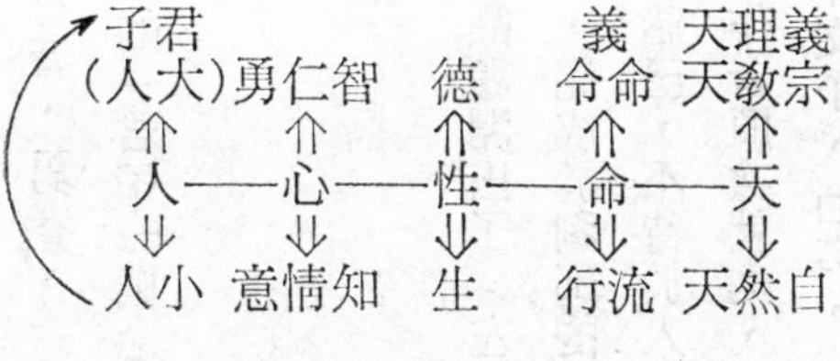

圖中
「⇒」表示意指
「—」表示相干
「↗」表示提升的過程

❹ 同❶，頁三一。

回到原來的「人是什麼?」的問題，仔細分析它，就有「人實際是什麼?」與「人應該是什麼?」二種含義；第一種問句蘊含把「人」當作已成者，而第二種問句把「人」當作待成者；孔子是把人當作待成者，所以，如何成爲君子的工夫問題才是孔子論人的主要課題。因實踐的程度不同，可以再詳加分類，如分成斗筲之人、士、君子、聖人。就人格之特徵看，士這一級可有善人、有恒者、孝悌、直躬者、狂者、狷者；君子這一級又可細分中行者、勇者、志士仁人、仁人、成人、智者、大人、惠人、賢人等。此節可參看作者〈論孔子的「君子」概念〉文中「君子之實踐」條目，玆不贅述。

(五) 論人物

在《論語》中，孔子本其德教，曾對古人有所品題，這個品題開出了《左傳》「君子曰」、《史記》「太史公曰」、《漢書·古今人表》的人物評價傳統，完成於劉邵的《人物誌》。孔子評價人物基本上扣住兩個要點，一是德，二是功。由於德是求諸己，不待於人，而且是事功的基礎，所以，孔子特別看重；基本上，孔子是以德論人。以下，作者順次就堯、舜、禹、泰伯、微子、箕子、比干、管仲、召忽、子產、臧文仲、令尹子文、陳文子、伯夷、叔齊等逸民、齊景公、齊桓公、晉文公、晏平仲、史魚、微生高、原壤、顏淵等，依孔子之評價來討論。

孔子在《論語》裏曾對堯做如下的評價：

> 「大哉堯之爲君也！巍巍乎！唯天爲大，唯堯則之。蕩蕩乎，民無能名焉。巍巍乎其有成功也，煥乎其有文章！」（8・19）

朱子《集注》訓：「成功、事業也。文章、禮樂法度也。」王船山《讀四書大全》謂「堯之成功文章，古必有傳，而今不可考耳。」，有關堯的德業只好參考《尚書》所載，儒者好託古，所贊未必事實，但可藉此看出孔子對人物評價的立場。〈堯典〉上說：「欽、明、文、思、安安，允恭克讓，光被四表，格于上下。克明俊德，以親九族；九族既睦，平章百姓；百姓昭明，協和萬邦。黎民於變時雍。」作者以爲孔子此語當與〈堯典〉之贊相詮釋。孔子拈出「大」字是說明堯的君業崇高昭著，其所以如此乃在法天之大，外王事業的崇高必有內聖的修養以爲基，這就是「欽、明、文、思、安安、允恭克讓」的修養。屈萬里《尚書集釋》引《爾雅・釋詁》訓「欽」作「敬」、引《尚書・考靈耀》及《詩》訓「安安」爲「晏晏」、和柔貌。作者發覺《論語》所提及諸德目均可本之於《書》。孔子以《詩》《書》禮樂授弟子，弟子所問亦與此相合甚多。《論語》中「敬事」、「問明」、「可以爲文矣」、「君子有九思」、「仁者安仁」、「溫、良、恭、儉、讓」無不有本，孔子之「溫」豈不是指仁德之溫潤嗎？堯之君德及功業如上，孔子總提之以「大」字，這是堯由則天到其德配天。孔子之贊堯如此，且不說史實如何，然孔子評堯德業之價值觀念確實如此。至於舜，孔子說：

> 「巍巍乎，舜禹之有天下也而不與焉！」（8・18）

「無爲而治者其舜也與？夫何爲哉？恭己正南面而已矣。」（15．5）據前「巍巍乎」一形容天之大，是指德，一形容其功業。在此章中亦依然用同樣的贊詞。「不與」古訓作「無爲」，卽得人善任不身親其事之謂，《集注》解作「猶言不相關，言其不以位爲樂也。」，程樹德謂前古訓其義較長，《集注》失之。❺楊伯峻依《集注》並引伸作「不貪圖個人享受」之意。❻從孔子以「巍巍」贊美舜，當知其功德之大，一切作爲均爲百姓，絲毫無佔有天下之心，同時能恭己帥先，選賢與能而治天下。依《尙書・堯典》，舜在堯爲君其間受命各職均能圓滿達成任務，故謂：「愼徽五典，五典克從。納于百揆，百揆時敘。賓于四門，四門穆穆。納于大麓，烈風雷雨弗迷。」，其後受堯禪讓天下，廣開言路，善用人材。以上均側重在外王事業上，然其內聖修養方面如何呢？當初舜受推舉乃因其孝，自治而能感人，得人和，〈堯典〉上記載四方諸侯向堯推薦說：「瞽子；父頑，象傲。克諧，以孝烝烝，乂不格姦。」孟子特別引孔子曰：「舜其至孝矣，五十而慕。」（《孟子譯注》12．3）這點確爲先秦儒者所共信。《中庸》裏有二段提到舜，皆引孔子的話說：「舜其大孝也與！德爲聖人，尊爲天子，富有四海之內，宗廟饗之，子孫保之。」「舜其大知也與！舜好問而好察邇言，隱惡而揚善，執其兩端，用其中於民，其斯以爲舜乎！」《中庸》裏的這二段話均可印證〈堯典〉及《論語・堯曰篇》「允

---

❺ 程樹德，《論語集釋》（臺北：藝文，民國五十四年三月初版），頁四七四。

❻ 楊伯峻，《論語譯注》（臺北：河洛，民國六十七年十二月臺排印初版），頁九〇。

執其中」的說法。《論語》裏孔子說：「吾有知乎哉？無知也。有鄙夫問於我，空空如也。我叩其兩端而竭焉。」（9．8）「子曰：『賜也女以予爲多學而識之者與？』對曰：『然，非與？』曰：『非也，予一以貫之。』」（15．3）由這二章知孔子的學問自認並非「多學而識之」，而是有其「一以貫之」的方法，其方法無論用於自己學習上或教育別人上都是「執其兩端」「叩其兩端」，這豈不是堯舜禹相授受的「允執其中」之道嗎？《中庸》謂「仲尼祖述堯舜」，《春秋公羊傳》末說：「其諸君子樂道堯舜之道與？」應該是對孔子思想中推崇堯舜、效法堯舜的恰當說明。從以上的討論中，舜之德有孝、智、恭、正、無爲。「無爲而治」可說是一種天治，孔子曾說：「天何言哉？四時行焉，百物生焉，天何言哉？」（17．19）天是無爲而自化，孔子說堯「唯天唯大，唯堯則之」，舜之「無爲而治」亦同是則天而治。老子之「生而不有」（第十章）這是指天德，堯舜之治亦法天參贊萬物而不有，均有「讓」德，儒家自孔子以來，除「當仁不讓」（15．36）外均獎讓，《尚書》斷自堯舜，《春秋》始乎隱公，均有「讓」意存乎其間，蓋有對治爭奪，破除家天下之局的用意。至於禹，孔子評論道：

「禹，吾無間然矣。非飲食而致孝乎鬼神，惡衣服而致美乎黻冕，卑宮室而盡力乎溝洫。禹，吾無間然矣。」（8．21）

禹自奉甚儉，對自己的飲食、衣服、宮室儘量節儉，而對鬼神的祭品、祭祀的衣冠及利於民生的農田水利却致乎齊美周全，這顯出大禹的儉、愛民、孝敬鬼神的美德。墨子尙儉、兼愛、明鬼諸教蓋法乎夏禹，這在口傳的歷史上却脈絡分明，後世謂儒墨託古造說，未必合乎史實，然其依據當時人對上古時代人物的諸多傳說施予一種道德的價值評價，表明自己的評價觀念却是無可置疑；我們所要了解的是孔子對人物評價的價值觀念，因此，不必涉及評價對象的史實問題。孔子在《論語》裏說：「禮，與其奢也，寧儉。」（3．4）「奢則不孫，儉則固。與其不孫也，寧固。」（7．36）孔子思想中以行事合禮爲至善，在不得已情況下，與其奢而驕，不如儉而固。儉的精神當有取乎禹，公羊家謂孔子救周之文返殷之質，此返本救弊之教豈獨取乎殷而止，堯舜禹之質皆在師法之內，孟子謂孔子「集大成」（10．1）達巷黨人謂「博學而無所成名」（9．2）此孔子之所以成其「大」德之人也歟？孔子對禹的評語是「吾無間然矣！」「無間」按《集注》「間，罅隙也，謂指其罅隙而非議之也。」則意是對禹沒有什麼缺點好批評的意思，然而沒有什麼缺點好批評並不意味著德業至善，恐終不及堯舜則天無爲之大，但就一位治天下之君主而言，致禮鬼神（祭祀鬼神在古代是立國施政上極重要的事，孔子所愼之「齊」（7．13）「敬鬼神而遠之」（6．22）之「敬」均指致禮鬼神而言），關心民生（「所重：民、食、喪、祭。」（20．1）），雖不復「無爲而治」，然「勤勞定國之功實爲後代帝王之典型」❼，在德與功之間，德者求諸己，無待於人，功者有待於時，不必然有，而德爲功之基，孔門四科以成德爲首（11．3），在道德的價值評價中我們要了解孔子的最高價值標準，於是我們注意到「至德」。

❼ 程石泉，《論語讀訓解故》（臺北：先知，民國六十四年二月臺一版），頁一五〇。

孔子以「至德」許人有二章，提到怎麼樣的德爲至德有一章。孔子說：

「泰伯，其可謂至德也已矣。三以天下讓，民無得而稱焉！」（8．1）

「……三分天下有其二，以服事殷。周之德，其可謂至德也已矣。」（8．20）

「中庸之爲德也，其至矣乎！民鮮能（《中庸》引文有「能」字，《論語》無，恐脫文，今據《中庸》補之）久矣。」（6．29）

古來考證、討論泰伯讓事甚繁，依孔子意，許其終以天下讓爲至德可知，周文王之事，《集注》引范氏曰：「文王之德足以代商，天下與之，人歸之，乃不取而服事焉，所以爲至德也。孔子因武王之言而及文王之德，且與泰伯皆以至德稱之，其旨微矣！」。劉寶楠《論語正義》謂：「古之以天下讓者，莫大於堯舜，莫難於泰伯及周之服事，若禹雖傳世，而其始亦是讓。故弟子記此篇以論泰伯始，以論堯舜文王及禹終也。」❽讓固然難能可貴，但爲讓而讓恐亦不當於中庸之道，孔子推稱泰伯及文王之讓爲至德應是當其可讓之「讓」。至德與大德當無分軒輊，《易傳》謂「大哉乾元」「至哉坤元」，觀其措辭，可知其價值評價地位無高下。

孔子向來不輕易許人以仁❾，然《論語》載：

「微子去之，箕子爲之奴，比干諫而死。孔子曰：『殷有三仁焉。』」（18．1）

---

❽同❺，頁四三九～四四五、四八四～四八五，並轉引《集注》及《論語正義》之文句。

❾見《論語譯注》篇章號碼5．8，5．19，14．1等章可證。

《集解》謂：「馬（融）曰：『……微子、紂之庶兄，箕子比干、紂之諸父，微子見紂無道，早去之，箕子佯狂爲奴，比干以諫殺。仁者愛人，三人行異而同稱仁，以其俱在憂亂寧民。』」《朱子集注》謂「三人之行不同，而同出於至誠惻怛之意。」《詩・柏舟・正義》引鄭注：「箕子比干不忍去，皆是同姓之臣，有親屬之恩，君雖無道，不忍去之也。然君臣義合，道終不行，雖同姓有去之理；故微子去之，與箕子比干同稱三仁。」❿以上三注均道其所以仁，雖著重點有別，均可稱仁，孔子言仁其意本隨情境而異，然基於愛心、安心，均由內在之本心所發，無有不同。孔子說：「人而不仁，如禮何？人而不仁，如樂何？」（3・3）仁指人之實質，禮樂爲文飾外表之具可知。

「子路曰：『桓公殺公子糾，召忽死之，管仲不死。』曰：『未仁乎？』子曰：『桓公九合諸侯，不以兵車，管仲之力也。如其仁，如其仁。』」（14・16）

「子貢曰：『管仲非仁者與？桓公殺公子糾，不能死，又相之。』子曰：『管仲相桓公，霸諸侯，一匡天下，民到于今受其賜。微管仲，吾其被髮左衽矣。豈若匹夫匹婦之爲諒也，自經於溝瀆而莫之知也？』」（14・17）

依《管子・大匡篇》，管仲、召忽爲公子糾之傳。齊僖公使鮑叔傅小白（後爲齊桓公），鮑叔辭，稱疾不出，管仲、召忽往見之，展開一場對話，召忽贊成鮑叔辭不出，因爲據召忽推測小白

---

❿ 同❺，頁一〇八四～一〇八五轉引。原《集解》引文末句作「安亂寧民」，按《古經解彙函論語義疏新安鮑氏知不足齋本》作「憂亂寧民」，今據改。

必不爲後，同時也考慮到齊國之立必待彼三人謀國。可是管仲不以爲然，他考慮到齊國人憎惡糾之母以及糾之身，而憐小白之無母，諸兒長而賤，事未可知，小白之爲人，無小智，惕而有大慮，萬一齊國有變故，糾雖得立，事將不濟，所以就非落在小白不可，於是力催鮑叔出爲傅。召忽的觀念跟管仲不同，他認爲「犯吾君命，而廢吾所立，奪吾糾也，雖得天下，吾不生也。兄與我齊國之政也，受君令而不改，奉所立而不濟，是吾義也。」管仲却認爲「夷吾之爲君臣也，將承君命，奉社稷，以持宗廟，豈死一糾哉？夷吾之所死者，社稷破、宗廟滅、祭祀絕，則夷吾死之，非此三者，則夷吾生，夷吾生，則齊國利，夷吾死，則齊國不利。」僖公卒，諸兒立爲襄公，襄公十二年襄公遭賊殺，立公孫無知，公孫無知虐於雍廩，雍廩殺無知，小白自莒先入，魯人伐齊，入公子糾，戰於乾時，魯師敗績，小白踐位爲桓公，於是刼魯，使魯殺公子糾，縛管仲與召忽致乎齊。是時管仲跟召忽說：「子懼乎？」召忽說：「何懼乎？吾不蚤死，將胥有所定也。今既定矣，令子相齊之左，必令忽相齊之右，雖然，殺君而用吾身，是再辱我也。子爲生臣，忽爲死臣。忽也知得萬乘之政而死，公子糾可謂有死臣矣。子生而霸諸侯，公子糾可謂有生臣矣。死者成行，生者成名，名不兩立，行不虛至，子其勉之，死生有分矣！」乃行入齊境，自刎而死。⑪由以上對話，得知管仲與召忽的君臣觀是迥不相同的。同受齊僖公之命傅公子糾，自是召忽卽以公子糾爲君，忠於公子糾一人而已，君死則臣必不生，此召忽之強武個性，崇尚武德

⑪ 安井衡，《管子纂詁》（臺北：河洛，民國六十五年三月，臺景印初版），卷七，頁一～八。

之道德觀有以致之。管仲對自己的材智有相當大的自信，且其所慮者大，其生死觀則以國家之存亡為前提。子路及子貢以桓公殺子糾，召忽死之，而管仲不徇主而死，懷疑管仲是否有仁，由此可以知道當時一般的流俗道德均認同召忽，以召忽死糾為仁，而疑管仲之不死糾為不仁。獨孔子之評價超乎流俗，能以更高遠的價值觀肯定管仲之仁。觀孔子以管仲相桓公，霸諸侯，尊王攘夷，一匡天下，維護華夏民族文化之功來辯護管仲之仁，這是一種綜合一生的功過而做的「蓋棺論定」的評價，與僅限於某一時行為的評價不同，亦見孔子所謂的仁，有大小之分，高低之別。孔子所謂的「豈若匹夫匹婦之為諒也，自經於溝瀆而莫之知也？」就是撥斥世俗道德之泥固而顯現更高一層的道德境界。孔子說：「言必信，行必果，硜硜然小人哉！」（13．20）與「君子貞而不諒」（15．37）「毋必」（9．4）可與此參看，世俗道德之泥固在其「必」而不知其「貞」，貞就是正，指合於義之大信而言。同理，世俗道德所謂的「忠」是如召忽之徇於一人之「忠」，而不考慮是否值得徇於一人，即是否合於「義」、「得其大」的問題。忠、信皆是仁之一體；不忠、不信即是不仁、不善、不道德；小忠、小信即是小仁、小善、世俗道德；大忠、大信即是大仁、大善、君子道德；「君子義以為上」（17．23）故論道德價值的層次至少可分這三層。孔子對管仲不死糾辯護其仁，然在另一方面頗有微辭，見《論語》：

「子曰：『管仲之器小哉！』或曰：『管仲儉乎？』曰：『管氏有三歸，官事不攝，焉得儉？』『然則管仲知禮乎？』曰：『邦君樹塞門，管氏亦樹塞門。邦君為兩君之好，有反坫，管氏亦有反坫。管氏而知禮，孰不知禮？』」（3．22）

由孔子謂「君子不器」（2．12）評子貢爲瑚璉之器（5．4），當推知管仲是小器而不是大器，眞正的大器是「不器」，管仲之仁高於一般流俗道德，但尚未臻君子之境，故尚不免有不儉、不知禮之譏。接著看孔子如何評子產：

「或問子產。子曰：『惠人也。』」（14．9）

「子謂子產，『有君子之道四焉：其行己也恭，其事上也敬，其養民也惠，其使民也義』。」（5．16）

孔子論「君子有九思」（16．10）其中「貌思恭」「事思敬」即子產行己、事上所具之德，此德可以禮言之。又論「君子道者三，……仁者不憂，知者不惑，勇者不懼。」（14．28）樊遲問知，子曰：「務民之義，敬鬼神而遠之，可謂知矣！」（6．22）問仁，子曰：「愛人」（12．22）。「君子惠而不費」（20．2）參合而知，「養民也惠」指子產具有君子之仁，「使民也義」指子產具有君子之智。孔子以仁、智、禮論子產，而以「惠人」爲歸結。在其他相關的文獻裏孔子一再指出子產之愛民，「實爲當世賢哲贊語最多者。」⓬其次看孔子如何論臧文仲：

⓬《禮記．仲尼燕居》載「子曰：『子產猶衆人之母也。』」《左傳》襄公三十一年載仲尼曰：「以是觀之，人謂子產不仁，吾不信也。」昭公二十年載「子產卒，仲尼聞之，出涕曰：『古之遺愛也。』」以上參見張其昀著，《孔子新傳》（華岡出版部，民國六十三年六月），頁九五～九八。

「臧文仲，居蔡，山節藻梲，何如其知也？」（5．18）

「臧文仲，其竊位者與？知柳下惠之賢，而不與立也。」（15．14）

首章指出臧文仲迷信龜卜，特別爲叫蔡的大烏龜蓋了一間斗栱雕上山形、樑柱畫著藻草象的屋子，這在孔子「敬鬼神而遠之」（6．22）的理性精神下指其不智。再者指其「竊位」，以「知其賢而不舉」（見《集解》孔融語），程樹德引《四書說約》云：「自古權臣無不蔽賢，匪獨量險，實是持位保祿之心勝耳，知惠之賢而不與立，是何心腸，竊位二字化工之筆。」⑬持位保祿即是爲己謀，是私，亦即是不仁。《左傳》文公二年仲尼曰：「臧文仲，其不仁者三，不知者三。下展禽（柳下惠）、廢六關、妾織蒲，三不仁也。作虛器、縱逆祀、祀爰居，三不知也。」⑭，以上看出孔子以仁、智爲評價人物的重點。在春秋時代，以仁、智來評價人物似成當時流行的共同標準，《論語》裏陽貨以仁智責孔子（17．1），《孟子》裏引子貢以仁智贊孔子（3．2），樊遲之問，仁智並舉（《論語》12．22），《史記．孔子世家》子路以仁智應答孔子⑮，《荀子．子道》引孔子三問弟子⑯均爲環繞此一道德標準的評價與討論。子張問孔子有關令尹子文與陳文子之德行表現，更可爲此一討論之佐證：

⑬ 同⑤，頁九五二。
⑭ 楊伯峻，《春秋左傳注》（臺北：源流，民國七十一年四月再版），頁五二五～五二六。
⑮ 司馬遷，《史記》（臺北：仙華，民國六十一年十一月第三版），第三册，頁一九三一。
⑯ 同②，頁五八四。

「子張問曰：『令尹子文三仕爲令尹，無喜色；三已之，無慍色。舊令尹之政，必以告新令尹。何如？子曰：『忠矣。』曰：『仁矣乎？』曰：『未知；——焉得仁？』『崔子弒齊君，陳文子有馬十乘，棄而違之。至於他邦，則曰，「猶吾大夫崔子也。」違之。之一邦，則又曰：「猶吾大夫崔子也。」違之。何如？』？子曰：『清矣。』曰：『仁矣乎？』曰：『未知；——焉得仁？』（5．19）

此章「未知；焉得仁？」之「未知」可能有二解，一作「不曉得」，一作「未智」⓱，本文從「未智」作解，則知孔子許令尹子文爲忠，但因未智故不得算仁，陳文子只得清，因未智亦不得算仁。孔子對古代的賢人之德行、操守，各知其殊勝處，並借此以表示自己出處的立場。

「逸民：伯夷、叔齊、虞仲、夷逸、朱張、柳下惠、少連。子曰：『不降其志，不辱其身，伯夷、叔齊與！』謂『柳下惠，少連，降志辱身矣，言中倫，行中慮，其斯而已矣。』謂『虞仲、夷逸，隱居放言，身中清，廢中權。我則異於是，無可無不可。』」（18．8）

⓱ 參見同❺，頁二八九～二九〇，又見同❻，頁五三。其注釋謂：「未知——和上文第五章『不知其仁』，第八章『不知也』的『不知』相同，不是眞的『不知』，只是否定的另一方式，因此下文接着又說『焉得仁』」，這一注釋是把「未知」作「不知」乃順承《集解》引孔安國說。另解「未知」作「未智」乃出自鄭註。陳大齊，《論語臆解》（臺北：商務，人人文庫，民國六十七年十一月五版）頁一〇六～一〇八，有詳細討論，並認爲鄭說較孔說爲合理，今從之。

「伯夷、叔齊不念舊惡，怨是用希。」（5・23）

「子貢……入曰：『伯夷、叔齊何人也？』曰：『古之賢人也。』曰：『怨乎？』曰：『求仁而得仁，又何怨？』」（7・15）

伯夷、叔齊孔子許爲「賢人」，就其無怨於己，寡怨於人來說是屬不易，「不降其志，不辱其身」表明了他們的操守，這是求仁而得仁，既得仁則安於仁。與伯夷、叔齊採取相反途徑的柳下惠、少連，不惜降志辱身與世俗處，言行合乎法度、思慮，這也表明了他們的隨和的風格。孔子自謂志身的安排適合義而定而不固執不變。孟子對伯夷、柳下惠、孔子三型人物各以聖之「清」、「和」、「時」表之。孟子願學孔子，以孔子爲標準，宜其評伯夷「隘」而柳下惠「不恭」⑱。

孔子評論人物由其行爲之是否有德而論及德之各種類型：

「齊景公有馬千駟，死之日，民無德而稱焉。伯夷叔齊餓于首陽之下，民到于今稱之。其斯之謂與？」（16・12）⑲

---

⑱ 楊伯峻，《孟子譯注》（臺北：河洛，民國六十六年五月臺景印初版）頁八四，二三三。

⑲ 本章句首無「子曰」兩字。《朱子集注》謂：「章首當有『孔子曰』字，蓋闕文耳。」孔廣森《經學卮言》「此自弟子之言，故別爲一章。」《四書湖南講》曰：「上無『子曰』字，分明與前合爲一章。」衆說紛紜，恐難斷言。惟自思想斷之，皆不排除稱名，且重在某人是否有德，凡此均不背孔子意，視同孔子語引之。參見同❺，頁一〇一二～一〇一三。《論語・憲問》子曰：「驥不稱其力，稱其德也。」（14・33）可證。

《集注》引胡氏說謂〈顏淵篇〉「誠不以富，亦祇以異」之斷簡當置本章之下，則知孔子評齊景公無德名而伯夷叔齊有德名流傳後世，關鍵不在富不富有，而在能否建立起一德行的典範。以德行爲人格的評價標準，自是孔子的一貫立場。孔子對以下人物之評斷，亦不例外：

> 「晏平仲，善與人交，久而敬之。」（5．17）
>
> 「直哉史魚！邦有道，如矢；邦無道，如矢。君子哉蘧伯玉！邦有道，則仕；邦無道，則可卷而懷之。」（15．7）
>
> 「晉文公譎而不正，齊桓公正而不譎。」（14．15）
>
> 「孰謂微生高直？或乞醯焉，乞諸其鄰而與之。」（5．24）

晏平仲即晏嬰，齊國賢大夫，其善與人作朋友，相處越久，別人越發恭敬他。⑳晏平仲之所以能令相處越久之友人越發恭敬他，必有深得友道及令人尊敬的德行。孔子許史魚以直，是贊許他的爲人剛直不隱，譏微生高不直，是其心有隱曲。同樣地，對齊桓公與晉文公的作爲則以正譎分判，以所以成霸業而言，齊桓公守信尊禮、仗義執言，晉文公以臣召君，詐謀取勝；正與直爲一類，譎與曲爲一類，此是價値的第一序分判。孔子贊美蘧伯玉爲君子，指其進退得宜，這就是孔子「毋必、毋固」（9．4）「義之與比」（4．10）之敎，孔子曾對顏淵說：「用之則行，舍之則藏，惟我與爾有是夫！」（7．11），亦表示贊許顏淵得君子之道，亦是孔子之自我肯定，

---

⑳ 同❻，頁五一，「久而敬之」有歧解，本文採取該書之譯文。

師生均以君子人格爲目標而互勉可知。《論語》中人格概念當以「君子」爲最重要，其用法下以賅士，上以攝聖，與「小人」可爲人格地位的第一序分判。在孔子的人物批評中，值得注意的是與孔子採取不同價值觀取向的人物原壤——孔子的故友的指責。《論語》上說：

「原壤夷俟。子曰：『幼而不孫弟，長而無述焉，老而不死，是爲賊。』以杖叩其脛。」（14．43）

「夷」同「跠」，箕踞也。伸出兩腳坐著，其形如箕，這種坐姿不合古人儀禮的要求，〈曲禮〉上說「坐無箕」可知。孔子來訪故友，原壤箕踞以待，這從「從周」的孔子來說，簡直是無禮之人，孔子就其一生三階段而斥責不遜、不悌、無述、不死，指爲「賊」，並擊其腳脛，這是痛恨這種人活著對社會沒有貢獻，無禮、無行、無德。據《禮記．檀弓下篇》記載：「孔子之故人曰原壤，其母死，夫子助之沐槨。原壤登木曰：『久矣予不託於音也。』歌曰：『貍首之斑然，執女手之卷然。』夫子爲弗聞也者而過之。從者曰：『子未可以已乎？』夫子曰：『丘聞之，親者毋失其爲親也，故者毋失其爲故也。』《莊子．至樂篇》上載：「莊子妻死，惠子弔之。莊子則方箕踞，鼓盆而歌。」所引這兩章可以前後呼應；原壤、莊子箕踞待友，親人之死，依然高歌，這可以表現道家一流對俗禮虛文的超脫態度，孔子所採取的是肯定周文，返求禮樂之本，肯定倫理親情，社會儀文，政治秩序等價值，難怪孔子面對原壤母死高歌的行徑，在念及故情的情況下，只好裝作沒聽見，這是孔子的重情。相對的，原壤、莊子是屬於「忘情」者。從哲理的高度觀點看來，這兩者原屬於不同的精神表現，孔子所表現的是人文精神，而原壤、莊子所表現的是一種超人文精神㉑。

從孔子對以上人物的評論中，以堯舜之功德爲最高，功指事業的開創，德指道德的修養。功有待於時位，而德則無關乎時位，兩者之間，德是功之基，功之大小決定於德之大小。因此，德行的有無成爲孔子評價人物的焦點。一個世襲之君實不必有德，孔子曾評齊景公「無德」（16・12）衞靈公「無道」（14・19），就是個例子。一個在位大夫知賢不舉便是「竊位」（15・14）迷信龜卜便是「不智」（5・18），竊位，不智就是無德。一個人不孝不遜，長而無述，苟且偸生就是「賊」（14・43），反之，就是有德。總而言之，對人的評價採取道德的觀點，可以說是孔子論人的特色，也是儒家思想的基本立場。

（六）論人德

《論語》裏孔子提到許多理想人格的名稱，對堯贊其德曰「大」，可見堯是「大人」，對泰伯贊其有至德，可見泰伯是「至人」，另外尚有「必也聖乎！堯舜其猶病諸！」（6・30）超出堯舜之「大」的「聖」，具有聖德的人是爲孔子「不得而見之」（7・26）的「聖人」，其次有

㉑ 唐君毅，《中國人文精神之發展》（臺北：臺灣學生，民國六十三年五月再版），頁二一四。作者在此取其人文與超人文概念之分別。

所謂的「賢人」（7・15）「成人」（14・12）「善人」（7・26）。如果配上諸德的名稱而有「仁人」（15・9）「惠人」（14・9）「孝者」、「勇者」、「剛者」、「直者」、「直躬者」等等，但依使用的頻度來看終不及「君子」一詞（在《論語》裏共出現一○七次），作者採用陳大齊先生的意見，以廣義之君子的用法，作爲孔子理想人格的代稱㉒。在此作者擬以人德一詞是指理想人格所具有之德而言，《論語》中「德」字出現四十次，成詞者有「大德」、「至德」、「尙德」、「崇德」、「知德」、「好德」、「報德」、「執德」、「亂德」、「懷德」、「民德」、「德行」均是指人之德，以德用于天者絕無。「天德」一詞在儒家典籍中僅出現于《尙書・呂刑》一次、《易傳》二次、《禮記・中庸》一次、《荀子》二次㉓。有關「道」字《論語》中與天合言爲「天道」（5・13）一次而已，其餘之辭如「古之道」（3・16）、「先王之道」（1・12）、「文武之道」（19・22）、「子之道」（6・12）、「夫子之道」（4・15）、「君子之道」（5・16）、「善人之道」（11・20）均指人文之道，或云「人道」，荀子標示儒學特質說：「道者，非天之道，非地之道，人之所以道也，君子之所道也。」（〈儒效〉），可見儒家標示「道」一般均指人道，而非天道。孔子言天道，蓋示人道所以成立之依據。孔子說「唯天爲大，唯堯則

㉒ 陳大齊，《孔子學說》（臺北：正中，民國六十六年三月臺七版），頁二五二。

㉓ 「天德」一詞雖在《易傳》中有指上天化育萬物之德（見《中文大辭典》），然其餘用法蓋指天子法天而具有之最高德行。雖以天德言，其實與大德、至德不異，均是用來形容人的德行。

之。」（8・19），這就是堯之大德是法天之大道而來。《易・象》：「天行健，君子以自強不息。」這是典型的法天思想。法天是指法天道以爲人道，人有得於道謂之有德，「德與道，雖不無小異，其實盡同。」㉔現在欲辨其異，蓋道之立名乃就行爲之目標或規範而言，而德乃是指人之行道後所具有之品性而言。前者指行爲之標準，後者指行爲之價值，合於標準（道）的行爲卽是有價值（德）的行爲。陳大齊先生認爲：道、德、仁、義、禮五者爲德綱，爲共名，隨舉其一卽賅其餘，另外智是義的基礎，義旣爲德綱，則智亦成德綱之要素；其餘諸德爲目，爲別名。㉕這個結論，與作者推斷仁、義、禮、智爲君子成德之四個必要條件可相輔相成，其他德目可以視爲君子據此德綱在對己、對事、對人、對天不同對象上的德名。㉖現在要討論那些不同名的德

㉔同㉒，頁一一三。

㉕同㉒，頁二一八。

㉖「智」在陳大齊先生《孔子學說》中，似不把它當作「德」，而只當作「義的基石」（頁一七三）、「徧存於一切道德之中」（頁二一八）。作者就《論語》子曰：「君子道者三，我無能焉：仁者不憂，知者不惑，勇者不懼。」子貢曰：「夫子自道也。」」（14・28），本章中許多注解均把「者」作「人」解。作者以爲旣曰：「君子道」，當是指仁、知、勇爲君子之三道（德行）。譯文當作：「孔子說：「君子之德行有三，我一項也沒有：有仁則不憂，有知則不惑，有勇則不懼。」子貢說：「這正是老師的自我表白啊！」」。可見三個「者」字當作「則」文從字順。先秦文獻中不乏「者」「則」互訓之例，《荀子・宥坐》「故居不隱，者思不遠；身不佚，者志不廣。」可證，詳見《古書虛字集釋》，裴學海博采衆說而成之書，原書自序於民國二十一年九月一日（臺北：泰順書局重印，民國六十二年十一月），可見「知」是君子道，亦當爲「德」。

綱各攝那些德目，以形成一個道德概念系統。宋儒程伊川把仁分作「偏言」之仁與「專言」之仁後，引起概念間關係的討論。許多學者承宋儒凸顯「仁」以詮釋孔學，把仁看成「全德」，作者覺得有失孔子用「仁」概念的原義，我們絕不可忽略「好仁不好學，其蔽也愚。」（17．8）的「偏言」用法。否則將仁視作全德，那與道、德之用法絲毫沒有兩樣。爲了不過份簡單化孔子道德概念，而同時能建立明晰的道德概念系統起見，作者將「道」、「德」視爲仁、義、禮、智在「行爲標準」、「行爲價値」上的泛稱，然後以仁、義、禮、智去映現諸德目。如仁落在個己修養爲「剛毅木訥」（13．27），落在執事上爲「敬」、與人上爲「忠」（13．19）等，如此「仁」好比「月」，月印萬川，各川均有各川之月，順應各川而有許多月名。其他義、禮、智均可作如是觀。依作者前文〈論孔子的「君子」概念〉以仁智合一表君子之理想人格面，仁義合一表君子行事規範面，仁禮合一表君子文化教養面，統合而言，君子有此四必要之德，否則卽不成其爲君子。本段論人德卽在說明德之具於人之道德概念系統，藉此彰顯孔子人學的道德結構。以下，作者依陳大齊先生所推定的主要德目：信、直、敬、忠、勇、孝、恭、惠、無怨、讓、敏、遜、剛、愼、莊、儉、愛人、寬、克己、訒、中庸、恕等二十二個概念外，再加上其所未列之德，如行、恒、貞、明、思、內省、毅、知、恥、木、訥、儉、重、藝、悌等，依其表現所近而劃入四德之中，其中難免有重疊，如敬可列入仁中，亦可列入禮中，蓋禮爲仁之文，仁爲禮之質之故。今擬構下圖以明其統屬：

標準	理想德行			
價值	道德			
德綱＼項目	求己	對事(物)	待人	對天(鬼神)
仁	行、勇、剛、毅、木、訥、恭、克己復禮、無倦、恒、訒、溫、良、不疚、不憂、不懼、有恥、泰	敏、敬、先難後獲	孝、悌、忠、信、恕、敬、寬、慈、愛、安(人)、和、羣、惠、親、友	則(天)
義	正、直、貞、勿我、求諸己	中庸、勿必、勿固、中	正、勿意	畏(天命)
禮	恭、重、莊、謹、矜	儉、藝、敬、正名、尊	敬、讓、遜	順(天命)敬鬼神
智	明、思、內省、不惑	辨(惑)、知(言)、好學	知(人)、利(人)	知(天命)

本表完全就人之德來分類歸納，已形成一明晰的道德系統。任何一個人看其行爲具有那一種德，以及諸德之多寡、大小，在人格上就有高低之分。孔子評價人物是極注重德行價值，甚至認爲一個人卽使具有才、美，但在德行表現上有了缺點，那麼這個人根本就不足論了。孔子說：

「如有周公之才之美，使驕且吝，其餘不足觀也已。」（8・11）

在人格修養的過程中，以德行爲本，文學爲末；孔門四科：德行、言語、政事、文學卽含有價值等級觀念的。孔子四教：文、行、忠、信，以文爲始，而終以信，這是站在教育的方式上說的，教育的目標還是歸於道德的實踐，孔子曾明白地說：

「弟子入則孝，出則弟，謹而信，汎愛衆，而親仁。行有餘力，則以學文。」（1．6）如果在學習上，道德與知識無法兼顧，則當以道德爲先，所以說「行有餘力，則以學文。」但是站在理想人格上說，以文濟德，文質彬彬才是圓滿的典型。孔子說：

「興於詩，立於禮，成於樂。」（8．8）

「質勝文則野，文勝質則史。文質彬彬，然後君子。」（6．18）

古時禮樂是合一的，它是教化的二個重要工具，禮是善的教育，樂是美的教育，美善合一是教育的理想，亦是君子人格圓滿的呈現。孔子雖注重人倫道德的實踐，但亦不忽略藝術的涵養，孔子本身就具有相當高的音樂素養㉗。在《論語》中，孔子諸用語如「清」（5．19）、「逸」（18．8）、「巍巍」「蕩蕩」「煥」（8．19）、「美」（6．16）、「力」（8．21）、「狂簡」「斐然成章」（5．22）均是屬於美的評價。在君子德綱中，禮含文飾，「禮之用，和爲貴」（1．12）是禮含樂之和，禮原六藝之一，「游於藝」（7．6）是行禮之中已含美的價值；在孔子心中美善是有分別的（3．25），可是詳究當時的用語習慣，「美」與「惡」、「善」與「不善」各成一對用語（12．16，20．2，13．24）「惡」與「不善」爲同義（19．20），這樣看來「美」與「善」似乎也不用分別。㉘依作者的研究，孔子本身是相當重視美育的，可是限於《論

㉗ 見《論語譯注》3．23，7．14，8．15及《史記．孔子世家》。

㉘ 同❸，頁一五六之⑭。

語》體材絕大多數是指導爲人處事的語錄，這在當時有對治道德缺失之意，相對地淡化了美感意識，造成了儒學在後來的發展上、道德意識一枝獨秀的局面，這是孔子始料所不及的。

三、結　論

人到底是什麼呢？對於這個問題的解答是極具有爭議性，作者在研讀《論語》過程中，發現這根本上就是孔子哲學的核心問題。孔子在《論語》中所說的言語絕大多數是指導人從事道德實踐的工夫語，而不是一種學術研究的理論語，不過道德實踐的工夫必含有一套道德實踐的理論，這一套理論應當蘊含著對人的基本看法；本文之作就是企圖透過其工夫語而呈現其背後的理論。孔子對人的解答，基本上有他特殊的方向，作者名之曰「道德人文的進路」，這個進路根本上不是科學的進路也不是宗教的進路，但它不排除科學與宗教，譬如，孔子說「敬鬼神而遠之」（6．22）「知之爲知之，不知爲不知，是知也。」（2．17）《論語》記載「子不語：怪、力、亂、神」（7．21）「子絕四：毋意，毋必，毋固，毋我。」（9．4）都是道地的科學精神，另外孔子「與命」（9．1）「知天命」（2．4）「畏天命」（16．8）就含有宗教精神。可是却「罕言利」而「與仁」（9．1），又謂「未能事人，焉能事鬼？」「未知生，焉知死？」（11．12）這根本上是以今生、事人、許仁以成就君子爲進路。在這進路之下，孔子認爲人的智慧天生有三等，絕大多數人均爲中等之資，學習成爲德行有無的重要關鍵。天賦予人的「天性」彼此是相近的，這並沒有蘊含性善或性惡的論斷，他只不過對人性表現諸事實做比較和描述而已；人性有好德、好色、好義、好利諸事實，但孔子認爲「君子喻於義，小人喻於利。」（4·16），人之所喻有義有利，見其所喻、所好而分別人格的高低。人之所好、所喻雖屬本能，然因學習的差別，而有相遠的事實是不可否認的。孔子認爲除了極少數天生固有之上智與下愚外，大多數人之能生存於世蓋在能秉直道而行所致，直道之於人乃是對實然之行爲予以規範、指導與提升。從規範生性而言，荀子之積僞論有他的道理；然就人何以選擇直道而言，孟子歸諸天生固有仁義禮智之心，亦有其「道德形而上學」的依據。孟荀對性的爭議，與其說是對性本質的爭辯，毋寧說他們是在「直覺」與「徵知」方法上的爭論。《論語》中孔子言性極渾樸，僅以實然之性爲基，對它做一種轉化與提升，認爲人應該直道而行，這是一種成德的工夫論，而無關乎本質或方法的爭辯。孔子論心，不說「仁，人心也。」而說「從心所欲，不踰矩。」、「其心三月不違仁。」、「君子有九思……見得思義。」、「見利思義」（14·12），貫串起來孔子所言之「心」是從思、欲論；心不是仁，故有違仁的事實，因此，在修養上強調「不踰矩」（禮）、「不違仁」、「思義」，但修養到了極致，心與仁、禮、義、智不二。荀子引《道經》說：「人心之危，道心之微」（〈解蔽〉）後世遂以心有人心與道心之別，人心卽心理學所指的實然之心，道心指道德學上的應然之心。觀孟荀之論心，孟子以「道心」爲心，荀子以「人心」爲心，故在修養論上一爲存養擴充論，一爲待學積僞論。孔子所言之心，純從心之思、欲、志、知、情等「能」之作用面看，不從道、義、利、德、色等「所」之內容看，若配合孔子的學習主張，作者推斷它應當指後天的人心而非先天的道心。孔子論人格，最簡明的劃分是君子與小人，若細分有斗筲之人、士、君子、聖人四等，其他人格的殊名是就某人具有某德而立名，當可化入前述二等或四等之中。這種人格等級的劃分基本上是預設人可依其意志努力修養，逐漸轉化、提升其人格，故有道德實踐上的意義。孔子論人物基本上採取德與功二個評價範疇，堯舜禹是有德有功的人物，泰伯、殷之三仁、伯夷、叔齊是有德的人物，管仲於禮不免有失，孔子却以其相齊桓公有維護華夏文化之功而許其仁，齊景公無德，衞靈公無道，最嚴厲的是責備他的故友原壤既無德又無功，「老而不死，是爲賊。」，由於功有待於時位，不可必得，唯獨德是求諸己、無待於外、事功之基，故特取爲評論人物的標準。歷史上有這樣的人各置於前述人格等級之中，證明了人格的劃分不是沒有意義的，也說明了人無已成固有的本質。人是待成者，人以其所做所爲爲本質，只要人有志爲君子，肯爲君子，則必成君子。最後，作者分析君子之所以爲君子，其德有四，卽仁、義、禮、智。「德」是就行爲的價值言，「道」是就行爲的標準言，道與德名異而實同。道德映顯在己、事物、人、天而有不同的德目或德行，均可被攝入仁、義、禮、智之中，形成一個道德概念系統，從這個系統我們知道君子如何待己、對事物、待人與對天，基本上含蓋道德人文與宗教二個層面。作者相信：透過以上六項的分析，孔子對人的看法已朗然在目；孔子認爲人同時存在事實界與價值界之中，人一方面是個自然人，他不得不順從自然法則，可是他又是個道德文化人，甚至是個宗教人，他要追求道德文化的理想價值和宗教生活。在價值界裏人人各有一價值世界彼此「道並行而不相悖」，有了這個精神價值作主導，落在現實世界裏可以「和而不同」「羣而不黨」，這樣的人就是君子，若現實世界裏人人都是君子的話，那麼這個世界就會變成大同世界。

二千四百六十五年來，孔子對人的看法左右了中國人的人觀。至於人是什麼？作者認爲它是人類自身最大困惑的問題，人永遠會問：人是什麼？對此解答，古今以來有幾個方向，一是由外而內的科學進路，一是由上而下的宗教信仰進路，另一是由內而外，由下而上的人類本身自覺進路，孔子所採取的是最後這個途徑。就探討進路來說，孔子的進路是道地的人文進路，是最能扣緊人的特質的進路，其優點在此，其缺點也在此，由於未能深入人的實然層，似乎也疏於宗教層，雖然宗教層由後來的《中庸》、《孟子》所補足，但至今，儒家在實然層上的探討還是不足，這就會影響到孔學在道德文化面上的開展。我們要發揚孔學，就應徹底地反省孔學，補足孔學。

孔子思想中的持衡之言與補弊之教

一、前　言

孔子思想的眞面目到底如何呢？事實上，自孔子的七十二弟子開始就有爭論，同是儒家的孟子和荀子，所了解的孔子思想就未必相同。韓非子就曾說過：

世之顯學，儒墨也。儒之所至，孔丘也。……自孔子之死也，有子張之儒，有子思之儒，有顏氏之儒，有孟氏之儒，有漆雕氏之儒，有仲良氏之儒，有孫氏之儒，有樂正氏之儒。……故孔墨之後，儒分爲八……取舍相反不同，而皆自謂眞孔墨，孔墨不可復生，將誰使定後世之學乎？（〈顯學〉）

誠然，了解一個人的思想本來就非易事，更何況是距今約二千四百六十五年前（以孔子卒年算起），而且記載文獻並不多的孔子思想呢？雖然如此，作者願本多年來研究孔子思想的心得，抉發孔子言論中的二大類別：持衡之言與補弊之教。

二、孔子思想中的持衡之言與補弊之教

作者以「孔子思想」一辭，汎指孔子的言論及著述所表達的看法，基本上是以《論語》及《公羊傳》所傳述孔子春秋義爲根據，此乃見於《論語》是孔門弟子記載孔子平日言行的直接記錄，而《春秋》乃是孔子晚年的親筆著作，以春秋義口授弟子相傳而來。今欲據此而論孔子言論中有持衡一類與補弊一類。持衡與補弊二個概念的認清，對理解孔子學說極有幫助。以春秋家分析孔子的思想的用語而言，卽所謂微言大義是也。微言之所以微，在於不易把握，此可以說是孔子之志，孔子的理想所在，孔子言論中凡是就道理本身上說，超越時間空間而立論之原理原則，便是作者所指的持衡之言。持衡之言，通萬世而無弊者也。而大義之所以爲大，乃明白確切，針對特定時間空間所發生的問題，或是對治特殊個人在處事修養上的偏差諸言論，卽作者所謂的補弊之敎，此是偏重之言，非用以通萬世者也。以下計分十一目，縷列原文，加以判別。

(一) 進與退

《論語・先進篇》載：

子路問：「聞斯行諸？」

子曰：「有父兄在，如之何其聞斯行之？」

冉有問：「聞斯行諸？」

子曰：「聞斯行之！」

公西華曰：「由也問聞斯行諸，子曰：有父兄在。求也問聞斯行諸，子曰：聞斯行之。赤也惑，敢問。」

子曰：「求也退，故進之；由也兼人，故退之。」（11・22）

由此，孔子的答話顯然有二個層次，第一層次是針對子路兼人、好強、急進的一偏個性，與冉有愼行謙退的個性予以對治的開導，這種對症下藥的言論便是補弊之教，此種言論很明顯不能適用於世上任何一個人。然在第二層次的答話是顯示所對治的理由，由此理由，當可看出孔子對個性教養的理想性，亦是指出人的行爲應合乎「進退得宜」的理想原則，這便是可以垂諸萬世的持衡之言了。

（二）思與行

〈公冶長篇〉載：

季文子三思而後行，子聞之曰：「再，斯可矣！」（5・20）

〈衞靈公篇〉：

子曰：「人無遠慮，必有近憂。」（15・12）

依此兩章，孔子的意思認爲季文子是個過份愼行的人，過份愼行，難免優柔寡斷，對於事情的推行是極爲不利的，就個性的修養上認爲這是一種缺點，所以，孔子對於季文子偏向的個性寄予「再」思便行的話，叫他不必三思（想得太多），但不是叫他不思，思仍然是行的先前步驟，所謂「愼思，明辨，篤行」是也。其次一章，孔子到底是對誰說，已無法知道，然孔子所說的話必有所對，決非無緣無故說出這句話，因此，可以推想，這句話是告訴人不可以不深思。深思與再思都是補弊之敎。人不可以無思，這是面對難以預料的宇宙變化中，人爲了追求生存所產生的一種憂患意識，這是儒家思想特質的一面，故無思誠然不可，然要思得恰當，這是人間世的持衡之言。

(三) 言與行

〈里仁篇〉：

子曰：「古者言之不出，恥躬之不逮也。」（4・22）

子曰：「君子欲訥於言而敏於行。」（4・24）

〈憲問篇〉：

子曰：「其言之不怍，則爲之也難。」（14・20）

子曰：「君子恥其言而過其行。」（14・27）

依此四章，孔子的意思是以一般人都犯了言過行的毛病，因而教人，做了再說，少說多做，以免失信於人，爲政府的領導者更不可失信於民。如果說一個人信口開河，在說話的當時一點也沒有惟恐失信於人的愧疚感，那麼等到他實際去履行的時候也就面臨很多困難了。所以，孔子勸人訥言敏行這是一種補弊之教。

〈爲政篇〉：

子曰：「人而無信，不知其可也，大車無輗，小車無軏，其何以行之哉？」（2・22）

〈衞靈公篇〉：

子張問行。子曰：「言忠信，行篤敬，雖蠻貊之邦行矣！言不忠信，行不篤敬，雖州里行乎哉？立，則見其參於前也。在輿，則見其倚於衡也，夫然後行。」子張書諸紳。（15・6）

孔子之意，言行合一是普遍的爲人原則，這些話雖是對子張所說，可是並非對治之言，而是稱理而說，故是持衡之言。孔子對「說話」這件事極爲注重。孔子說過「不學詩，無以言」（16・13）「不知言，無以知人」（20・3）除非人有一天可以不說話而能傳達消息，否則說話這件事不可不謹愼。

〈衞靈公篇〉：

子曰：「可與言而不與之言，失人。不可與言而與之言，失言。知者不失人，亦不失言。」（15・8）

「知者不失人，亦不失言」，誠然是持衡之言。

（四）學與思

〈學而篇〉：

子曰：「學而時習之，不亦說乎！有朋自遠方來，不亦樂乎！人不知而不慍，不亦君子乎！」（1・1）

〈陽貨篇〉：

子曰：「由也！女聞六言六蔽乎？」對曰：「未也。」

「居！吾語女。好仁不好學，其蔽也愚；好知不好學，其蔽也蕩；好信不好學，其蔽也賊；好直不好學，其蔽也絞；好勇不好學，其蔽也亂；好剛不好學，其蔽也狂。」（17・8）

〈衞靈公篇〉：

子曰：「吾嘗終日不食，終夜不寢，以思，無思，不如學也。」（15・31）

《論語》開宗明義即明示「學而時習之」，「學」在儒家義理上有甚深要義，人生須要一連串的學習，學做人，學做事，「學」的重要性自不待言。就學做人而言，好「仁」、「知」、「信」、「直」、「勇」、「剛」諸德而不好學者必有「愚」、「蕩」、「賊」、「絞」、「亂」、「狂」之蔽，加上只思而無益的個別經驗，遂有給人孔子之教是偏向學的，除非天縱之聖，不學而知，不習而能，否則絕大多數的人是需要學習的。孔子有時重視學習甚於思考的這些論斷，都是補弊之教，這是對於不好學的人的說教，對學習有偏向的人的對治，對於只思不學的人的提醒，其實孔子另有說法。

〈為政篇〉：

子曰：「學而不思則罔，思而不學則殆。」（2·15）

這可以說是學思並重的主張，是持衡之言。孔子心中有此一持衡見解，見人知學不知思，則對治以思。知思不知學，則對治以學，這是可以逆料的。

（五）博與約

〈子罕篇〉：

顏淵喟然歎曰：「仰之彌高，鑽之彌堅。瞻之在前，忽焉在後。夫子循循然善誘人，博我以文，約我以禮，欲罷不能，既竭吾才，如有所立卓爾。雖欲從之，末由也已。」

（9・11）

〈雍也篇〉：

子曰：「君子博學於文，約之以禮，亦可以弗畔矣夫！」（6・27）

從這兩章裏，知道「博」「約」是二種方法，「文」「禮」是二件事物。就方法的一面看，博與約的各別運用都有限制，只「博」易流於漫無所歸，只「約」易流於要而不詳，若能博而約，能約而博，博約互濟，當是方法學中之善者，此學習方法上的最佳法則，是爲持衡之言。再就「文」、「禮」兩件事物而論，「文」指知識，「禮」指道德規範，對這兩件事物都能注重，既重知又重行，知行合一兩不偏亦是人生哲學中的普遍法則，此是持衡之言，足以垂範萬世。

（六）文與質

〈八佾篇〉：

子曰：「人而不仁，如禮何？人而不仁，如樂何？」（3・3）

本章指出做一個人如果沒有內在的仁質、善良的心，而只有在形式上，表面行爲上合乎禮樂節文，如何稱得起禮樂呢？換句話說，一個人沒有善良的本質爲基礎，一切的文飾均沒有多大意義，可見孔子重視人的內在本質甚於外在的文飾。這是對治鄉愿的人的說法，也是教人重視人的善良本質，故這句話是補弊之教。然而

〈憲問篇〉：

子路問成人。子曰：「若臧武仲之知，公綽之不欲，卞莊子之勇，冉求之藝，文之以禮樂，亦可以爲成人矣！」（14・12）

可見要作一個「成人」是不能沒有「文之以禮樂」，禮樂之文是「成人」條件之一，此處禮樂之不可或缺之言，確是補弊之教，然此補弊之教與前者之補弊之教是不在同一層次上的認定，若再看下一章

〈雍也篇〉：

子曰：「質勝文則野，文勝質則史，文質彬彬，然後君子。」（6・18）

對做一個君子來說，文質兩面都要兼顧，此句以「文質彬彬」作爲君子的德行，是可放諸四海皆準的。孔子拈出這個完美人格的典型，乃人格修養的目標，故此句作爲持衡之言，最爲的當。

（七）仁與智

〈里仁篇〉：

子曰：「仁者安仁，知者利仁。」（4・2）

〈雍也篇〉：

子曰：「知者樂水，仁者樂山。知者動，仁者靜。知者樂，仁者壽。」（6・23）

〈子罕篇〉：

子曰：「知者不惑，仁者不憂，勇者不懼。」（9·29）

〈述而篇〉：

子曰：「若聖與仁，則吾豈敢？抑爲之不厭，誨人不倦，則可謂云爾已矣。」（7·34）

《孟子·公孫丑上》：

昔者子貢問於孔子曰：「夫子聖矣乎？」孔子曰：「聖則吾不能，我學不厭而教不倦也。」子貢曰：「學不厭，智也，教不倦，仁也。仁且智，夫子既聖矣！」（《孟子譯注》3·2）

就所引前三章，「仁」、「知」（智）並言，「勇」字僅同陪列一次。由此發現上論中，「仁」是諸德之一，並未成爲含衆德的概念，如後世儒者所推演者然。但以「仁」含攝他德的用法，在下論中出現不少，若將《論語》中此仁字的意義作統一的解釋誠屬困難。今將上、下論合而觀之，上論當不出孔子弟子之實錄，至於下論則當係孔子弟子以下之門人後學所記，因承孔子重「仁」思想之發展，乃將「仁」之一字予以廣義延申，致將「仁」字地位不斷地提升，漸居諸德之上。❶遂含攝衆德。故今爲了解孔子思想之原義，在上下論中，作者則採上論把「仁」作爲諸德之一的用法。依前所引資料，看出「聖」較「仁」在德目爲高一層次，依子貢的說法，聖是仁且智，仁

❶ 胡志奎《論語辨證》頁一〇七～一三三。

智兼備者爲聖人，仁人其德雖高，在孔子思想體系中當安排在次聖的地位。從人格修養的高低上看，依《論語》所用名詞可依次由善人、士、仁人、君子、賢人、聖人往上排列。雖然，在《論語》中，孔子談「仁」最多，有些人以概念統計法論斷孔子思想就是仁，以仁來概括一切，這是受後世儒者影響的說法，孔子原本的思想當非如此。孔子談到「仁」，且不隨便許人以仁或自稱，在修養上誠高，終非究極，若依此而論，仁且智的聖人才是孔子理想中最完美的人，聖是最高的理想，是持衡之言，而仁或智僅是聖之一端，就成聖而言，智者有待修仁，仁者有待修智，單獨言「仁」，言「智」均是補弊之教。〈陽貨篇〉裏有一章值得注意：「……好仁不好學，其蔽也愚。」（17．8）此所謂「好學」或可指「智」（「好學近乎智」、「學不厭，智也。」）或可指「禮」，或可指「義」（君子義以爲上），然「義是質，禮是文」、「知（智）是義所從出，是義的基石」❷〈禮運〉：「仁者義之本」，於是「智」、「禮」、「義」三者關係極爲密切。用「智」，言其知時。用「義」，言其適宜。用「禮」，言其規範。故有言「仁禮合一」者、「仁義合一」者，爲孔子之一貫之道，作者承前分析，以「仁智合一」爲孔子原本最上勝義，爲持衡之言，而以仁或智諸單說看作是孔子之補弊之教。

以上諸項分析均以內聖學之內涵：博學、審問、愼思、明辨、篤行爲主，欲以呈現孔子內聖之學之教的二個層面，凡是《論語》中隸屬此項之孔子之言，均可判爲孔子「持衡之言」與「補

❷ 陳大齊《孔子學說》頁一六三、一七三。

弊之教」兩項。

其次，論外王學中的此項分別。

（八）微言與大義

《春秋·公羊傳》於隱公「元年春王正月」發「大一統」之義，為何發此義？依傳，孔子作《春秋》是為撥亂反正，故必是針對當時「禮樂征伐自諸侯出」「陪臣執國命」，「王命不行」之史實而發，天下分崩離析，猶待定於一，一即一統，《春秋》重視天下一統之義，即是一種補弊救偏之論。傳文中頻發「王者無外」（隱公元、桓公八、僖公二十四、成公十二年）、「王者無求」（桓公五、文公九年）、「王者無敵」（成公元年）以「王」之義為人人所歸往，則以上三義確是理想之論，列為持衡之言可也。又「《春秋》內其國而外諸夏，內諸夏而外夷狄，王者欲一乎天下，曷為以內外之辭言之？言自近者始也。」（成公十五年）「天下遠近大小若一」（隱公元年冬何休《解詁》）當作王者經綸天下之大法則，則由內而外之步驟，斯理不易，亦為持衡之言，若單舉一目以為法則，則當作應時之需，必有如斯主張者，是拘於一時之義，可判入補弊之教之列。《春秋》「大居正」（隱公三年）者，以本意而言，指宗法制度下君位之繼承以「立適子」為正，此有其時代背景，究竟「居正」之主張係亦針對君位之篡奪而發，故列入補弊之教。「《春秋》君弒，賊不討，不書葬，以為無臣子也。」（隱公十一年冬）依此而論，君臣以義合，《論語·八佾篇》：『定公問：『

君使臣，臣事君，如之何？』孔子對曰：『君使臣以禮，臣事君以忠。』以先秦「君臣」之概念而言，君臣平等，君臣乃職務之不同，在人格上完全平等。〈顏淵篇〉「君君、臣臣、父父、子子」就其理想義而言，焉非治國平天下之大義，故亦當視爲持衡之言。《春秋》譏紀侯娶妻不親迎，書「《春秋》之始也」（隱公二年九月），明示娶妻親迎爲禮，示男先女之義。何休註云：「《春秋》，正夫婦之始也。夫婦正，則父子親，父子親則君臣和，君臣和，則天下治，故夫婦者，人道之始，王教之端。」（隱公二年九月）雖此義容有周朝制度之背景，然斯禮背後之義，終是人道之至理，此非持衡之言可乎？隱公三年夏四月辛卯，經書「尹氏卒」，傳云：「尹氏者何？天子之大夫也。其稱尹氏何？貶，曷爲貶？譏世卿。世卿，非禮也。」回顧歷史，孔子所見之世，大夫專政，其乃由世襲而來，卿大夫爲官，必得是賢，若世襲之，已不保任賢之禮制，故孔子斥爲非禮，當針對史實而發，譏世卿當是補弊之論，而世卿終背舉材任賢之道故也。《春秋》所示之義甚多，〈太史公自序〉：「夫《春秋》，上明三王之道，下辨人事之紀，別嫌疑，明是非，定猶豫，善善惡惡，賢賢賤不肖，存亡國，繼絕世，補弊起廢，王道之大者也。」（《史記・太史公自序》），如斯之義，《春秋》之道乃欲顯人類之正道，則持衡之言是也。

（九）因與革

就文化之變遷而論，《論語・爲政篇》：

子張問：「十世可知也？」子曰：「殷因於夏禮，所損益，可知也；周因於殷禮，所損益，可知也。其或繼周者，雖百世，可知也。」（2・23）

這種文化因襲損益論，證之於今之考古學研究成果，確知此觀點之正確性。此章孔子純就文化變遷事實之言，有永恒性，視爲持衡之言可也。

（十）美與善

〈八佾篇〉：

子謂韶：「盡美矣，又盡善也。」謂武：「盡美矣，未盡善也。」（3・25）

此章孔子論音樂之美善，以舜樂所表現的不但音律美，而且舜受堯禪讓而治天下，恭己正南面，爲政之典型，故其內容盡善，而周武王之樂，音律雖美，但在內容上是表現討伐商紂的事蹟，不免有殺伐之氣，薄於仁，故未盡善。孔子在政治上贊美堯舜之禪讓政治，以堯舜之道乃出於公天下之心，選賢與能，是爲盡善盡美，孔子特別贊美「讓」，《尚書》删自〈堯舜二典〉，《春秋》託隱公言讓，同一條貫，呈其密意。禪讓係針對奪取而來，讓不以正，亦不予，故當仁不讓，以仁爲至公之心也。盡美盡善，美善合一，當爲孔子理想所寄，爲持衡之言是也。

（十一）仁與禮

〈八佾篇〉：

林放問禮之本。子曰：「大哉問！禮，與其奢也，寧儉；喪，與其易也，寧戚。」（3．4）

子曰：「周監於二代，郁郁乎文哉！吾從周。」（3．14）

子曰：「人而不仁，如禮何？人而不仁，如樂何？」（3．3）

按史實，孔子當時是禮壞樂崩的時候，對禮樂的本身重新加探討，發現禮樂的內在本質在於仁——眞實的情感，有了眞實感情，加上禮文，顯得文質彬彬，若是不能兼備，寧取其質而略其文，此是以上三章之大義。文質彬彬，理想也，是爲持衡之言，而若不能兼備，寧取其質，乃針對虛文之對治主張，斯爲補弊之敎也。

三、結論

由以上的分析，當可發現孔子言論中有持衡之言與補弊之敎的分別。而所謂的持衡之言，都是屬於孔子理想論，而補弊之敎乃針對時代的毛病，個人的氣質，或做爲一個君子其不可或缺之德而言。孔子在禮壞樂崩的春秋時代的晚期，毅然以一士大夫的身份，對時代危機做深刻的探討，發現中國文化悠久傳統中所嚮往的「道」理念，於是「祖述堯舜，憲章文武」（《中庸》）。

在現實政治上自知不能見用，始專心授徒，從事典籍的整理，講授詩書禮樂，並賦予一新的詮釋，配合平民憑知識德能進升仕途的機緣，孔子的思想得到廣泛的流傳。於此，我們看出孔子上承古代王官學，集其大成，下因應時代，提出補弊救偏之論，遂爲諸子之首，這便是孔子身逢危機的時代所擔當的確切角色。

由孔子的思想談教育的藝術

當我們看到某個人在社會上胡作非爲的時候，老一輩的長者會說：「那個人簡直沒受過教育！」時下的人會說：「現在的教育失敗了！」前者是對某個人行爲的評價，後者是對整個社會的不良風氣作原因的說明。從這二句話，我們可以繼續闡發其欲說而未明白說出的意思，那就是說：教育是關涉到一個人的行爲是否端正，品德是否高尚，而且更涉及到整個社會的風氣是否良好。教育的目標是在培養健全的國民人格與生活技能，進而傳遞民族文化的生命。可是要如何達到教育的目標呢？這就要有完善的教育方法，方法是巧妙變化，存乎一心的，因此，也可以說是一種藝術。所以我們就以「教育的藝術」來稱呼「教育的方法」，似乎更能表達教育的靈活性。

在《論語》裏記載了二章有關孔子教育的藝術：

㈠ 子曰：「不憤不啓，不悱不發。舉一隅不以三隅反，則不復也。」（7・8）

㈡ 子路問：「聞斯行諸？」

子曰：「有父兄在，如之何其聞斯行之？」

冉有問：「聞斯行諸？」

子曰：「聞斯行之。」

公西華曰：「由也問聞斯行諸，子曰，『有父兄在』；求也問聞斯行諸，子曰，『聞斯行之』。赤也惑，敢問。」

子曰：「求也退，故進之；由也兼人，故退之。」（11．22）

從第一章裏知道孔子的教育的方式是特別著重受教育的心裡狀況，假如學習者在學習的過程中不是心中有了問題疑難而未得以解答，絕不會去點破他的疑難，不是在表達上發生難以出口的困難，絕不會協助他把問題說清楚，如果指點了他，他却不能舉一反三，就不再教他了。很顯然，這種教育是啓發式的教育，而不是注入式的教育。有人說：孔子是平民教育的創始者，有教無類，怎麼可能不再教他呢？吳康先生說因爲那個人「非愚則惰，雖復爲講說，亦無益於事，此爲孔子立教之微意也。」❶或許孔子不復教之却正是一種反面教育。在《論語》裏有一章記載了「孺悲欲見孔子，孔子辭以疾。將命者出戶，取瑟而歌，使之聞之。」（17．20）後來孟子在〈告子下篇〉裏曾說：「教亦多術矣！予不屑之教誨也者，是亦教誨之而已矣！」（《孟子》12．16）孺悲這個人孔子託說身體違和不想見他，然却在他踏出大門一戶時故意取瑟高歌，表示孔子身體好好

❶ 吳康，《孔孟荀哲學》上冊（臺北：臺灣商務印書館，民國六十一年五月二版），頁五六。

的，這是欲令孺悲自我反省道：「爲什麼孔子不想見我呢？我有什麼令他不想見的理由呢？能造成一次令孺悲自我檢討的機會，這也許就是孟子所說的「不屑之敎誨」的一種「敎誨」。教育的藝術，正奇交替，達到教育的目標就是最巧妙的方法。在第二章裏，公西華的問話中對孔子的教育到底有沒有固定的方式感到困惑，可是孔子回答他，教育是有不變的目標却沒有不變的方法。不變的目標便是指導學者成爲一個完美人格的人，一個性急的人在處理事務的時候應該多問問別人，一個慢性子的人應該當機立斷，故當老師的人教導學生就好比醫師對病人施藥，虛者補之，實者瀉之。在使受教者在人格上有健全的發展的前提下，剛柔並濟，適時應用是對的，固執的應用純剛（打罵教育）或純柔（溺愛教育）都是教育失敗的原因。孔子終日栖栖，大發讜論，並不是爲了仗恃個人的好口才而是痛心世人固執不知變通呢！（見《論語》14．32，孔子說：「非敢爲佞也，疾固也。」）

孔子的學生對孔子一生有二章描述。一章載「子不語：怪力亂神」（7．21）。另一章載「子絕四：毋意、毋必、毋固、毋我。」（9．4）這裏可以看出孔子的教育精神是文化的理性主義的精神，而其教育的方法正是靈活萬變，不固執、不拘泥、守經達變的藝術。反觀時下，教育已喪失理想目標，隨著世俗的價值在翻滾，教育的方法已教條化，教師已喪失了教學的主體性，文化的生命將隨著近百年來的「急功近利」、「喪失自信」而衰、滯、疾、滅。當今的我們不感覺到這是民族的危機、社會的危機嗎？在教育的這一環上，我們建議要重新檢討我們現有的教育目標和教育的方法。

孔子思想研究上有關方法與取材的檢討

就中國學術思想來說，儒、釋、道三家的思想就是它的三大內容，一般學者共同確認其中儒家思想是中國學術思想的主流，而儒家思想中的孔子思想更是主流中的核心。如果欲了解中國學術思想，那就非深刻地研究孔子思想不可。孔子思想的研究自漢朝開始就變成一個重要的課題，透過學術思想史的觀察，孔子思想的面貌歷代均多少有點不同，那麼孔子思想的眞面目到底是什麼呢？作者認爲從各時代研究孔子思想的方法和取材上看，多少可以透露出孔子思想面貌之所以不同的形成因素。以下，作者將對這個問題作概略的探討，並指出在今日研究孔子思想的理想途徑。

孔子思想的眞面目到底怎樣？事實上，從孔子的弟子開始就有爭論，❶戰國中晚期就出現了

❶《論語・子張篇第十九》。子夏之門人問交於子張。子張曰：「子夏云何？」對曰：「子夏曰：『可者與之，其不可者拒之。』」子張曰：「異乎吾所聞：君子尊賢而容衆，嘉善而矜不能。我之大賢與，於

二位大儒，先是孟子，後是荀子，二位均以孔子爲效法對象，舖陳孔子思想，衆所周知，其學說是有不同的。韓非子在〈顯學篇〉裏就指出當世顯學的儒家自孔子死後就分爲八派，取舍相反不同皆自謂眞孔學。❷嚴格說來，子夏與子張、孟子與荀子的不同是繼承孔子之敎的不同，而不是研究方法與取材上學術研究上的不同。稍爲對孔子有研究的人就知道：孔子以詩書禮樂教弟子，這是「子以四教：文、行、忠、信」中的「文」，「文」是有文獻作根據的。孔子之後，學孔子者就秉持這些文獻來研究，特別會心於其中的某些道理，譬如，孟子精於詩書，而荀子精於禮樂❸爲什麼二位各有所專精？大概可歸諸二位大儒的性情不同。不同的性情對孔子所留傳下來的學問就有不同的品味、領會而各有專精了。孟子情勝，最能領會孔子「仁」的思想，所以講不忍人之心與不忍人之政，這種思想可追溯至曾子、子思一派的傳承。荀子理勝，看重孔子「禮」的

(續)人何所不容？我之不賢與，人將拒我，如之何其拒人也？」從這一章可以看出同樣傳孔子交友之道，可是子夏重「禮」的檢別，子張重「仁」的含容。依孔子因材施敎的原則，子夏子張均把聞諸孔子私人所得，當作指導學生的理論根據。

❷ 《韓非子・顯學篇》：「世之顯學，儒墨也。儒之所至，孔丘也。……自孔子之死也，有子張之儒，有子思之儒，有顏氏之儒，有孟氏之儒，有漆雕氏之儒，有仲良氏之儒，有孫氏之儒，有樂正氏之儒。……故孔墨之後，儒分爲八……取舍相反不同，而皆自謂眞孔墨，孔墨不可復生，將誰使定後世之學乎？」

❸ 章太炎，《國學概論》（臺北：五洲出版社，民國六十一年十一月出版）頁五一～五二。

思想，所以講「隆禮義而殺詩書」❹、祖孔子而宗子弓❺。由此可見他們心目中的孔子思想多少是有些不同的。

儒家學術的開展，到了秦朝受到很大的壓制，特別是焚書坑儒之舉，幾令學術生命中斷，不幸的是楚霸王項羽的一把火把阿房宮燒盡，連帶地也將皇室圖書館中的圖書焚毀了。漢朝興起，設五經博士官，講授五經，除挾書令，徵求散佚圖書，急欲恢復先秦學術。在這個階段講授儒學，有依新發現的故籍者，有依輾轉口說者，到了西漢末年引起了今古文學之爭。依周予同《經今古文學》的研究論著，其爭論的焦點分別如下：今文學者尊孔子爲受命之素王、視孔子爲哲學家、政治家、教育家，以孔子爲託古改制者，以六經皆爲孔子作，以《春秋公羊傳》爲主，爲經學派，信緯書，以爲孔子微言大義存乎其間。而古文學者則尊孔子爲先師，視孔子爲史學家，以孔子爲信而好古、述而不作，以六經爲古代史料，以周禮爲主，爲史學派，斥緯書爲誣妄。❻作者曾對此爭論加以反省，認爲今文學者是側重孔子精神主體創造面，注意孔子思想之所以然的探究；而古文學者是側重孔子歷史傳承面，注意思想所寓的文獻上所然的研究。如實說來，二派觀

❹《荀子・儒效篇》。這句話是「抬高禮義的地位而降低了詩書的地位」的意思。

❺《荀子・非十二子篇》中曾批判子思、孟軻，而尊仲尼、子弓。仲尼、子弓可能就是荀子思想傳承的來源。子弓有人說是孔子的學生冉雍仲弓、有說是傳《易》的馯臂子弓。

❻周予同，《經今古文學》（商務，國學小叢書）頁一二～一三。

點均沒有擺脫自己的立場，所以，難免淪爲一偏之見。其實，孔子思想有繼往開來的性格。就六經而言，詩書禮樂乃是古代典籍，而爲孔子所刪定，孔子之刪定必有其主觀的取捨標準，這樣留下來的詩書禮樂，雖非孔子的創作，可是確蒙上孔子的精神色彩。《易》原爲卜筮之書，依孔子有讀《易》、贊《易》、傳《易》的史實（見《史記・孔子世家、儒林列傳》），則《易經》也難說跟孔子沒有關係。《春秋》乃依魯史舊文筆削而成，是孔子藉史書體裁、發表政見的一部書❼錢穆先生在〈孔子與春秋〉一文中曾說隋唐以前人研究孔子，《春秋》尤重於《論語》，直到宋代二程和朱子才提高《論語》地位超過《春秋》，清代乾嘉以後，又回過頭來，《春秋》重過《論語》，只有最近幾十年，一般人意見似乎接近程朱，研究孔子都重《論語》而忽略《春秋》，如今研究孔子，《論語》誠然是一部必要的典籍，但《論語》乃孔子門人弟子記載孔子平日言行的一部書，而《春秋》則是孔子自己的著作，也是晚年唯一的著作，所以，我們研究孔子，至少不能不注意到《春秋》。❽因此，作者認爲欲研究孔子思想，傳承孔子春秋學的《公羊》、《穀梁》二傳宜加採擇。

---

❼　《易》與《春秋》跟孔子的關係，宋以來就有爭論，基本上有人懷疑《孟子》及《史記》的說法，也有人相信《孟子》及《史記》的說法。此段因緣可參閱何定生之《定生論學集》中〈孔子的傳記問題與六經〉一文。（幼獅，民國六十七年七月出版）。

❽　錢穆，《兩漢經學今古文平議》（臺北：東大，民國六十七年七月臺再版），頁二三五～二八三。

宋明二代研究孔子，特別注重《易傳》、《大學》、《中庸》、《論語》、《孟子》諸書，用體認的方法遙契孔子的「內聖」學。明道（大程子）先生嘗說：「昔受學於周茂叔（周濂溪），每令尋顏子、仲尼樂處，所樂何事。」❾所謂尋孔顏樂處，豈非以自己主觀體認爲方法研究孔子思想？周濂溪乃宋明儒學的開山祖師，其所運用的方法爲後人開出一新方向，於此可見。就以朱子特重「道問學」之路來說，雖較注重資料的明辨，但在理解孔子上乃歸結於居敬窮理，依然不外周子的大方向。以主體時時用工夫去體認天理，乃是宋明儒學的基本學術性格。作者以爲以主觀體認的方法作爲研究孔學的入路，容易以自己的意見爲孔子本意的弊病。可是，如果在客觀材料解明之後，不能濟之以主觀體認，終究是得其貌而未傳其神，僅知所說而未知其所以說。再者，以他們所依據的材料而論，除《論語》外，把其他材料充作孔子思想的內容，就有失之寬泛的嫌疑。

有清一代，其研究方法除兩漢、宋明所運用的方法外，考據學的運用特別發達，注重資料眞僞的考辨，此誠是客觀地研究孔子思想的基本工作，但絕非終極之務，此種方法失之瑣碎，而難望有全面貫通的理解。清末，公羊學派的復興，似乎是漢代今文學立場的翻版與擴大，其失在過於主觀，無端造說，未免失實。

目前，研究孔子思想的學者有承乾嘉餘緒者，有運用邏輯解析其概念者，陳大齊先生之《孔

---

❾《河南程氏遺書》卷二上(又見《二程集》，臺北：里仁書局，民國七十一年三月二十五日出版，頁一二)

子學說》一書卽是此法運用的具體成果。有用西方哲學分類法、概念範疇處理者，亦有運用概念名詞之統計方法以論定孔子思想的本義，凡此所爲，各有殊勝，亦各有限制，未可執一而行。個人以爲研究孔子思想在取材上宜從嚴，最好以《論語》及《春秋》爲材料，先透過材料的客觀解讀，求其歷史中的孔子，然後再運用哲學方法重組孔子思想中的概念羣，觀其原理與應用，亦卽考察其原理論與對治論，繼之以體認。這種由客觀的解析、哲理的統合、與主觀的體認，三種方法的交互運用，折衷至當，當是研究孔子思想的理想途徑。

外篇

學道・思道・樂道

子曰：譬如爲山，未成一簣，止，吾止也。譬如平地，雖覆一簣，進，吾往也。（子罕）

子曰：學而不思則罔，思而不學則殆。（爲政）

子曰：知之者，不如好之者，好之者，不如樂之者。（雍也）

《論語・信近於義章》之研究

一、前　言

《論語・學而篇》第十三章：

有子曰：信近於義，言可復也；恭近於禮，遠恥辱也；因不失其親，亦可宗也。（1・13）

對本章之研究，作者在六年前，於評程石泉先生著《論語讀訓解故》一書之書評中略爲提及❶，惜未詳論；近適讀黃寶琪先生著《論語注疏疑誤辨正》一書❷感悟良多，鈎引多年思緒，欲重新對本章作進一步的探討。本章之問題涉及文字的誤衍、文句的錯簡、文義的誤訓三方面，今

---

❶《哲學與文化月刊》第二卷第五期　民國六十四年五月一日。

❷黃寶琪著《論語注疏疑誤辨正》　學海出版社　民國六十八年六月初版。

重新檢讀古今賢者注疏、研究成果，予以批評，並提出較圓滿的解釋。

二、文字是否有誤衍

本章依阮元《論語校勘記》於「亦可宗也」下注云：「皇本『宗』下有『敬』字」。❸皇本指梁皇侃《論語集解義疏》（簡稱《皇疏》）本外，其餘疏本如北宋邢昺《論語注疏》、清劉寶楠《論語正義》均無「敬」字。就以最早依據何晏《論語集解》而作疏的二本子——《皇疏》、邢昺《論語注疏》而論，所據之何晏《論語集解》亦各有詳略，就《論語集解》而言，《皇疏》所錄最詳而眞，邢昺《論語注疏》較略，其中異同涉及文義，待於檢討歷代訓解時再提出，今就《論語》本章而言，到底「宗」字下有「敬」爲眞？無「敬」爲眞？作者以爲於《集解》之引文，雖《皇疏》較詳細而眞，然於《論語》本章之引文恐涉《集解》而誤衍，其理由如下：

㈠《史記．仲尼弟子列傳》第七引有若之言爲「信近於義，言可復也；恭近於禮，遠恥辱也；因不失其親，亦可宗也。」亦無「敬」字。

㈡就字詞的使用與意含而言，「宗」字之使用較「宗敬」爲早，且「宗」字之引申義卽具有

❸ 清 阮元著 《論語校勘記》 《皇清經解》卷一一一六頁十。

「敬」、「尊」、「主」等義，古時措詞用字多單字使用，且無有以「宗敬」一詞作爲動詞之情形。按就「宗」字而論，作爲名詞用，則如：「卑讓，禮之宗也」（《左傳·昭公二年》）、「不離於宗」「以天爲宗」（《莊子·天下篇》）「宗」即「本」也。若作動詞用，則如：「君之宗之」（《詩經·大雅公劉》）此「宗」即有「敬」、「尊」、「主」之義。就含有「宗」字之詞而言，如「宗子」、「宗族」、「宗主」、「宗廟」、「宗器」、「宗伯」均爲名詞。而「宗敬」一詞僅出現於經籍中一次，即《禮記·內則第十二》：「夫婦皆齊（齋）而宗敬焉」，然依文理脈絡觀之，此「宗敬」是指「敬宗」之意，「宗」指「宗子」，周朝實行宗法制度，「適子庶子，祗事宗子宗婦」❹，故「宗敬」一詞無有用作動詞之處，今觀《論語》本章，若以「宗敬」爲是，則必違背早期語用之慣例。作者於是推斷「宗敬」一詞作爲動詞用，必非春秋時期的用法，而《論語》本章應以「亦可宗也」爲是。

㈢潘維城引鎭洋彭兆蓀《潘瀾筆記》云：「此章有韻文，古無四聲，『復』與『辱』固韻，『義』與『禮』亦韻也。『宗』古訓『尊』當有『尊』音。《春秋傳》『伯尊』或作『伯宗』，故與『親』爲韻。《易·大壯之兌》：『嵩高岱宗，峻直且神』是其證。」而說明「皇本『宗』下有『敬』字。……皇本似涉孔注而誤衍一字。」❺彭兆蓀以古語有韻爲言，「親」與「宗」對

❹《禮記·內則第十二。》

❺清 潘維城著《論語古注集箋》 見《皇清經解續編》卷九〇九～九二八。

韻，而與「敬」不對韻，推測「敬」字似涉孔注誤衍。作者以爲彭兆蓀之推測很有可能。皇本所用之《集解》云：「孔安國曰：『因，親也。言所親不失其親，亦可宗敬也。』」孔安國解「宗」爲「宗敬」，在行文或刊印時因注而誤衍於本章之中。

三、文句是否有錯簡

元陳天祥著《論語辨疑》對朱子注本章「因不失其親，亦可宗也。」一節「因猶依也；宗猶主也；所依者不失其可親之人，亦可宗而主之矣。」發生疑問❻進而引王滹南直謂此一節爲不可通，以爲：

「因」至「宗也」九字，蓋別是一章，首闕言者姓名，誤與上兩節合而爲一，故不通也。若自作一章，義理便圓。因猶依也，宗猶敬也，所依不失可親之人，既能取友必端，其爲人亦必端矣，故亦可宗敬也。「觀遠臣以其所主」卽此意也。

其所認爲不通的理由是：

「可以宗而主之」蓋謂受依之人可主，既言可親，又言可主，語意重複矣！「主」與「依」意相犯。

---

❻ 元 陳天祥著 《論語辨疑》 卷三頁八 見《通志堂經解》。

舊說：「宗，敬也」，既能親仁比義，不有所失，則有知人之鑒，故可宗敬也，此謂依之人可敬，於本段中大意則順，然與上兩節語意不倫。又所謂知人之鑒者止是能知他人之善，非能自有其善，不足以當宗敬之意，二說皆不完。

順陳氏之意，蓋以爲對此節之訓解只指出二種可能，一是依朱子之注，另是依舊注孔安國之說。若依朱注則此節「語意重複」，若依舊說則固可避免朱注「主」與「依」其意相犯之弊，於本段大意爲順，可是究與「上兩節語意不倫」。既然訓解只有這二種可能，但依這二種訓解又覺得不完備，進而同意了王滹南的見解，肯定了「因不失其親，亦可宗也」爲「別是一章」。

作者以爲陳氏不當對此僅取二種解釋於先，而推斷此節「蓋別是一章」於後，蓋假如有第三種可能的解釋出現，則陳氏之推論爲不合理可知矣！故除非有直接而堅強的證據顯示本節爲錯簡誤入本章，否則不可狐疑，更何況有第三種可能的解釋呢！其詳見後所論。

四、文義是否有誤訓

本段將對已往的訓解提出檢討，然而，訓解《論語》之著作甚多，無法巨細枚舉，今以具有代表性諸家爲主，旁及近人賢者之見解。經學史上以魏何晏之《論語集解》（簡稱《集解》）、梁皇侃之《論語集解義疏》（簡稱《皇疏》）、北宋邢昺之《論語注疏》（簡稱《邢疏》）、南宋朱熹之《論語集注》（簡稱《集注》）、清劉寶楠之《論語正義》（簡稱《正義》）五家之說爲代表，蓋《集解》乃魏以前各家說之集成，《皇疏》乃梁及以前之綜合，《邢疏》乃北宋初及以前的綜合，《集注》乃南宋初及以前的結晶，《正義》乃清道光及以前的集大成者。現依古代訓解章句之慣例，依序討論於後：

㈠信近於義，言可復也。

皇本集解：復，猶覆也。義不必信，信不必義也，以其言可反覆，故曰：近於義也。

邢本集解：復，猶覆也。義不必信，信非義也，以其言可反覆，故曰：近義。

現《集解》有皇邢二本，詳略可見，依清〈四庫全書總目〉所論，即今本《集解》是自邢昺以來流行之刊本，終究是原本之省文，而皇本較邢本爲詳，當是最合何晏《集解》之原本也。❼依何晏論語序云：「今集諸家之善，記其姓名，有不安者頗爲改易，名曰：《論語集解》」，則本節之《集解》未記解者姓名當是何晏改易前人的注解❽以爲馬融所說者❾非是。又古人解經常依章逐句訓解，不顧全章經義、文理是否通順一貫❿，凡註疏之體者亦不免有此缺失。依皇邢兩本

❼參見《十三經注疏》所附〈欽定四庫全書總目〉《論語正義》二十卷語云：「今本爲後來刊版之省文」。

❽參見《皇侃義疏》首章末云：「凡注無姓名者，皆是何平叔語也。」

❾依阮元《論語校勘記》於「故曰近禮也」下云：「按僞昌黎《論語筆解》，此節及上節（即本節所引者）註竝作『馬曰』。」

❿同❷頁三四。

之《集解》而言，對本節中之基本概念，除「復」字外，亦無明確的定義，依時論敷演，於今觀之，猶難曉其眞義，不免困惑之至，遂依皇邢二疏以究其意。

《皇疏》：云「信近於義，言可復也」者：信、不欺也。義、合宜也。復、猶驗也。夫信不必合宜，合宜不必信，若爲信近於合宜，此信之言乃可復驗也。若爲信不合宜，此雖是不欺，而其言不足復驗也。或問曰：「不合宜之信」云何？答曰：昔有尾生與一女子期於梁下，每期每會，後一日，急暴水漲，尾生先至，而女子不來，而尾生守信不去，遂守期溺死。此是信不合宜，不足復驗也。

註：「復猶」至「義也」。若如注意，則不可得爲。向者通也。言信不必合宜，雖不合宜而其交是不欺，不欺則猶近於合宜，故其言可覆驗也。

《邢疏》：《正義》曰：此章明信與義、恭與禮不同，及人行可宗之事。「信近於義言可復也」者；復、猶覆也。人言不欺爲信；於事合宜爲義；若爲義事不必守信，而信亦有非義者也。言雖非義，以其言可反復不欺，故曰近義。

注：「義不必信，信非義也」，《正義》曰：云「義不必信」者，若《春秋》「晉士匄帥師侵齊，聞齊侯卒，乃還」，《春秋》善之，是合宜不必守信也。云「信非義也」者，史記尾生與女子期於梁下，女子不來，水至不去，抱柱而死，是雖守信而非義也。

以上所錄，值得注意的是《皇疏》將《集解》之「復、猶覆也」改作「復、猶驗也」，皇侃不同意何晏的訓解可知，並以爲「若如注意，則不可得爲。」應依照自己前面所訓才可通（向者通也。）所以，他簡略地說：「言信不必合宜，雖不合宜而其交是不欺，不欺則猶近於合宜，故其言可覆驗也」。從語意上言，《皇疏》較《集解》爲順，但仍不免曲撓，這是因爲把「信」解作「不欺」的緣故。首先說「信（不欺）不必合宜」，語氣再一轉折說：「雖不合宜而其交是不欺」，進而道：「不欺則猶近於合宜，故其言可覆驗也。」如果說不欺猶近於合宜，以致其言可以得到驗證，則「猶近於合宜」一語顯成贅詞，以其不欺之故，不必因「猶近於合宜」而其言亦本可以得到驗證也。結果於「信近於義」一句，有解等於無解。所以《皇疏》以「信、不欺也。義、合宜也。覆、猶驗也。」解釋本節，除「義、合宜也。」外，均有疑義。

就《邢疏》而言，顯然不同意《皇疏》的新解，雖依本古注，亦對《皇疏》間有採擇，這可以從其「復、猶覆也。人言不欺爲信。於事合宜爲義。」得知。依《邢疏》的訓解，首先指出本節在說明「信」與「義」二概念的不同，其次說：「若爲義事不必守信，而信亦有非義者也。言雖非義，以其言可反復不欺，故曰近義。」此前一句正說明「義」與「信」彼此沒有必然的涵蘊關係，兩個概念的意含亦不相同，這一句疏解對本節並沒有作直接的解釋。後一句雖對本節有某種程度的解釋，但亦有令人困惑處，依此句，「近義」的主詞是「言」而非「信」，顯然違背本節的語法，若「近義」的主詞是「言」，則「信」解作「人言不欺」必不通，因爲就「人言不欺為信」而言，「信」與「義」均屬兩個不同的德目概念，彼此無所謂有近不近的說法，難怪宋儒趙順孫《論語纂疏》引輔氏曰：

此「信」本是「約信」，若只是「誠信」之「信」，則「信」是實理，豈有不近義者哉？⓫

雖然，輔氏之語囿於宋人理氣的觀念，但此項反問，的確道出《集解》、《皇疏》、《邢疏》的糾結。又將「復」解作「猶覆也」，而道出「其言可反復不欺」，現暫不考慮其言「不欺」如何，就「言」之「反復」而言，誠非美言。⓬古人最重言行合一之信，今引孔子之言為證：

古者言之不出，恥躬之不逮也。（4・22）

君子欲訥於言而敏於行。（4・22）

君子恥其言而過其行。（14・27）

人而無信，不知其可也。大車無輗，小車無軏，其何以行之哉？（2・22）

由孔子主張「訥於言」而恥「巧言」（5・25）便顯出反覆之言不足取，⓭以其不必信也。是故

⓫ 間接引自同❷，頁三七～八。

⓬ 同❷，頁四〇。

⓭ 批評「復」作「反覆」為不可通者，又可見於韓愈、李翺師生之言。《論語筆解》，韓愈撰，李翺著，范欽訂，卷上頁一云：「韓曰『反本要終謂之復，言行合宜終復乎信，否則小信未孚，非反覆不定之謂。』李曰：『……馬云反覆，失其旨矣』」。近讀《管子形勢第二》云：「必諾之言，不足信也」。「言而不可復者，君不言也。行而不可再者，君不行也。凡言不可復，行不可再者，有國者之大禁也。」由前後文觀之，「復」亦訓為「行」，且正符合本節之旨。

「其言反覆不欺」一語有矛盾，因其言反覆則不必信，又如何云不欺呢？歸結起來，《邢疏》將「信」解作「人言不欺」，「復」解作「猶覆也」爲不可通，若《集解》之意誠如《邢疏》所解，則《集解》早已播下不通的訓解了。

由以上的檢討，得知《集解》、《皇疏》、《邢疏》均顯得此通彼窒，其意難曉。現看朱子如何作註：

《集注》：信、約信也。義者、事之宜也。復、踐言也。言約信而合其宜，必可踐矣！

由朱子之注，知其不依古注，廓清疑慮，別作新解，似較前解明白易曉，但仔細推敲亦有值得商榷處。如元陳天祥評其注中「必」字下得太重，結意之語不全⓮。今人黃寶琪先生評其釋「近」爲「合」、「復」爲「踐言」爲非，而應以「近」爲「靠近、接近」、「復」爲「行」爲是⓯。從黃氏所了解的《集注》來看，顯然沒有注意到陳天祥的批評，而只注意到「近」不應訓作「合」，「復」不應訓作「踐言」。就《集注》「必可踐矣」而言，的確有如黃氏所說的「做得到、行得通」的意思，但因爲「蓋不合義禮之言，必欲踐之，有時亦可行得通也。」所以「朱氏之說亦誤。」⓰

⓮ 同❻，其評《集注》「必可踐矣」、「則能遠恥辱矣！」中「必能二字太重、結意之語不全。宜云：約信而合其宜乃可踐矣！不合其宜，不可踐也。致恭而中其節，斯遠辱矣！不中節，反招辱也。」究其實，陳天祥所改釋者，除所指外，其失亦同⓭所指。

⓯ 同❷，頁三九～四三。

⓰ 同❷，頁四三。

誠如黃氏所說，《集注》之誤有在釋「復」爲「踐言」者，其實「踐言」、「行」均同是指諾言之實踐而言，若有「做得到、行得通」的意思，乃是將「可」解作經驗意義上的「能夠」而致誤，若解作道德意義上的「可以」則可通。因爲諾言本身就含有在經驗世界上能夠做得到才算信。

失信最爲古人所不齒，故言出必行，不行無信。可是言出必行僅是信之必要條件而已，古人特別注重信之此一必要條件，而以爲只要合乎此一條件卽是信，此爲先秦儒家所欲匡正者也。孔子雖重視信，然亦重視義，故有

君子義以爲上（17．23）

義之與比（4．10）

的主張。子貢問士之最次者，孔子答以

言必信、行必果，硜硜然小人哉——抑可以爲次矣。（13．20）

孟子更明顯地說：

大人者，言不必信，行不必果，惟義所在。（《孟子》8．11）

凡此先秦儒家之所討論者，乃針對「所有的諾言是否要言出必行才算作信？」一問題而發，亦卽對當時流行的所謂「信」作一反省而來，有子斯言當亦不外乎是。由先秦儒家所討論的結論上看，當是指當義則可行，不當義則不可行。「可」、「不可」是屬於道德領域的概念，故「言可復也」之「可」當屬此，而非屬經驗領域可知。

另外，黃氏論「近」當訓作「接近、靠近」，涉及有子「言近而不言合」的理由是：

有子之言，平易淺近，不若夫子之格調高且遠也。猶〈學而篇〉子貢論貧富之言，不如夫子之精且深也。義、禮高遠，非一般人所能及。有子欲勉人行之，故但言近而不言合。」⑰

作者以爲此項理由亦不盡然。蓋《禮記・檀弓篇》子游不云：「有子之言似夫子也」乎？況且《論語》中「合」字之用不如「近」字之普遍。用「近」字加於德目之上者甚多，例如：

剛毅木訥近仁（13・27）

斯近信矣（8・4）

切問而近思（19・6）

而用「合」字加於德目上者無，可知用「合」字於德目上者乃較晚期的用法，考之以「合」訓本章者，以《皇疏》爲始。

朱子之訓「信」爲「約信」，誠爲訓解本節之一大突破，若不取《集注》實不可通，若或有疑其無據者，則吾人再舉出《公羊傳》哀公廿七年傳云：「約言爲信」可證其信而有據也。

最後，吾人再看清劉寶楠之《論語正義》如何作解：

《正義》：信近於義，言可復者，說文：「近、附也」，誼、人所宜也。義、己之威儀也。二字義別。今經傳通作「義」。《禮記・中庸》云：「義者宜也。」〈表記〉云：

⑰ 同❷，頁四〇。

「義者天下之制也。」言制之所以合宜也。《孟子・離婁篇》云：「大人者言不必信，唯義所在。」是信須視義而行之，故此言近於義也。鄭注云：「復、覆也。言語之信可反覆。」按：復、覆古今語。《爾雅釋言》：「復、返也。」返與反同。說文：「復，往來也。」往來即反覆之義。人初言之，其信能近於義，故其後可反覆言之也。《曾子・立事篇》云：「久而復之，可以知其信矣！」又云：「言之必思復之，思復之必思無悔言，亦可謂愼矣！」「思無悔言」亦謂以義裁之，否則但守硜硜之信而未合於義，人將不直吾言，吾雖欲覆之，不得也。」

案：注以近義是由復言後觀之，蓋知其人言可反覆，曉其近於義也。

從《正義》所言，訓「信」爲人言不欺之「信」，此依皇邢二疏，不依朱注。訓「近」則依說文「近，附也」，不依朱注。訓「義」爲「宜」自古所同，無歧解。訓「可」爲「可以」同皇邢二疏，不依朱注。訓「復」爲「覆」同何邢、不依皇朱。大體而言，清儒不採宋儒之註而依漢唐舊說，此種反宋明理學的傾向，於此亦得一佐證。吾人從學術思想史的觀點而論，宋儒有宋儒自己一套說法，重視生命的體驗，與義理的貫通性，於後來的發展不免流於空疏，而爲清儒所反對，但就清儒所發展的「樸學」而言，在精神、義理、思想的層面上是大大地不及宋儒，清儒傾向實學事理，原有重視客觀知識，科學方法的優點，但執意反對宋明理學却成固陋。就此疏而言，特別分析出集解是「以近義是由復言後觀之，蓋知其人言可反覆，曉其近於義也。」而修正爲：

「人初言之，其信能近於義，故其後可反覆言之也。」現不管先「復言」後「近義」，或是先「近義」後「復言」⑱其不通也已見前辯。何、皇、邢之解所不通而為清儒所承者，亦依然不通，可毋庸置辯矣！

依上所論，本節之恰當的訓解為：信、約言也。近，附也（靠近、接近）。義，於事合宜也。言、約言之言也。可、可以也。復、行也或踐也。意思是說：

所約之言接近於義，其言才可行啊！

㈡恭近於禮，遠恥辱也。

皇本集解：「苞氏曰：『恭不合禮，非禮也；以其能遠恥辱，故曰近於禮也。』」

邢本集解：恭不合禮，非禮也；以其能遠恥辱，故曰近禮。

前節已論及皇邢二本之《集解》字句，以皇本為詳，邢本為略，而後世所流傳之今本《集解》即邢本。皇本《集解》於引用古人之善解者，皆記其姓名，深合何晏奏進序言，又諸家中獨「包咸」改稱「包氏」（包、苞同）此避何家諱，故不言名⑲而皇本一律稱姓，不言名，故可斷皇本為何晏所著之原本，而邢本於此皆省去姓名，為刊本之省文可知。

《皇疏》：「恭近於禮，遠恥辱也」者，恭是遜從，禮是體別，若遜從不當於體，則為恥

⑱ 同❷，頁四〇。

⑲ 同❼。

辱。若遜從近禮，則遠於恥辱。遜從不合禮者何？猶如遜在牀下，及不應拜而拜之之屬也。

註：「苞氏曰」至「禮也」。此注亦不依，向、通也。故言恭不合禮，乃是非禮而交，得遠於恥辱，故曰近禮也。卽是危行言遜得免，遠恥辱也。

《邢疏》：「恭近於禮，遠恥辱也」者，恭惟卑巽，禮貴會時，若巽在牀下，是恭不合禮，則非禮也。恭雖非禮，以其能遠恥辱，故曰近禮。

《集注》：恭，致敬也。禮，節文也。致恭而中節，則能遠恥辱矣！

《正義》：「恭近於禮，遠恥辱」者，《廣雅釋詁》：「遠、離也。」〈說文〉：「恥，辱也；辱，恥也。」〈表記〉云：「恭以遠恥」亦謂恭近於禮以行之也，否則雖恭敬於人不能中禮，或爲人所輕侮，而不免恥辱。下篇云：「恭而無禮則勞」亦此意也。皇本「宗」下有「敬」字。

以上列出五家之疏解，各依前後文之語法，凡同上節所辯者，均不再論。在本節中所提的主要概念，各家訓解各有偏重。於「恭」字，皇邢二疏取待人謙順義，《集注》、《正義》取致敬義。作者在此須強調者，此「恭」與「信」一樣，不取德目義，而取行恭義；取德目義則不可通，如前所論。所以取行恭義者重在「行」、不在「恭」本身，亦卽近禮不近禮在行爲，不在德目。於「禮」字，《皇疏》訓作「體別」，《邢疏》僅指出「禮貴會時」而不作正面解。《集注》訓作

「節文」乃指禮儀言。《正義》無專解，探其意恐有「規範、禮儀」兼取之義。古人用「禮」字所指隨文理脈絡而不同，作者曾歸納地指出「禮」字含有天理、理事法則、道德規範、社會儀文、政治制度、宗教祭祀等六義⑳本節中「禮」字的意含亦不外此。「遠」字正義引《廣雅釋詁》：「遠、離也。」其餘無專解，當作「遠離、避免」之義，作動詞用。《說文》訓「恥辱」云：「恥、辱也。辱、恥也。」此顯然犯了循環定義之謬；其實「恥」與「辱」當有別。

《論語》：君子恥其言而過其行。（14・27）

行己有恥（13・20）

不辱君命（13・20）

不辱其身（18・8）

由上知，「恥」是指自己內在主體之心覺慚之義，而「辱」是指由外在凌侮於主體之感而言。現吾人再加以考察「恭」「禮」「恥辱」三者之間的關係

《論語》：居處恭（13・19）

貌思恭（16・10）

其行己也恭（5・25）

---

⑳ 見拙著〈從公羊學論春秋道德哲學之旨要〉，《中華文化復興月刊》第十二卷第七期，頁三二，民國六十八年七月。

恭則不侮（17・6）

恭而無禮則勞（8・2）

巧言、令色、足恭，則左丘明恥之，丘亦恥之。（5・25）

《禮記》：恭近禮。恭以遠恥。（〈表記〉）

恭而不中禮謂之給（〈仲尼燕居〉）

由以上所引，發現先秦時「恭」字爲德目之一，如「恭、寬、信、敏、惠」（17・6）。其餘則指自己居處之態度行爲上之敬謹、待人之恭敬而言。恭含內外二面，故恭而不近禮除「勞、給」之外，於心誠感羞恥，於外亦不免招辱。有子此語乃針對行爲態度一意求恭（德目義）所發生之弊病而言，孔子之恥「足恭」亦針對此病。先秦儒家針對此問題乃提出「禮」以救之。

「禮」在先秦儒家是極重要的概念，其意含深弘，非一二語可盡，然於道德規範、宗教祭祀者取「毋不敬」義（〈曲禮〉），於理事法則、社會儀文者取「宜、中、時」義。《禮記》：「禮從宜」（〈曲禮〉）、「禮，時爲大」（〈禮器〉）、「禮、所以制中也」（〈孔子燕居〉）可知。綜合所論，本節之恰當的解釋爲：

行恭之行近於禮，才可遠離恥辱啊！

此作「可遠離恥辱」不取《集注》之「能遠恥辱」，蓋有子此言乃屬道德之勸勉語，非屬於事實的肯定語；行爲近於禮，在道德理想上是「可以」遠恥辱，而經驗事實上未必「能夠」遠離恥辱也。

㈢因不失其親，亦可宗也。

有關本節之訓解，古今衆說，見仁見智，曲撓求通又甚於首節，其實終不免猜測，故結果有附會者，有似通非通者，更有根本不通者，今據已知，辯析如下：

皇本《集解》：孔安國曰：「因、親也。言所親不失其親，亦可宗敬也。」

邢本《集解》：孔曰：「因、親也。言所親不失其親，亦可宗敬。」

本節《集解》採漢儒孔安國之語，依其意，訓「因」爲「親」，「宗」爲「敬」，測其意是指一個人所親得其親，此人之德亦可爲人所敬仰。這種解釋頗令人疑惑，蓋訓「因」爲「親」，則與原節中之「親」字相同，若然，則有子當初何不云：「親不失其親」，而待孔氏訓「因」爲「親」始顯其意乎？依前兩節之用字，「信」與「義」有別，「恭」與「禮」有別，前者待後者之濟始可行，可遠恥辱，今忽然「因」「親」二字無別，其可信乎？再者前兩節是一個人之言行若近於義禮，則可行、可免恥辱，乃勉人言行當以義禮爲規範，具有正面的指導作用，若本節之意以「可爲人所敬仰」之美名勸人當親得其親，則與前者不類，且爲人所敬仰之事，在人而不在己，君子求諸己，不求諸人，此不當於儒家思想之立場也，如是，則《集解》之訓，不妥也明矣！

《皇疏》：云「因不失其親，亦可宗敬也」者，因、猶親也。人能所親得其親者，則此德可宗敬也。親不失其親，若近而言之，則指於九族宜相和睦也。若廣而言之，則是汎愛衆而親仁，乃義之與比，是親不失其親也。然云：「亦可宗」者，亦，猶重也。能親所親，則是重爲可宗也。

注：「孔安國曰」至「敬也」亦會二通，然喪服傳云：「『繼母』與『因母』同」。是言「繼母」與「親母」同，故孔亦謂此「因」爲「親」是也。

《邢疏》：「因不失其親，亦可宗也」者，因、親也。所親不失其親，亦義之與比，既能親仁比義，不有所失，則有知人之鑒，故可宗敬也。言「亦」者，人之善行可宗敬者非一，於其善行可宗之中，此爲一行耳，故曰「亦」也。

皇邢二疏均依《集解》不稍逾越，惟稍加敷演，《皇疏》偏向「親不失其親」之德可宗敬，《邢疏》偏向「有知人之鑒」故可宗敬。二疏較《集解》多釋「亦」字及說明外，均本《集解》訓「宗」爲「敬」一義而爲言，其不妥，同前所論。

《集注》：因、猶依也。宗、猶主也。所依者不失其可親之人，亦可宗而主之矣！

朱子恐見古代疏解之不可通故另闢新徑，其意以爲所依附的人都是不失爲其可親近之人，那麼這些可親近的人亦可以爲吾人宗主之。依此意，似乎在告訴我們那樣的人才可以作爲所宗主的對象，而答案是指那些可親的人。所依的人也就是可親的人，可親的人也就是所依的人，可是怎樣才是可親的人？有何標準？並無指明，失去應有的指導作用。其次，就語法而論，承前兩節，「因不失其親」應是指「因」不可失去「親」，亦即「因近於親」之義，然《集注》之訓不如此，不合前兩節之語法是很明顯的。

《正義》：《詩・皇矣》：「因心則友」傳：「因、親也。」此文上言「因」，下言「親」，變文成義。《說文》：「宗、尊祖廟也。」「宗」有「尊」訓，此言「宗敬」者，引申之義。《曾子・立事》云：「觀其所愛親，可以知其人矣！」謂觀其所親愛之是非，則知其人之賢不肖，若所親不失其親，則此人之賢可知，故亦可宗敬也。桂氏馥《羣經義證》解此注云：「詩皇矣（按下脫引）」《正義》曰：「周禮六行其四曰姻」。注：姻、親於外親。是姻得爲親。據此，則「因」即「姻」省文。《野客叢書》引《南史》王元規曰：「姻不失親，古人所重，豈得輒昏非類。張說之碑亦云：姻不失親，官復其舊」。又徐鍇《說文通論禮》曰：「姻不失其親，故古文肖女爲妻。邢皇二疏俱失孔恉。」今案：孔注「因、親」是通說人交接之事，其作「姻」者，自由後世所見本不同，然婚姻之義於注本得兼之。皇邢疏依注爲訓，未爲失恉。

《正義》於此廣引古注，依《邢疏》爲說，並引桂馥以「因」爲「姻」之省文作爲別解，以爲「作『姻』者自由後世所見本不同」，並糾正桂氏評「邢皇二疏俱失孔恉」的說法而以爲「皇邢疏依注爲訓，未爲失恉。」現依《正義》所採的二種說法而論，訓「因」爲「親」者其不可通已見前，不再置辯。以「因」爲「姻」之省文者，似從唐賈公彥《周禮注疏》疏「周禮六行」之鄭玄注的靈感而來。賈公彥當初以「《論語》云：因不失其親。」證其疏鄭注「姻、親於外親」，恐亦望文生義，以爲可以借證，而導致後世以「因」作「姻」來訓本節的謬說。若以「因」爲「姻」之省文，誠不知與前二節之義有何相干，故爲今人譏其「不倫不類」也。㉑

今人黃寶琪先生近著《論語注疏疑誤辨正》一書，對本章之第一、三節均提出新見解，其中對本節（第三節）的說法，見解尤爲獨特，以其破立之間，文繁不具引，今僅述其要點如下：㉒

(1)舊說釋「因」爲「親」、「依」、「姻」均欠妥。又古「因」與「恩」得通叚，加上依前兩節之文義觀之，「信（言）」、「恭（貌）」皆指對人之行（言行）。「義」、「禮」皆指自身之德，若將第三句類比前兩句，則「因」當指人之行，「親」當指自身之德，文義始可一貫。「因」既與「恩」通叚，「恩」是「惠、愛」爲對人之行。「親」指「親親而仁民，仁民而愛物」之「親」，乃仁之具體而微者，亦屬自身之德。將「因」與「親」作如上解釋正合前二句之文義，前後相應，故「因」必爲「恩」之通叚，「親」當指自身之德，不當如古注疏解作「所親之人」。

(2)「不失」無專解。舊解承「因」「親」之錯解，而釋「不失」爲「錯失、失誤」亦誤。「失」字本有「遺失、失去」之意，「不失」是指不失其原有，本節「不失」應作如此解才可通。

㉑ 同❷，頁四六。

㉒ 同❷，頁四四～五七。

(3)「亦」字舊解作「猶重也」（《皇疏》），或「人之善行可宗敬者非一，此爲一行耳，故云『亦』」（《邢疏》）均有不當處。「亦」乃非盡善之謂，用法如今之「也」字，順前解，乃指人之德雖不能達於至善，然亦（也）頗可尊敬。

(4)「可」者「猶值得」也。

(5)「宗」有二說：一指「宗敬」、一指「主」，承前解而言，以「宗敬」較好。宗、尊也。以其有德而宜受尊敬也。

(6)綜上所言，則本節乃謂：「人之當其施恩於人時，能不失去其所本有之純眞愛人之心，久之，則恩愛日積，而其德亦自然日進矣！雖不能至於仁，不遠矣！能有如是之德，亦就足以值得尊敬矣！」

作者以爲黃先生之解，能運用語法的類比方法推敲本節之文義，有超邁古人之處，對每字句均能仔細思量提出新見亦極可貴，然間有承舊解之處，如以「宗」爲「宗敬」較好，釋「宗」爲「尊」，表示人「能有如是之德，亦就足以值得尊敬」亦不免有如作者對孔安國之釋的疑惑（說見前），而最大的問題是三節的語法結構相同是否其語意通說爲人一事？這個關鍵性的認定，便構成作者異於黃先生的訓解之處。黃先生預設有子之語僅對「如何爲人」一端作道德的勸勉，故順前兩節語意（指自身之行德）推斷第三節亦相應於行德而爲言，遂「因」必指「行」、「親」必指「德」，而後證明「因」與「恩」通叚，以就「恩」屬「行」，其論證顯得迂廻費力。回想積起來，陳天祥懷疑本節爲「別是一章」是有原因的。其實有子之言並非僅指「如何爲人」一端。從先秦儒家的言論看，爲人處事是其討論之大體，且凡有益於爲人處事之語者，流傳於後世才有積極的意義，是以有子於前兩節說明「爲人」而最後一節說明「處事」最有可能，若順此方向解釋卽顯得義理圓融，人事俱彰；若必欲將第三節畫入前兩節的範圍去解釋，就顯得此通彼窒，曲撓難通。今依此方向訓解如下：

(1)「因」字卽「子曰：殷因於夏禮，所損益可知也；周因於殷禮，所損益可知也；其或繼周者，雖百世可知也。」（2・23）之「因」，「因」有「沿襲、依循、效法」等義。此就《論語》解《論語》，避免諸多猜測，如以「因」作「姻」、「恩」、「猶親也」或其他誤訓，如「因，仍也」、「因，因爲也」㉓依《論語》出現「因」字僅以下五句：

A、因不失其親（1・13）

B、殷因於夏禮（2・23）

C、周因於殷禮（2・23）

D、因之以饑饉（11・26）

E、因民之所利而利之（20・2）

以上BC兩句語法相同，「因」作「沿襲、依循、依靠、憑藉、效法」諸義，作動詞

㉓《論語：「因不失其親」權解》，李景濼著，中華日報，民國五十九年三月十六日。

用。D之「因」作「仍」（《集注》）有「又」之義，爲接續詞。E之「因」指「依照、依循」，可歸入BC一類之中。除A待解外，其餘四句之「因」僅作此二解。除非A之「因」另有別解，且於文義可通，否則當求諸此二義，若以接續詞之「仍」、「又」解A，於前兩節之語法不合，故不取。若以BCE之「因」，原爲動詞，現當作動名詞用，則可通。蓋「因不失其親」之「因」作爲「因禮」，相應於「信」作爲「約信」、「恭」作爲「行恭」。另就《論語》記有子之言僅三章而考慮之，首章言「孝弟」、次章言「禮之用」、本章言爲人當以「義禮」爲歸於先，可見有子在孔門中自必對「禮」有相當的領會、「禮」承前說，含有六義，爲人不可無禮，處事爲政亦然，故本章以論「處事」終，殆極自然。有子此言乃針對爲政者處理事務是否因襲成規（禮）不變爲理事的根據之一問題而發。顯然，有子並不贊成一意因襲舊章，若欲因襲，亦當以「不失其親」爲條件，此是不得已之一法。先秦諸子除法家主張「應時變法」外，其餘殆主張「法古」，儒家有「法先王」與「法後王」之論，然「法古」本身卽具歧義，未知所謂之「古」是指治世之原理原則呢？還是歷代的政治措施、制度、節文呢？然不管所指爲何，儒家立場是不贊成與歷史斷絕因緣的，相反地，却極注重歷史經驗的傳承，故講「法」（效法）、「因」（傳承），可是不分本末輕重表裏的效法，並非儒家所許，《易》有損益鼎革四卦大義，《公羊春秋》有新王改制之微言可知，有子對「法古」必有深刻的反省，而作斯言，此誠原始儒家講究「變而不失常」的經世法則，而爲有子所深契會者也。

(2)「親」字呼應「因」字，應當作「新」字，其意更顯。《大學》云：「在親民」，又引《康誥》曰：「作新民」。《集注》引程子曰：「『親』當作『新』」。又云：「新者，革其舊之謂也。」恐古「親」字本與「新」字互通。《史記·孔子世家》云：「據魯、親周、故殷」。《春秋·繁露三代改制質文篇》云：「絀夏、親周、故宋」「春秋作新王之事，變周之制，當正黑統，而殷周爲王者之後，絀夏改號禹謂之帝，錄其後以小國，故曰絀夏存周，以春秋當新王，不以杞侯，弗同王者之後也。」《公羊傳》宣公十六年經「成周宣榭災」、傳云：「外災不書，此何以書？新周也。」何注云：「孔子以春秋當新王，上黜杞，下新周而故宋。」又《何休文諡例》云：「新周、故宋、以春秋當新王。」董何均是兩漢之《公羊春秋》專家，於公羊之微言名目上，前漢董仲舒、司馬遷用「親周」，後漢何休用「新周」，是「親」、「新」可互通歟？或有以「新」乃「親」之訛[24]是也？非也？若就「親」言「親」，承《春秋繁露》之意，「親周」乃爲新王所親，周已新置爲王者後，而殷已非新置之王者後，故曰「故宋」，夏則被屏於三統之外而爲帝。是故「親周」乃表示以新王親周，而周既爲新王所親，則周的朝代已經過去了。因此，「親」有變更原有的主宰地位而置於輔佐的地位之意，亦卽含有「更新」

的意思。若針對所因循的舊禮而言，當不失作去蕪存精的準備工作。本來禮是隨時從宜之制，故《禮記》上云：「禮從宜，使從俗」（〈曲禮上〉）「禮，時爲大。」「禮也者合於天時」（〈禮器〉）。然而聖人制禮之後，後世不知隨時更化修正，而有淪於僵化、形式之弊，後世當政者應在取法舊禮的當時，不忘損去不合宜的部分，此卽「因不失其親」之義。有子此言當是告訴後人在處事上若有新禮當循新禮，若爲新禮所不備者，當參照舊禮，損去不合宜的部分，這亦不失爲處事之良好原則，是以講「因」當不忘「親」，如是「因」之才無弊也。

(3)承上所解，「不失」當訓爲「不失去」，「亦」訓爲「也」，此與黃氏之解同。「可」字當同「言可復也」之「可」字，訓爲「可以」，這是表示道德上的許可，或是理事法則上的容許之義。在此不取黃氏之「値得」義，因爲爲依照黃氏的解釋，「可」字之意前後所取不同，造成不一貫，非訓解之善者也。又「宗」字有「尊」「主」之義，此就

㉔《左盦集卷二・王魯新周辨》，劉師培著，見《劉申叔先生遺書》㈢，臺灣大新書局；另崔適著《史記探源》卷七云：「……阮公校勘記曰：董子、史記『親周』皆『新周』之誤。」二者見解相反。可是按《韓非子・亡徵篇》云：「親臣進而故人退。」此「親」「故」相對成文。故「親」、作「新」字亦一證。王叔岷著《莊學管闚》第一一一頁謂《莊子・養生主篇》第一章「末四句『可以保身，可以全生，可以養親，可以盡年』，言養生之義，忽及『養親』，與其他三句不類。親當借爲新，書金縢：『惟朕小子其新逆』。釋文引馬融本新作親，卽二字通用之證。『養新』，謂與化日新也。」據此作者斷定先秦文獻中，親新二字原可通用。

因襲舊禮而言，當訓作「遵循」爲上。

(4)綜上所言，本節的恰當解釋應爲：「因襲舊禮而不失汰舊的措施，能如此，雖舊禮也可遵循啊！」

五、結　語

對本章之研究，作者已將可能的問題處理如上，然有不能自已者，以有人懷疑本章是否字字皆爲有子之言，如日人太宰純《論語古訓》云：「『信近於義』、『恭近於禮』、『因不失其親』，此三言者蓋古書之文，稱賢者之德行也。『言可復也』、『遠恥辱也』、『亦可宗也』此三言者，有子因贊之也。」㉕依太宰純所言，則有子僅因贊古書之文，稱賢之德行，非出自身對當時義禮的反省，然未見其所言的理由何在，若以《論語》中出現之雋語疑爲古書之文，爲後人所贊，則《論語》中之雋語頗多，如「愼終追遠」（1．9）之類，亦古書之文歟？此不可信也明矣！此外，對本章之訓解間或有當有不當者，賢者著述頗多，難以窮舉論列㉖，評其得失，或

㉕ 日人太宰純著，《論語古訓》，卷一頁四，收於《無求備齋論語集成》中。

㉖ 坊間出版有關《論語》新解、新譯者多，然率多依循舊義，不出《集解》、《皇疏》、《邢疏》、《集注》、《正義》的範圍，而疏解具有學術價值者大都收集於《無求備齋論語集成》之中，其中日人龜井魯著《論語語由》、皆川愿著《論語繹解》對本章之訓解亦頗有出於五家之外者，雖不全當於有子之意，亦甚可觀。

亦有早發於作者之意者，未能及聞，是亦作者之陋也。

由《論語·君子懷德章》談讀經的方法

《論語》自漢以來往往爲皇太子、博士弟子與民間子弟開蒙的教科書，及至南宋，朱子將《論語》與《禮記》中的〈大學〉、〈中庸〉兩篇加上《孟子》合稱四書，亦稱四子，作爲六經的階梯。凡是欲了解儒家思想者，無不自四書入手，以登六經之堂奧，更進而沐浴於博大精深的中華文化之中。我們可以說欲了解中華文化的核心思想，無不以《論語》爲始基。歷代研究《論語》的結果，雖然解明了其中的義理、章句、典故、文字，可是不免有些地方還是不甚明白暢達，這可歸諸歷史因素使然；蓋《論語》早年刻於竹簡，流傳旣久，難免斷脫失序，後經傳抄亦生缺衍，何況漢初已有三種異本，其中錯簡、錯字、脫衍在所難免。如果《論語》的難解處是由於以上的限制，那是可由新出土的資料予以訂正，或等待時間來解決，可是如果是出於解釋的錯誤，那就需要不斷地反省，以求得一合理的詮釋。

讀書貴在能疑，大疑則大得，小疑則小得。所以，當我們面對經典時，首先要問它的原義如何？前人對某個疑點如何解答，他們的解答是否合理，而所謂「合理」乃是其解釋能獲得本文的內證，與本文其他章句義理相貫通。譬如以蔣伯潛註釋的《論語讀本》（前高中國文科之中國文化基本教材中《論語》部份即此讀本之選錄）爲例，舉出以下一章做爲討論的依據：

子曰：「君子懷德，小人懷土。君子懷刑，小人懷惠。」（4·11）

有關本章的解釋，蔣氏的註釋完全採用朱子的註：「懷，思念也。懷德，謂存其固有之善；懷土，謂溺愛其所處之安；懷刑，謂畏法；懷惠，謂貪利。」今人楊伯峻《論語譯注》的譯文作：「孔子說：『君子懷念道德，小人懷念鄉土；君子想念法度，小人想念恩惠。』」這三種解釋，朱子的注是把「君子」和「小人」當作道德修養的人格等級來解釋，而楊氏的譯文似乎就社會地位而言，因爲懷念鄉土、想念恩惠並不是不道德的事，而且是人之常情，不比朱子把「懷土」當作「溺安」，「懷惠」當作「貪利」，是不道德的行爲表現。此外，對「懷刑」的解釋，朱子解作「畏法」，楊氏解作「想念法度」是有不同的。現在作者針對這兩種要提出疑問：如果依朱子把君子小人當作道德修養的人格等級來解釋，那麼有德的君子「存其固有之善」是當然的，但是一個有德的君子是自動自發，其修養已超出刑罰他律的層次，何來得「畏法」呢？如果還在畏法中的人那能算是君子嗎？君子是有所畏的，孔子說：「君子有三畏，畏天命、畏大人、畏聖人之言。」（16·8）但絕不是畏刑罰。所以，作者以爲朱子的解釋在「刑」字上是有問題的。那麼，楊氏的說法是否就沒有困難？楊氏以爲爲政的君子所懷念的是道德，依《論語》孔子說：「爲政以德，譬如北辰，居其所而衆星共之」（2・1）是有根據的。但是，把「刑」解作「法度」似乎也了解到朱子的注解有困難，他認爲古代刑罰之「刑」寫作「荆」，法律制度之「刑」寫作「刑」，那麼這裏的「刑」就是指法度，如此說來，居上位的君子在爲政治民上所當想念的是法度，卽不踰法度，爲政治民的意思，可是在解「懷土」與「懷惠」上就覺得很勉強，懷念鄉土，想念恩惠難道卽是小人（《庶民》）之所以爲小人的特點嗎？君子難道就不懷念鄉土、想念恩惠嗎？這些疑點總是令人感到費解。作者以爲要正確解決這些疑點，首先當通觀《論語》中所謂的「君子」「小人」究竟所指的是什麼？《論語》中君子與小人的用法有指道德修養之品位的，也有指社會地位的。君子的本義是國君之子，小人是小民，卽統治貴族與被統治平民的稱呼，這可以說是中國春秋時代封建政治的實相，但是孔子的時候，政治不安、貴族無能，所以，當時的君主求賢才若渴，孔子於是將官學傳授給平民，造就一批有德有才的士，希望協助國君把國家治好，孔子有教無類，凡有位者必教之以德，無位者亦同樣教之以義，有成就的便在適當的時候推薦給求才的君主。因此，孔子教育的目標是訓練人成爲一個文質彬彬、德術兼修的「成人」（人格有成就的人）。有了這種認識，那麼孔子的話能被學生們記載下來而做爲學生修德用的格言，絕大多數不是一種描述事實的語句，而是做爲一種規範心行的語句。所以，孔子分別君子與小人就是告訴人在修養上應該學做君子，而不是做小人，或安於自小的人。通觀《論語》中其他「君子」與「小人」對言的章句，諸如：「君子喻於義，小人喻於利。」（4・16）、「君子上達，小人下達。」（14．23）、「君子和而不同，小人同而不和。」（13．23）、「君子周而不比、小人比而不周。」（2．14）、「君子矜而不爭，羣而不黨」（15．22）、「君子坦蕩蕩，小人長戚戚。」（7．37）就可知道一個人的心行所關注的是義、和、周，取法乎上的人其心胸光明正大，坦蕩蕩，必是朝向君子途上的有德者；反之，一個人的心行以一己之得失爲憂，如何謀取一己的利益，同流合污，結黨徇私，如何鞏固一己之私利，勢必長戚戚，這就是只知道「小」「下」而不知道「大」「上」的小人。一個想在德業上有成就的人，首先要明白這項人格上的區分，然後行爲的方向才有着落。另外，孔子也意識到「性相近，習相遠」（17．2）、「唯上知與下愚不移。」（17．3）乃人類的普遍事實，卽原則上人人可以修德爲君子，但事實上小人的存在還是不可避免，更何況能成爲領導者終究是少數，所以，爲政的人應當考慮到衆人的基本需要，照顧到衆人的生活。凡是能以老百姓之利益爲利益的領導者才能受到老百姓的擁護，因此「爲政以德」的「德」，在政治措施上就是「因民之所利而利之」的「利」、「君子惠而不費」的「惠」，「惠者是以使人」的「惠」，這樣就可與「小人懷惠」相照應。是故，君子之所以爲君子，在修己上是以德養己，在安人上是以德施人。君子所關懷的是「如何有德」這件事，而絕不是害怕受刑罰的制裁，更何況古代「刑不上大夫」，何用畏懼呢？依這個解釋，「君子懷刑」的「刑」不是「刑罰」，而是《詩經》「刑于寡妻」、《孝經》「刑于四海」的「刑」，是「型」，亦卽典範之義；《論語》中的「見賢思齊」（4．17）就是君子懷賢者的典範而思以看齊的意思。總結起來，君子之本質就在以「德」、「型」爲懷。孔子曾說：「士而懷居，不足以爲士矣！」（14・2），士是君子的初階，以居爲懷的人不足以爲士，更不足以爲君子，所以，以一己之身的安逸是求，一己的衣食是求，以一己之好處是求的人只配作小人，做個小老百姓。在古代的小老百姓最關心的問題是「如何活下去」，當然是時時刻刻以有沒有一塊屬於自己生活憑藉的土地爲懷，以那個在位的人肯施惠是望了。所以，在這裏的「小人」是指沒有德行的人，並不一定是指與道德相反的悖德、缺德的人；因爲，事實上「懷土」「懷惠」並不是什麼不道德的事；但是唯有一己的好處、安定是求的人絕不及競競於修己安人，道德人格是求的「君子」是可斷言的。

古人讀書不但要明白書中的道理，更重要的是在實踐書中的道理，所以，讀《論語》這種書並不能和讀生物、化學、物理等自然科學的知識相類比，即使把《論語》背熟，知道了其中的道理，考試得了滿分，也絲毫與自己的身心修養無涉。讀書固然不以只明白書中的道理爲已足，但是如何正確的了解書中的道理確也是進行實踐之前頂重要的事。古人曾以「博學、審問、愼思、明辨、篤行」爲治學的一貫程序，的確十分有效。就以先前讀《論語》之本章爲例，要能妥當地了解其義理並不容易，首先要博學，看看前人對此章的解釋、做法如何？有何疑點，仔細追問：爲何孔子如此說？謹愼思考其義理是否有道理？如果都有道理是否在任何層面上都能成立，仔細辨明各義理的分際，最後確定其眞義而引歸身心，篤實踐履。在解讀《論語》章句時最好以經證經，反覆歸納比貫，求其義理之所安，不必盲從前人的見解，在適當的時候要發揮懷疑的「審問」能力，大疑則大得，小疑則小得，證諸作者讀《論語》的經驗，確實如此。

顏子之生平及言行

德行首科，顯冠學徒；不遷不貳，樂道以居；食飲甚惡，在陋自如；宜稱賢哉，豈止不愚。

——宋高宗贊——

顏子名回，字子淵，魯國人。其父顏路（又名顏季路，字無繇）少孔子六歲，於魯昭公二十一年（西元前五二一年）生顏回。父子同拜孔子爲師；顏子家貧，然其天資聰慧，聞一知十，懷學聖之志，早投孔門德行科；貧而好學，博文約禮，刻苦自勵，終日乾乾，求仁得仁，謙沖和睦，同學日親。孔子曰：「自吾有回，門人日益親回」（《孔子家語》），及至晚年，尚追隨孔子，周遊四方，以求用世；歷魯、衞、宋、陳、蔡諸國，曾與孔子畏於匡（今河北省長垣縣西南），絕糧於陳蔡，出生入死而無所懼，孔子屢讚其好學，深許其仁賢，詎知年二十九，髮盡白，若老邁，越三載，卒於魯哀公五年（西元前四九〇年），享年三十二；墓在魯城東防山。在世，娶宋人戴氏，生子韶[1]，遂繼顏氏之一宗脈焉！

據《論語》載，顏子逝，孔子哭之慟，曰：「噫！天喪予！天喪予！」，弟子恐孔子悲之過甚而曰：「子慟矣！」，孔子曰：「有慟乎！非夫人之爲慟而誰爲？」(11．10)，孔子之慟，良有以也。蓋人生在世，悲者多矣，而莫甚於爲父者之喪子，爲師者之喪賢棣，孔子、子夏之例，可證其不妄矣！孔子之「非夫人之爲慟而誰爲」一語，其意深矣！蓋顏子無論在智慧、學行上，均堪爲孔門諸弟子之冠。現首論其智。「子謂子貢曰：『汝與回也，孰愈？』對曰：『賜也何敢望回！回也聞一以知十，賜也聞一以知二。』子曰：『弗如也！吾與女弗如也。』」(5．9)在孔門弟子中曾受孔子評其「好說不若己者」之子貢，亦甚服顏子，而曰：「何敢望回！」，韓愈云：「師不必賢於弟子，弟子不必不如師。」因而連孔子亦對子貢言：「吾與女弗如也。」可見顏子天資穎悟、洞微知著、聞一知十，實非虛語。據《孔子家語．顏回篇》曾記兩則故事可爲佐證，其一則，約在魯定公八年至定公十四年中，一日

---

❶ 有關顏子生平歲數傳說多歧。《史記》云其年「二十九、髮白蚤卒」，《家語》云：「年三十二而卒。」參及有關史料旁證推索之，總以三十二歲爲然，故顏子少孔子三十歲據孔子之生時推算之，當如〈闕里志〉所載魯昭公二十一年生，魯哀公五年卒，享年三十二爲是。是以顏子生年至今已二四九三年，而非如報上所載二四八五年了。謹簡考之，略備一說而已。(按本文作於民國六十一年十月，爲紀念顏子誕辰之論文，得社會組第一名。文出，得顏氏宗親會來函，請求確定顏子之生年。次年，顏氏宗親會卽依作者所考訂生年改訂，此乃本文之一小穫也。今再閱本文，對顏子歲數不再依從《家語》，故另作〈顏子生卒年考證的再省察〉一文，可見爲學實不易。民國七十五年十月補記此一段因緣。)

「魯定公問於顏回曰：『子亦聞東野畢之善御乎？』對曰：『善則善矣！雖然，其馬將必佚。』定公色不悅，謂左右曰：『君子固有誣人也。』顏回退。後三日，牧來訴之曰：『東野畢之馬佚，兩驂曳，兩服入于廐。』公聞之，越席而起，促駕召顏回，回至。公曰：『前日寡人問吾子以東野畢之御，而子曰：「善則善矣！其馬將佚。」不識吾子奚以知之？』顏回對曰：『以政知之。昔者帝舜巧於使民，造父巧于使馬，舜不窮其民力，造父不窮其馬力，是以舜無佚民，造父無佚馬；今東野畢之御也，升馬執轡，御體正矣！步驟馳騁，朝禮畢矣！歷險致遠，馬力盡矣！然而猶乃求馬不已，臣以此知之。』公曰：『善！誠若吾子之言也；吾子之言，其義大矣！願少進乎？』顏回曰：『臣聞之：鳥窮則啄，獸窮則攫，人窮則詐，馬窮則佚，自古及今未有窮其下而能無危者也。』公悅，遂以告孔子。孔子對曰：『夫其所以為顏回者，此之類也，豈足多哉！』」由此，知魯定公、孔子均稱顏子有卓越之識也。其二，事見於孔子遊衞之際，一日「孔子在衞，昧旦晨興，顏回侍側，聞哭者之聲甚哀。子曰：『回！汝知此何所哭乎？』對曰：『回以此哭聲，非但為死者而已，又有生離別者也。』子曰：『何以知之？』對曰：『回聞桓山之鳥，生四子焉，羽翼既成，將分于四海，其母悲鳴而送之，哀聲有似於此，謂其往而不返也。回竊以音類知之。』孔子使人問哭者，果曰：『父死，家貧，賣子以葬，與之長決。』子曰：『回也善於識音矣！』」由此，可知回已修至盡物之性矣！

在論學中，孔子嘗曰：「回也！非助吾者也。於吾言，無所不說。」（11・4）又曰：「吾與回言終日，不違如愚，退而省其私，亦足以發，回也不愚。」（2·9）更可知顏子卽學卽覺，卽覺卽行；尤有進者，其好學精神更令後人敬誦不已。

顏子不以其家境貧苦，而遂減學聖之功。子曰：「賢哉！回也，一簞食，一瓢飲，在陋巷，人不堪其憂，回也不改其樂，賢哉！回也。」（6·11），此種不以己身之苦樂是憂，安貧樂道，素志以行之精神，令人崇仰，亘古不移。此非仁者之行，其誰不許！孔子不云：「不仁者不可以久處約，不可以長處樂；仁者安仁，智者利仁。」乎？（4·2），季康子嘗問孔子誰爲好學。孔子對曰：「有顏回者好學，不幸短命死矣！今也則亡。」（11·7），又哀公問弟子孰爲好學，孔子對曰：「有顏回者好學，不遷怒，不貳過，不幸短命死矣！今也則亡，未聞好學者也。」（6·3），由此二章，得知顏子雖不幸早逝，然孔子念念不忘其好學，且道出其修德之進境——不遷怒，不貳過。此等修養，雖經百世，幾人能夠？顏子自己嘗喟然而歎曰：「仰之彌高，鑽之彌堅，瞻之在前，忽焉在後，夫子循循然善誘人，博我以文，約我以禮，欲罷不能，旣竭吾才，如有所立卓爾，雖欲從之，末由也已。」（9·11），顏子自己道出此段爲學的經過，表面觀之，乃其敬服孔子博學善導之功，然亦由此而知顏子竭盡其才，奮勉自勵，修乎至聖之用力焉！子曰：「語之而不惰者，其回也與！」（9·20），又曰：「惜乎！吾見其進也，未見其止也。」（9·21），末句乃顏子逝後，孔子綜其一生之學習精神，所下之斷語也。「見其進也，未見其止也」是何等進取！《易》云：「天行健，君子以自彊不息。」（見〈乾卦象曰〉）「惰」

乃人類之劣根，萬惡之大源；若顏子者，早已克除此劣根，斷絕此惡源也，故能三月不違仁，造次必於是，顛沛必於是；追隨孔子周遊列國，蒙禍遇難，在所不懼。孔子曾讚之曰：「回也！其心三月不違仁，其餘則日月至焉而已矣！」（6・7）在孔子言談中，向來不輕易以仁許人，孔子雖未直言顏子是仁者，然從其屢稱其賢，道其好學，言其不違仁，不遷怒，不貳過之修養中，實已暗稱其仁矣！

後人有據莊子之寓言，而謂顏子乃孔門道者之說，甚謬。或僅據子曰：「回也！其庶乎！屢空。」（11・19）而言其已外形骸，同消遙，觀玄坐忘，不經世事，同爲道者，其誤不待辯而甚明矣！儒者樂道仁者，仁者非僅以「明明德」爲事，進而親民，止於至善。舉凡天下事，乃儒者自任爲份內事。吾人豈不觀顏子所學者乎？顏子自云：「博我以文，約我以禮。」此「文」、「禮」卽其所學者也。學禮者何？「顏淵問仁。子曰：『克己復禮爲仁。一日克己復禮，天下歸仁焉！爲仁由己，而由人乎哉？』顏淵曰：『請問其目。』，子曰：『非禮勿視，非禮勿聽，非禮勿言，非禮勿動。』顏淵曰：『回雖不敏，請事斯語矣！』」（12・1），前言及顏子「三月不違仁、不遷怒、不貳過」，豈非「克己復禮爲仁」之具體實踐乎？在孔子與弟子言志中，顏子曰：「願無伐善，無施勞。」此豈非「克己復禮」之一自覺、一實現乎？除此，顏子尚問及政事。治國乃儒者視爲己任之事，故莫不勤其治術，顏子問爲邦，卽向孔子求經世致用之道也。正其「博我以文」之「文」之一部份也。顏子亦時時關心政事，故言其遺世，斷斷乎！不可也。顏子承受孔子「內聖外王」之學，並知識時、治事、用世之道，能「進退存亡而不失其正」。難怪子謂顏淵曰：「用之則行，舍之則藏，惟我與爾有是乎！」（7．11），舉凡孔門弟子中能與孔子同識時用世者，豈多哉？孔子不云：「可與共學，未可與適道，可與適道，未可與立，可與立，未可與權。」（9．30）乎，然顏子權之矣！

顏子早年卽從孔子遊，至死未嘗或離。時値魯定公十三年（西元前四九七年），孔子與聞魯國政，誅魯大夫亂政者少正卯，三月而魯政爲之一興；齊人懼，遺女樂於魯君，季桓子受之，自是魯君怠於政事，三日不朝，孔子見道不行，遂去魯適衞，居十月，適陳；匡人聞之，以爲魯之陽虎，遂止之；孔子畏，五日，顏子隨後趕至，子曰：「吾以女爲死矣！」顏淵曰：「子在，回何敢死。」（11．23）其尊師、護師、重道之精神，於斯可見。

孔子自從畏於匡後五年中，歷遊魯衞宋陳蔡諸國，席不暇暖，生活飄泊。約魯哀公五年（西元前四九〇年）孔子絕糧於陳蔡，從者病，莫能興；然孔子乃講誦，弦歌不輟。一日，子路慍見曰：「君子亦有窮乎？」孔子曰：「君子固窮，小人窮斯濫矣！」子貢色亦作，孔子知弟子有慍心，乃曰：「詩云：匪兕匪虎，率彼曠野。吾道非耶？吾何爲於此！」，子路、子貢相繼作答，均非解孔子心意，孔子評之，唯顏子曰：『夫子之道至大矣！故天下莫能容。雖然，夫子推而行之，不容何害？不容，然後見君子。夫道之不修是吾醜也，夫道旣已大修而不用，是有國者之醜也，不容何病！不容然後見君子。」孔子欣然而笑曰：「有是哉？顏氏之子，使爾多財，吾爲爾宰。」❷由此段故事，知顏子之一言一行，均本「反求諸己」。孔子曾曰：「天下有道則見，無道則隱」（8．13）「君子求諸己，小人求諸人」（15．21）皆是言也。君子恥己德之不宏，不患不見容於世，故顏子之言，深得孔子心意而喜悅也。

觀顏子「克己復禮」之修，「爲仁」之勉，是已臻聖矣！然終不獲顯功於世，甚可惜，莫非天才早逝乎！顏子既逝，萬人同哀，孔門失一巨擘，門人慟失良友，孔子曰：「天喪予！天喪予！」衆人之哀情是何等地悲切！嗚呼！顏子學行卓然，歷世君王賢達多所贊辭，追尊爲亞聖❸，然其何能補顏子之不幸者哉！

有關顏子之生平及言行，據可信之史料，所載甚尠。所幸者尙可由《論語》中得其一二，並依旁證，探賾索隱，發微之顯，知顏子德行首冠孔門，智慧絕倫，不伐不施，尊師重道，修養高超。其在亂世中，能克困境，屏名利於求仁之外，素貧賤而行乎貧賤，安仁利仁，三德具達，體用兼備，其行也不遷怒，不貳過，用行舍藏，深合孔子一貫之道，終爲古今典範，後學型儀，萬世所同尊。後學，不揣謭陋，謹述如上，願學焉！雖不能至，心嚮往之。

---

❷ 此事見《史記．孔子世家》。

❸ 見周敦頤所著《通書．顏子第二十三》，其稱顏子亞聖。

顏子生卒年考證的再省察

顏回之生卒年傳說多歧，就作者所見今人諸考證中以日人瀧川龜太郎《史記會注考證》及黃紹祖《顏子研究》爲最詳密，其結論分別以清閻若璩《四書釋地又續》、熊賜履《學統》的看法爲是。今列之如下：

「仲尼弟子列傳：顏回少孔子三十歲，余謂三十下脫七字。蓋生於魯昭公二十八年丁亥，卒於哀公十二年戊午，方合三十二歲，是年伯魚亦卒在前，不然，則如王肅注：鯉也死有棺而無槨爲設事之辭，豈不笑滾了人。」（閻說）

「周敬王七年戊午，卽魯昭公二十九年冬十一月十一日，生顏子於魯。……三十二歲，卒於魯，時周敬王三十八年，卽魯哀公十三年秋八月二十三日也。……葬曲阜縣防山。」（熊說）

作者另見清儒林春溥《孔門師弟年表》所載，謂據《聖門通考》以顏路三十三歲生回，時孔子三十九歲，顏回三十二歲卒，時孔子七十歲。惟其從〈宋世家〉以魯襄公二十一年爲孔子生年計，故繫顏子生於魯昭公二十八年，卒於魯哀公十二年，與前兩說以魯襄公二十二年爲孔子生年有別，然歸結以上三說，均肯定顏子享年三十二，閻說以顏子少孔子三十七歲，熊說、林說以爲少孔子三十八歲，故卒年一作魯哀公十二年，一作魯哀公十三年。

今儒錢穆先生在《論語要略》之〈孔子年表〉中，繫顏子卒年於魯哀公十四年，孔子年七十一歲。另在〈孔子之弟子〉章中謂顏子「年四十一卒」並注「舊作三十一誤」。依其以魯襄公二十二年孔子生年推之，顏子生於魯昭公二十一年，卒於魯哀公十四年。錢先生信從《史記》顏子少孔子三十歲，並繫其卒年於孔子七十一歲時，計享年四十一，與前三說不同。

蔣伯潛先生編《諸子通考》，錄其父蔣建侯著〈孔子世家考〉，蔣建侯以爲《家語・本姓解》記孔子二十歲生鯉，昭公賜鯉之說不可信，因孔子二十時尚未達，又言「孔子二十歲生鯉，當昭公二十年（義正按：「二十年」乃「十年」之誤。）。鯉五十而卒，孔子年六十九，哀公十二年。」（見《通考》頁九六）又〈孔子弟子〉章對古說顏回少孔子三十歲、三十二歲卒，且鯉卒於哀公十二年等，繩以《論語》鯉先顏回卒有未合，故據崔適《史記探源》謂顏回「少孔子四十歲，三十二歲而卒，孔子年七十二，在鯉卒後三年云。」（同上，頁一一三，按：所云與崔適原文有出入。）依此，可推定顏回生於昭公三十一年，卒於哀公十五年，享年三十二。

蔣伯潛先生在《諸子通考》按語中謂〈孔子世家〉「伯魚年五十」乃「年四十」之誤，伯魚與顏子同卒於哀公二年，惟伯魚稍早耳，孔子年五十九。又說顏子少孔子三十歲，二十九歲而卒，依此推斷，顏子生於昭公二十一年，卒於哀公二年，享年二十九。另外蔣先生尙備列傳說有以「顏子年三十二，卒於哀公五年，孔子年六十二，相去不遠，說尙可通。」但「如從《史記探源》改作『少孔子四十歲，三十二而卒』，則卒年孔子已七十二，且已反魯，此時顏路即須稱貸於孔子以爲其子之椁，何以必請其車？孔子已歸魯杜門，又何以不肯徒行而吝惜其車耶？」（同上，頁一一四）。

以上諸說之推斷均以孔子生年爲基點，但孔子生年自古即有二說，《公羊》、《穀梁》二傳作魯襄公二十一年生，而史記作魯襄公二十二年生。今依清孔廣牧著《先聖卒年月日考》（見《皇清經解續編》卷千四百十四）從魯襄公二十二年生，卒於魯哀公十六年，享年七十三。依此，列上述諸說如下：

顏子歲數	顏子少孔子歲數	顏子生卒年	推定諸家
三十二	三十七	昭公二十八年（五一四B.C.）～哀公十二年（四八三B.C.）	閻若璩
三十二	三十八	昭公二十九年（五一三B.C.）～哀公十三年（四八二B.C.）	熊賜履、林春溥
四十一	三十	昭公二十一年（五二一B.C.）～哀公十四年（四八一B.C.）	錢穆
三十二	四十	昭公三十一年（五一一B.C.）～哀公十五年（四八〇B.C.）	蔣建侯
二十九	三十	昭公二十一年（五二一B.C.）～哀公二年（四九三B.C.）	蔣伯潛
三十二	三十	昭公二十一年（五二一B.C.）～哀公五年（四九〇B.C.）	《闕里志》（蔣伯潛所備列者）

作者今作〈顏子生卒年考證的再省察〉，舉出有代表性諸說，目的不在為顏子生卒年找一確定的說法，而是想透過歷史的演變，看諸家的推斷是否具有妥當性。因此，作者將以上諸說所依據的原始資料，擇重要者依序列出：

論語	1.子畏於匡，顏淵後。子曰：「吾以女為死矣。」曰：「子在，回何敢死？」（11·23） 2.顏淵死，顏路請子之車以為之椁。子曰：「才不才，亦各言其子也。鯉也死，有棺而無椁，吾不徒行以為之椁。以吾從大夫之後，不可徒行也。」（11·8） 3.顏淵死。子曰：「噫！天喪予！天喪予！」（11·9） 4.哀公問：「弟子孰為好學？」孔子對曰：「有顏回者好學，不遷怒，不貳過。不幸短命死矣，今也則亡，未聞好學者也。」（6·3） 5.季康子問：「弟子孰為好學？」孔子對曰：「有顏回者好學，不幸短命死矣，今也則亡。」（11·7）
公羊傳	魯哀公十四年，春，西狩獲麟。傳曰：「……顏淵死。子曰：『噫，天喪予。』子路死，子曰：『噫，天祝予。……』」
史記	1.定公十四年，孔子年五十六，由大司寇行攝相事，有喜色。……孔子遂行，……孔子遂適衞，……居十月，去衞。將適陳，過匡，……顏淵後，子曰：「吾以汝為死矣。」顏淵曰：「子在，回何敢死！」（〈孔子世家〉） 2.孔子遷于蔡三歲，吳伐陳。楚救陳軍于城父。聞孔子在陳蔡之間，楚人使人聘孔子。……子貢出，顏回入見。……（同上，《史記集解》徐廣曰：哀公四年也。）

	3.魯哀公十四年春，狩大野。……顏淵死，孔子曰：「天喪予！」及西狩見麟，曰：「吾道窮矣！」（同上） 4.孔子生鯉，字伯魚，伯魚年五十，先孔子死。（同上） 5.顏回者，魯人也，字子淵。少孔子三十歲。……回年二十九，髮盡白，蚤死。孔子哭之慟，曰：「自吾有回，門人益親。」魯哀公問：「弟子孰爲好學？」孔子對曰：「有顏回者好學，不遷怒，不貳過。不幸短命死矣，今也則亡。」（〈仲尼弟子列傳〉）
淮南子高誘注	《淮南子・精神訓》「然顏淵夭死。季路菹於衛。」下註云：「顏淵十八而卒。孔子曰：『回不幸短命死矣！』故曰：『夭也。』」
列　子	《列子・力命篇》：「顏淵之才不出衆人之下，而壽十八。」（依楊伯峻撰《列子集釋》此句下注云：『十八』藏本、四解本、吉府本、秦刻盧解本作『四八』，今依北宋本、世德堂本作『十八』）（頁一二〇）
後漢書	《後漢書・郎顗傳》：「昔顏子十八，天下歸仁。」（《後漢書》卷三十下，新校本頁一〇七〇）
三國志	《三國吳志・孫登傳》記載孫權立登爲太子事云：「立凡二十一年，年三十三卒。臨終，上疏曰：『……臣聞死生有命，長短自天，周晉、顏回有上智之才，而尙夭折，況臣愚陋，年過其壽，……』」（《三國志》卷五十九，新校本頁一三六五）
孔子家語	1.孔子「至十九，娶于宋之亓官氏，一歲而生伯魚，魚之生也，魯昭公以鯉魚賜孔子，榮君之貺，故因以名曰鯉，而字伯魚，魚年五十，先孔子卒。（〈本姓解第三十九〉） 2.顏回、魯人、字子淵、年二十九而髮白、三十一早死。孔子曰：「自吾有回、門人日益親」，

	回之德行著名、孔子稱其仁焉。（卷第九、〈七十二弟子解〉第三十八） 3.《史記索隱》：按《家語》亦云「年二十九而髮白，三十二而死」。王肅云：「此久遠之書，年數錯誤，未可詳也。校其年，則顏回死時，孔子年六十一。然則伯魚年五十先孔子卒時，孔子且七十也。今此爲顏回伯魚死，而《論語》曰顏回死，顏路請子之車，孔子曰：『鯉也死，有棺而無槨』，或爲設事之辭」。按：顏回死在伯魚之前，故以《論語》爲設詞。 4.顏回死、魯定公弔焉、使人訪於孔子。（世界書局據元王廣謀本，此句見該本卷十、〈曲禮子夏問第四十三〉。又見《中國子學名著集成珍本初篇》，據明覆宋刊本，缺從汲古閣本補入，見該本〈公西赤問第四十四〉，頁四四七。） 5.魯定公問於顏回曰：子亦聞東野畢之善御乎？對曰……。（卷第五，〈顏回第十八〉）
抱朴子	《抱朴子．逸民篇》：「昔顏回死，魯定公將躬弔焉，使人問仲尼。」

作者上列諸原始資料，上自《論語》、下至《抱朴子》，其間的重要性以前三書爲最。據《論語》，作者可肯定鯉先回死。季康子卽位在哀公三年，其問孔子孰爲好學，當是孔子返魯（哀公十一年）以後之事。據《公羊傳》於哀公十四年春記顏淵死，又記子路死，然子路死於哀公十五年，可見不能據傳文推定顏回卒於哀公十四年，《公羊傳》意發孔子作《春秋》終於獲麟之心境，以孔子晚年六十九歲喪子鯉，其後不久或次年顏子卒，有「天喪予」之嘆，很有可能顏回卒於哀公十二年或十三年。顏回到底享年多少，據前所述有謂二十九、三十二（三十一）、四十一等，但據《史記》謂「少孔子三十歲。……回年二十九，髮盡白，蚤死。」並沒有指出顏回享年

多少，其謂二十九是指髮盡白的年齡；所以，推定二十九爲歲數者不可信；推定爲十八歲與三十二（三十一）歲乃後漢以後的說法；但按諸《史記》，應排除年十八的說法；所以，《淮南子》高誘之注及《列子．力命篇》之某些刻本應是誤記。依《史記》顏子少孔子三十歲的記載，顏子當生於昭公二十一年，至定公卒時顏子年當二十七歲，所以，《家語》及《抱朴子》記「魯定公弔焉」的記載是錯誤的，很可能是「魯哀公弔焉」的誤記。《家語》因古今版本不同，記顏回歲數一作三十一（今本）、另作三十二（《史記索隱》所見古本），若按《列子》某些版本及《三國吳志．孫登傳》，當以三十二爲是。所以，顏回的歲數可據《史記》「少孔子三十歲」及「伯魚年五十，先孔子死。」和《論語》記鯉先回死，推出顏回生於昭公二十一年（五二一B.C.），卒於哀公十二年（四八三B.C.）或哀公十三年（四八二B.C.），享年三十九或四十。如果要堅信享年三十二的看法，由哀公十二年或十三年倒推，則其生年當爲昭公二十八年（五一四B.C.）或二十九年（五一三B.C.），可是這樣就與史記「少孔子三十歲」不合，難怪閻若璩與熊賜履、林春溥改爲少孔子「三十七歲」與「三十八歲」了。由於《史記》並沒有記明顏回的歲數，只記「年二十九，髮盡白」，且順從《論語》「不幸短命死矣」；所以，就有三十二、三十九、四十歲的猜測了。現在作者堅守不輕易以後出史料改訂原始資料，而信《論語》及《史記》所載：

(1)伯魚先顏回死。

(2)顏回少孔子三十歲。……回年二十九，髮盡白，蚤死。

(3)伯魚年五十，先孔子死。

再玩味《公羊傳》、《史記．孔子世家》所描述的孔子作《春秋》當前的心境，作者推測顏回死於鯉死後一年之間最有可能；因此，在不堅信《家語》以三十二歲爲眞（《史記》無明文）情況下，顏回之生卒年，當有以下二種可能：

(1)生於昭公二十一年（五二一B.C.），卒於哀公十二年（四八三B.C.），享年三十九。

(2)生於昭公二十一年（五二一B.C.），卒於哀公十三年（四八二B.C.），享年四十。

《顏子研究》之作者黃紹祖先生說：「熊賜履所著《學統》……必有所據。但願後之儒者，若無具體資料，勿再標新立異，非古疑古，徒滋紛擾。」誠然，若無具體資料，勿再標新立異，但對前人的結論及據以推定的史料，若能透過嚴格的史學方法，判其史料的重要性，審其推論的妥當性，進而能得出比較可靠的結論，應是學術研究上永恒的課題與目標。

評介程著《論語讀訓解故》

論語讀訓解故

著作者：程石泉
發行者：先知出版社
出版日期：中華民國六十四年二月
版別：臺一版（原於一九七二年發行於香港）

《論語》自漢以來往往爲皇太子、博士弟子與民間子弟開蒙之教科書，其影響中華文化至爲深廣，是以欲了解中華文化，勢必對《論語》精讀而熟玩之，冀能了解其一二；然而，《論語》一書內容雖似簡易，却不易完全了解其中部份章句的道理，蓋《論語》早年刻於竹簡，流傳既久，難免斷脫失序，後經傳抄亦間缺衍；同時，在漢初已有三種異本（古論、齊論、魯論），其中錯簡、錯字、脫落、增衍已顯而易見。後代大儒盡力訓詁、考據、校釋，删定疑惑，以冀通其義理，歷世累牘、見仁見智，殊難究其原蘊，唯後世屢有新資料出土，裨以參證。現在臺之程石泉先生盡十餘年陸續精心校釋，著《論語讀訓解故》一書，使《論語》之眞面目漸露曙光，誠今日究《論語》者之一大幸事。

本書曾於三年前（一九七二年）首次在香港付梓，以出書無多，傳播不廣，本年在臺由「先知出版社」重印，得獲閱讀，欣喜之餘，宜對本書有加以評介的必要。

著者利用現存新資料，以解決《論語》部份章句的難題，其體例乃於《論語》原章句後依需要分別「文字」、「章句」、「訓詁」、「人物」、「事典」、「意義」、「餘意」各項間出以釋之。其校勘《論語》文字章句的材料與方法，據著者自謂有三：

(一)就金石文字之形體與音訓之遞變以勘正《論語》中之錯字錯簡。

(二)就古經籍中如《詩》、《書》、《禮》、《春秋三傳》、《老子》、《墨子》、《孟子》、《荀子》、《莊子》、《韓非子》、《呂氏春秋》、《韓詩外傳》、《淮南子》、劉向《說苑》、王充《論衡》及《史記》、《漢書》所言有關春秋戰國時代之情勢、人物、典章、制度與《論語》中所論及者參稽互證。

(三)就今日對中國文字之形、音、義三科之知識，依《論語》之本文，以檢討其可能的錯簡錯字，尤特別著重於《論語》中之文理脈絡（Contextual Evidence）。

以上三項❶之運用各有限度。蓋金石文字之出現亦屬有限，古籍之參稽互證亦有不及，最後不得

❶ 本書序文〈論語讀訓解故商榷撮要〉頁七。

不運用語法、語意的方法，從原文中加以深究，所以，著者提出從原章之文理脈絡中直接求證❷「凡於《論語》中有一字或一句讀之而於其意義不能釋然於中者，不妨『大膽懷疑』，於勘正其錯簡錯字時，不妨『小心求證』」❸從文理脈絡中去直接求證，妙則妙矣，然常受研究者本身之理解的背後思想所左右；所以須要時時提防，著者所謂「小心求證」是也。

基於以上三種方法，著者秉「知之爲知之，不知爲不知」的立場，不盲崇權威，不諱護聖賢，不望文生義，不強作解人，以「最愚昧之心境讀《論語》（著者語）」，是以對具有權威性之朱子《四書集註》予以彈正❹，對崔東壁之考證結論表示「愚陋」❺，對其餘諸賢之見解不予苟同❻，態度謹嚴，遂作此書。著者對《論語》字形、字義之考證曾扼要作〈論語讀訓商榷撮要〉一文（曾刊於《東方雜誌》復刊第一卷第七期，此文亦作爲本書之序。）讀此便知其對《論語》一書多所貢獻。據其成果，擬分四項，舉例如下：

㈠原誤訓而後復正者。

---

❷ 原文 頁二三～二四。

❸ 同❶。

❹ 原文 頁四。

❺ 序文 頁二。

❻ 原文 頁二〇六、二三二、一九三、評班固、段玉裁、林語堂部份。

(1)「君子懷德，小人懷土，君子懷刑，小人懷惠」（〈里仁〉）章，「君子懷刑」之「刑」已往誤訓作「刑罰」之「刑」，著者復正，訓爲「典型」之「型」，使原義更加顯豁。

(2)「子罕言利與命與仁」（〈子罕〉）章，此傳統解爲「孔子罕言利、命及仁三者」，其實通觀《論語》，孔子言「仁」、「命」者多矣，何嘗罕言？其誤乃在自漢以來注疏家將「與」字作介繫辭、作「和」或「同」解之故。著者將此章斷句爲「子罕言利，與命與仁。」「與」作動詞，其意爲「順從」、「讚許」、「贊成」，則義更顯。

(3)「席不正不坐」（〈鄉黨〉）此章因不明古代禮制，而誤作「坐位不擺正不坐」，其實「席」乃「藉」也。古人席地而坐，著者依《禮記》云：「主人跪正席，客跪撫席而辭」而謂此乃言賓主各有其位，席必正而後坐之。「正席」乃一種禮節也。

(二)原誤衍現已改正者。

(1)「六十而耳順」（〈爲政〉），前儒已感不得其解，或強解而望文生義。今著者據《敦煌論語集解》殘卷作「六十如順」，指出「耳」字乃衍文，則「六十而順」正解遂定。

(2)「顏淵死，顏路請子之車以爲之椁」（〈先進〉）著者依高麗足利本無「以爲之椁」四字，又依文理判此四字乃衍文。如此可改正自漢包咸、鄭玄以來注疏家之誤釋。

(3)「樊遲問仁，子曰：『居處恭，執事敬，與人忠，雖之夷狄不可棄也。』」（〈子路〉）著者依文理，謂此章乃樊遲問「行」之事，原文「仁」乃「行」字，蓋因形近而誤。

㈢原脫落而補正者。

「孟武伯問孝，子曰：『父母唯其疾之憂。』」著者依經籍旁證，以爲於「父」字上若無「事」字，則此章不成文理，而「其」字便無所指。經此補正，使章義更爲顯明。

㈣現已無法求解者懸疑之。

著者曾謂「《論語》中之錯簡錯字或已發生於漢代之前，故漢以後之版本、章句、字形之考證，似難究錯字錯簡之底蘊」❼「於《論語》中不可解者終無由以解之」❽是以暫時懸疑，不強求解。

以上僅隨文拈舉數例，經著者校釋後，原意大明，有功於《論語》，其餘不一一枚舉，惟本著者旨意在「擲磚引玉，促使海內外學人繼前代學人之餘緒，比勘校釋，使《論語》之原始重光於天日（不僅《論語》應如此，中國古書皆應如此）」使《論語》如西洋古代希臘柏拉圖之語錄等篇，經校釋後之文從字順也。

個人對《論語》部份章句之了解亦以「文理脈絡」爲主，所得之結果有不同於著者或其他賢者之見，爰不揣淺陋，提出以下三類諸小問題，就敎於程先生與諸賢達，以裨在討論之餘，有助於《論語》之原始重光於天日。

❼ 序文 頁六～七。

❽ 本書臺版弁言 頁三。

㈠有關訓釋者，著者或因襲舊說而未及慮者，個人因反復推索，隨舉三章，以為如下訓釋較合孔門思想之原義。

⑴子夏曰：「賢賢易色，事父母能竭其力，事君能致其身，與朋友交言而有信，雖曰未學，吾必謂之學矣！」（〈學而〉）著者解「賢賢易色」為「面對賢人而肅然起敬之意」，並謂以「色」作為「女色」為牽強曲解，望文生義之釋，如朱子、顏師古、何休、宋翔鳳、陳祖亮、王念孫等所解❾。

個人以為「賢賢易色」之「色」釋為「女色」或「肅然起敬」之意均似失之偏。蓋據本章之文理言，子夏所說乃儒家所一貫強調的「五倫」，謂能行五倫，雖曰未學，吾（子夏）必謂之學矣！是以「事父母能竭其力」乃「父子之倫」，內亦含「兄弟之倫」。「事君能致其身」乃「君臣之倫」。「與朋友交言而有信」乃「朋友之倫」。則「賢賢易色」為指「夫婦之倫」明矣！「天地之道，造端乎夫婦」是以夫婦之倫為五倫之首，其言「賢賢易色」乃謂男女彼此應以看重對方之賢德而不以美貌為結成夫婦之首要抉擇之標準也。此正符合「重德不重貌」之價值取向也。❿

❾　原文　頁五。

❿　此章之釋見蔣伯潛註釋《論語讀本》頁六。蔣氏之註乃據宋翔鳳《樸學齋札記》釋「賢賢易色」即關雎之義，是明夫婦之倫，而加以推演。

(2)有子曰：「信近於義，言可復也；恭近於禮，遠恥辱也；因不失其親，亦可宗也。」（〈學而〉）

本章之釋，著者多承舊說⓫個人以為有子此語包涵做人與處事二義。「信近於義，言可復也；恭近於禮，遠恥辱也，」為做人之道。朱子註「復」乃「踐言」也，其義尚佳；擬「復」即「履」，「履」即「踐其所答應人之諾言也」。惟答應人家的話應以自己能力所任為限，故不輕諾，輕諾則寡信，古有明言矣！「恭近於禮，遠恥辱也」，《論語》有「恭而無禮則勞」故行己有恥，可免於恥，恭己而以禮為限，則可免招辱矣！「因不失其親，亦可宗也」歷代均不得其解。此句據前所論應指「處事之道」言，「因」乃「殷因於夏禮，所損益可知也；周因於殷禮，所損益可知也；其或繼周者，雖百世可知也。」之「因」，「因」者「因襲」，唯因襲必須以應時損益為限，方不至於愚陋。據此，「親」當是古代「新」字，亦通用。作動詞，「新」即「革新」、「變通」、「損益」之謂也。「宗」者「遵循」「取法」之義。此句應釋為「因襲而不失變通，此因襲方可取法（遵循）也。」易言之，因襲必要懂得變通的原則，方可免於迂腐。前報載「社會變了，民法能不變嗎？」誠深識此意。舉凡禮制、法律習俗、規章應不失其時而修正之，此方合孔子答子張問十世章之深意。依此觀念，則孔子說：「溫故而知新，可以為

⓫ 原文頁九。

師矣！」章（〈爲政〉），亦通此章之義，所謂爲人師者必須熟於知故，尤貴能因故而應時變通。

(3)微生畝謂孔子曰：「丘何爲是栖栖者與？無乃爲佞乎？」孔子曰：「非敢爲佞也，疾固也。」（〈憲問〉）

著者將孔子之言釋爲：「我何敢仗恃我的好口才，我之好談論世道人心，簡直是我不可醫治的毛病啦！」⑫，個人以爲「疾固」之「疾」作動詞用，卽「深以××爲病」也。「固」，固執也。孔子四絕謂「毋意、毋必、毋固、毋我」。「固」誠然是孔子深以爲病的。因此，本句當釋爲「非敢仗恃我的好口才而呶呶不休，只是深痛世人固執不通事理啊！」此與孟子說：「吾豈好辯哉！吾不得已也。」有異口同心之妙。

(二)有關考證部份

(1)謂孔子作《十翼》殊不可信。著者以爲「孔子晚而喜《易》」之說乃司馬遷據《論語》想當然之辭耳，《論語》中孔子向無與門弟子談《易》之事，《漢書・藝文志》則謂孔子傳《易》於商瞿子木，商瞿不見於《論語》、《禮記》各書，殊可疑也。要之，孔子曾讀《易》，曾加以解釋，而其解釋之辭，經後儒錄於〈文言〉、〈繫辭傳〉、〈象傳〉

⑫ 原文 頁二七四。

中，謂孔子作《十翼》，殊不可信也。」⑬有關孔子是否作《十翼》，前儒多做考證，然於引《史記．孔子世家》云：「孔子晚而喜《易》，序、彖、繫辭、說卦、文言，讀易韋編三絕。」爲證，則不得謂孔子與《十翼》無關矣！但引者多誤句讀訓讀，今儒已言之⑭謂司馬遷之意，孔子曾「序彖、繫象、說卦、文言。」其中「序」「繫」、「說」、「文」四字均爲動詞，據此說孔子作《十翼》誠誇大，然孔子於《易》曾做此四事明矣！

(2)謂魯之《春秋》恐非孔子之作。⑮此大膽之懷疑也。現《春秋》經是否爲孔子作，誠値得討論。前儒熊十力先生首曾依孟子之言謂《春秋》乃孔子作，後又於《原儒》一書中謂現《春秋》經乃公羊壽師弟所僞造，孔子所作之《春秋》經傳已亡失。⑯同一人之言，前後不同。今就求眞的立場言，《春秋》作者之問題爭論頗多，不易定論、或恐無法確定。但《春秋》乃「撥亂反正」之書，早已深植於中華文化核心，不管是否爲孔子作，均極重要。如今，若信孟子或司馬遷之言，則謂孔子作《春秋》，似較云當。

---

⑬ 原文 頁一一八。

⑭ 蔣伯潛著《諸子通考》頁八九，正中書局于民國三十七年五月初版。
任銘善著《經史小辨》原《中華文史論叢》第一輯頁七一～八〇，民國五十一年第一版，五十三年一月第三版。
高明著《孔子春秋教》頁一，《孔孟學報》第二十二期。

⑮ 原文 頁一〇八。

⑯ 熊十力著《讀經示要》卷三頁一三八、《原儒》上卷頁四四。

(三)有關闡釋部份

著者於子曰：「齊一變至於魯，魯一變至於道。」一章後言：「孔子一生志在恢復周公之舊德，而周公之舊德卽孔子心目中理想政治、人道之極也。孔子仕魯志在『張公室』。『張公室』者所以爲恢復周公舊德之初步。墮三都所以剪除季氏三桓之勢，不幸魯君黯弱，不足與謀，因以去魯，栖栖皇皇干謁諸侯求有所自試，孔子嘗自許云：如有用我者，吾其爲東周乎？（〈陽貨〉第十七），所謂「東周」者卽以魯而行周之舊制也。」⑰依著者意：孔子一生志在恢復周公之舊德，行周之舊制。則孔子之思想呈現著保守形態，且在《論語》中均可找到例證；此乃古今部份學者之所以斥孔子爲固陋者也。平心而論，孔子思想爲保守形態乎？蓋以前的批評者都暗中犯了未嘗考慮孔子一生思想是否變遷的錯誤，而假定其思想始終不變也。《論語》一書非成於一時、一地、一人之作也，它包涵著孔子早年與晚年的紀錄，其議論隨人隨時而應，而有不同的對話；話雖多變，却有其不變者，其乃孔子之理想論也（「如文質彬彬而後君子」之論）。孔子之理想論，其基本原理卽祖述堯舜用中之道也。故於《論語》中可體會出孔子追求「文質彬彬」、「知行並進」、「進退得宜」、「因革兼持」、「博約並蓄」、「執兩用中」之中道理想。孔子依此標準作爲修己、立人、治世之根本原則，因而有補弊救偏之時論，《論語》一書多載「時論」之言，

⑰ 原文，頁二〇一。

不可單據「時論」以論孔子之思想也。而且，孔子早年多從周之論，至五十歲前後，世變愈烈，雖在行動上未見實踐，然觀念上已有改變是可預知的。西漢春秋博士所承孔子《春秋》之敎而有「新周、故宋、以春秋當新王」之微言，其所述孔子之思想具有革命性的意義，足可參證。個人以爲今日治孔子思想者擬可法中國佛敎之判敎方式，理清孔子早晚年思想之言論，以裨了解孔子思想演變的軌跡，進而把握孔子之眞精神。

本書之著者除直接提供研究《論語》之方法與成果如上所述者外，本書亦可做爲程先生個人思想之著作，程先生特別深會孔子「本仁義」「致中和」之澈底的人道主義之精神⑱以博貫中西的學養論東西方學者求學目的之不同，謂「東方學者爲學重在『引歸身心，自我享受』，而西方學者務在張理智之用，滿足好奇之心，而以勘天役物爲指歸」⑲論孔子所舉之三達德，在古希臘哲人如亞里士多德尚能言之，然「近代西洋人於知，但爲邏輯詭辯；於仁，但知方便施恩；於勇，但見匹夫之勇。而中國人於此三達德亦茫然無知，或知之亦不信之，是可悲也。」⑳對今之以玄學或哲學而鳴者慨然嘆曰：「或蹈西洋詭辯之積習，或墮梵天鑿空之流弊，去孔子之道遠矣！」㉑程先生於現世學風多所針砭，最足令人深醒。

⑱ 原文 頁七〇、九八、一〇五、二四五。
⑲ 原文 頁二七〇
⑳ 原文 頁一六七。
㉑ 原文 頁三〇四。

總之，本書之作無論就使「《論語》之原始重光於天日」的努力而言，已達到前所未有的成果。從理解古籍而言，其已啓導吾人正視古籍之一努力的方向。從思想上言，其以孔子之道正視東西方哲學，樹立比較批評、批導今世的態度，最足借鑑。

引用書目（單篇論文見註，不另列）

甲、基本經子典籍及其釋義、考辨

1. 《重刊宋本十三經注疏》 臺北 東昇出版事業公司影印本。
2. 《尙書孔傳》 漢 孔安國傳 臺北 新興書店 民國五十三年三月新一版（以下準此）。
3. 《尙書今註今譯》 屈萬里 臺北 臺灣商務 民國六十一年十月四版。
4. 《詩經詮釋》 屈萬里 臺北 聯經 民國七十二年二月初版。
5. 《詩經選》 周錫韓 臺北 源流 民國七十一年十月初版。
6. 《周易集解》 李鼎祚 臺北 臺灣學生 民國五十六年十月景印初版。
7. 《易學新論》 嚴靈峰 臺北 正中 民國六十八年十月臺四版。
8. 《論語集釋》 程樹德 臺北 藝文 民國五十四年三月初版。
9. 《論語譯注》 楊伯峻 臺北 河洛 民國六十七年十二月臺排印初版。
10. 《論語臆解》 陳大齊 臺北 臺灣商務 民國六十七年十一月五版。

11.《論語讀訓解故》程石泉　臺北　先知　民國六十四年六月臺一版。
12.《論語辨證》胡志奎　臺北　聯經　民國六十七年九月初版。
13.《語譯廣解解四書讀本》沈知方主稿、蔣伯潛註釋、香港啓明書局　民國五十三年七月再版。
14.《論語稽求篇》清毛奇齡著《皇清經解》卷一七九。
15.《論語正義》清劉寶楠著《皇清經解續編》卷千七十內。
16.《孟子譯注》楊伯峻　臺北　河洛　民國六十六年五月臺景印初版。
17.《洙泗考信錄》崔述著、收集在《崔東壁遺書》中。
18.《史記》司馬遷　仙華出版社發行　民國六十一年十一月三版。
19.《史記探源》崔適　廣城出版社　民國六十六年三月。
20.《史記會注考證》瀧川龜太郎　臺北　藝文印書館印行。
21.《春秋繁露》董仲舒　臺灣中華書局《四部備要》民國五十七年四月臺二版。
22.《春秋公羊傳何氏解詁》（永懷堂本校刊）中華書局《四部備要》民國六十九年一月臺出版。
23.《公羊何氏釋例》劉逢祿《皇清經解卷一二八〇～一二八九》。
24.《管子纂詁》安井衡纂詁　臺北　河洛　民國六十五年三月臺景印初版。
25.《老子》王弼注（《四部備要》）臺北　中華　民國五十六年八月臺二版。
26.《荀子簡釋》梁啓雄　臺北　木鐸　民國七十二年八月初版。
27.《先秦文史資料考辨》屈萬里　臺北　聯經　民國七十二年二月初版。
28.《中國哲學史資料選輯》（〈先秦之部〉）臺北　九思　民國六十七年五月臺二版。

29.《高明經學論叢》 高明 臺北 黎明 民國六十七年七月初版。

乙、有關孔子思想之研究專書

1.《孔子學說》 陳大齊 臺北 正中 民國六十六三月臺六版。
2.《孔子言論貫通集》 陳大齊 臺北 臺灣商務 民國七十一年七月初版。
3.《改版孔子研究》 蟹江義丸 東京 京文社 昭和二年十二月發行。
4.《高明孔學論叢》 高明 臺北 黎明 民國六十七年七月初版。
5.《孔學抉微》 王甦 臺北 黎明 民國六十七年五月初版。
6.《孔子未王而王論》 羅夢册著、臺灣學生書局 民國七十一年十一月臺初版。
7.《原儒》 熊十力 臺北 明倫 民國六十年一月初版。
8.《孔孟荀哲學》（上册） 吳康 臺北 臺灣商務 民國六十一年五月二版。

丙、一般思想史、哲學史

1.《中國哲學史》 馮友蘭 臺灣影印本。
2.《中國哲學資料書》（*A Source Book in Chinese Philosophy* 兼陳榮捷哲學論文集） 陳榮捷 新竹 仰哲出版社影印。
3.《中國哲學原論原道篇卷一》 唐君毅 香港 新亞研究所 民國六十二年五月出版。

4.《中國哲學的特質》 牟宗三 臺北 臺灣學生 民國六十五年十月四版（學三版）。
5.《中國哲學史綱要》 范壽康 臺北 臺灣開明 民國五十六年三月二版。
6.《中國哲學史》 勞思光著、香港中文大學崇基書院出版 民國五十七年一月初版。
7.《中國思想史論集續編》 徐復觀著 時報出版 民國七十一年三月初版。
8.《中國知識階層史論》 余英時著 聯經出版 民國六十九年八月初版。
9.《中國人性論史先秦篇》 徐復觀 臺灣商務印書館 民國六十八年九月五版。
10.《先秦天道觀之進展》 郭鼎堂 上海 商務 民國二十五年五月初版。
11.《中國政治思想史》（上册） 蕭公權 臺北 聯經 民國七十一年三月初版。
12.《中西哲學思想中的天道與上帝》 李杜 臺北 聯經 民國六十七年十一月初版。
13.《觀堂集林》 王國維 臺北 藝文印書館 民國四十七年影印本。
14.《國史大綱》 錢 穆 臺灣商務印書館 民國六十九年十一月修訂七版。
15.《周秦漢政治社會結構之研究》 徐復觀 臺灣學生書局 民國六十三年五月臺初版。
16.《中國社會制度》 謝 康 臺北 成文 民國六十九年九月初版。
17.《中國古代社會研究》 郭鼎堂 人人出版社 民國四十三年新版臺影本。
18.《殷虛卜辭綜述》 陳夢家 大通書局影印本 民國六十年五月。
19.《中國青銅時代》 張光直 聯經出版事業公司 民國七十二年四月初版。
20.《甲骨文的世界——古殷王朝的締構》 白川靜原著、溫天河蔡哲茂合譯 巨流圖書公司 總經銷 民國六十六年九月初版。

丁、其他

1.《倫理學》 W. K. Frankena 著 黃慶明譯 臺北 有志 民國六十一年八月初版。
2.《哲學新世界》 A. Kaplan 著 孟祥森譯 臺北 牧童 民國六十七年八月初版。
3.《比較哲學與文化》 吳森 臺北 東大 民國六十七年七月初版。
4.《素羅金與危機時代的哲學》 段宏俊編 臺北 大西洋 民國五十九年四月初版。
5.《學術與政治之間》 徐復觀 臺北 臺灣學生 民國六十九年四月臺一版。
6.《沈剛伯先生文集》 中央日報編印 臺北 民國七十一年十月初版。
7.《中國哲學辭典》 韋政通編 臺北 大林 民國六十九年五月再版。
8.《中國哲學大全》 韋政通等編 臺北 水牛 民國七十二年九月出版。
9.《中文大辭典》 臺北 中國文化大學出版部 民國七十一年八月六版。

後記

作者自從研究哲學以來，一直感受到哲學這門學問極為特別，尤其在讀中國哲學著作時，中國往昔聖賢人物簡直是位文化的醫生，他們為世間的動亂診斷，並開出藥方，甚至親身投入這個世間，為人類解決問題。在諸聖賢中，孔子最受矚目，作者本書就是以孔子的處方為研究的焦點，到目前為止，所完成諸論文的集子。內篇中，以前五篇最精要；外篇中，以第一篇、第四篇最有新義與論斷，第五篇是一篇書評，雖是書評，但文中的後半段幾乎含攝了前幾篇的重要觀念，第三篇是紀念顏子誕辰徵文的論文，論文得社會組第一名，是作者撰寫論文的第一篇，有紀念性，此文自今看來，取材嫌寬泛，對顏子生卒年、歲數論斷多從舊說，未算精確，但在義理上頗精，其餘諸篇蓋應作者所曾受過六年中學教育的母校——北斗中學校刊之邀而作的，這些文章雖不以嚴格論文形式表出，但在研究途徑上、發揮孔子思想上有所提示，故一併收入。以下作者將各篇發表的年月、刊物列出：

內篇

〈論孔子思想的基本格式〉 民國七十二年一月 《哲學論評》第六期
〈論孔子所面臨的時代問題及其對治之道〉 民國七十二年十二月 臺灣大學《文史哲學報》第三十二期
〈論孔子的「君子」概念〉 民國七十三年十二月 臺灣大學《文史哲學報》第三十三期
〈論孔子的道德評價標準〉 民國七十五年十月 《哲學年刊》第四期
〈孔子論人之研究〉 民國七十六年一月 《哲學論評》第十期
〈孔子思想中的持衡之言與補弊之教〉 未發表
〈由孔子的思想談教育的藝術〉 民國七十三年十二月 《北中校友》第八期
〈孔子思想研究上有關方法與取材的檢討〉 民國七十五年四月 《北斗國中校刊》第三期

外篇

〈《論語・信近於義章》之研究〉 民國七十一年四月 《孔孟學報》第四十三期
〈由《論語・君子懷德章》談讀經的方法〉 民國七十五年六月 《北斗高中校刊》
〈顏子之生平及言行〉 民國六十一年十二月 《顏子誕辰紀念集》(顏氏宗親會印)

〈顏子生卒年考證的再省察〉　民國七十五年十二月　《孔孟月刊》二十五卷四期

〈評介程著《論語讀訓解故》〉　民國六十四年五月　《哲學與文化月刊》二卷五期

最後，作者想起來六年前去逝的祖父，家祖父一生不識字，却熱心教育，鼓勵身為長孫的我要好好唸書，國小五年級時，因升學補習必須等到落日時分，他老人家遠從鄉間的小徑，提着油燈走到三公里外的途中，接我們三兩個學子回家，沒有他的勸學，我不可能上中學，一直到大學。在大學時若沒有遇上　毓鋆師，從頭開始教授四書，研讀經子，絕不會走上研究中國哲學的路子，甚至在大學濫充教席，講授中國哲學。

這本小書能出版，在在要感謝論學中的師友，尤其是林正弘老師，因為他的推介和幫忙，才有機會和各位讀者見面。

滄海叢刊已刊行書目(八)

書名	作者	類別
文學欣賞的靈魂	劉述先	西洋文學
西洋兒童文學史	葉詠琍	西洋文學
現代藝術哲學	孫旗譯	藝術
音樂人生	黃友棣	音樂
音樂與我	趙琴	音樂
音樂伴我遊	趙琴	音樂
爐邊閒話	李抱忱	音樂
琴臺碎語	黃友棣	音樂
音樂隨筆	趙琴	音樂
樂林蓽露	黃友棣	音樂
樂谷鳴泉	黃友棣	音樂
樂韻飄香	黃友棣	音樂
樂圃長春	黃友棣	音樂
色彩基礎	何耀宗	美術
水彩技巧與創作	劉其偉	美術
繪畫隨筆	陳景容	美術
素描的技法	陳景容	美術
人體工學與安全	劉其偉	美術
立體造形基本設計	張長傑	美術
工藝材料	李鈞棫	美術
石膏工藝	李鈞棫	美術
裝飾工藝	張長傑	美術
都市計劃概論	王紀鯤	建築
建築設計方法	陳政雄	建築
建築基本畫	陳榮美 楊麗黛	建築
建築鋼屋架結構設計	王萬雄	建築
中國的建築藝術	張紹載	建築
室內環境設計	李琬琬	建築
現代工藝概論	張長傑	雕刻
藤竹工	張長傑	雕刻
戲劇藝術之發展及其原理	趙如琳譯	戲劇
戲劇編寫法	方寸	戲劇
時代的經驗	汪琪 彭家發	新聞
大衆傳播的挑戰	石永貴	新聞
書法與心理	高尚仁	心理

滄海叢刊已刊行書目(七)

書名	作者	類別
印度文學歷代名著選(上)(下)	糜文開編譯	文學
寒山子研究	陳慧劍	文學
魯迅這個人	劉心皇	文學
孟學的現代意義	王支洪	文學
比較詩學	葉維廉	比較文學
結構主義與中國文學	周英雄	比較文學
主題學研究論文集	陳鵬翔主編	比較文學
中國小說比較研究	侯健	比較文學
現象學與文學批評	鄭樹森編	比較文學
記號詩學	古添洪	比較文學
中美文學因緣	鄭樹森編	比較文學
文學因緣	鄭樹森	比較文學
比較文學理論與實踐	張漢良	比較文學
韓非子析論	謝雲飛	中國文學
陶淵明評論	李辰冬	中國文學
中國文學論叢	錢穆	中國文學
文學新論	李辰冬	中國文學
離騷九歌九章淺釋	繆天華	中國文學
苕華詞與人間詞話述評	王宗樂	中國文學
杜甫作品繫年	李辰冬	中國文學
元曲六大家	應裕康 王忠林	中國文學
詩經研讀指導	裴普賢	中國文學
迦陵談詩二集	葉嘉瑩	中國文學
莊子及其文學	黃錦鋐	中國文學
歐陽修詩本義研究	裴普賢	中國文學
清真詞研究	王支洪	中國文學
宋儒風範	董金裕	中國文學
紅樓夢的文學價值	羅盤	中國文學
四說論叢	羅盤	中國文學
中國文學鑑賞舉隅	黃慶萱 許家鸞	中國文學
牛李黨爭與唐代文學	傅錫壬	中國文學
增訂江皐集	吳俊升	中國文學
浮士德研究	李辰冬譯	西洋文學
蘇忍尼辛選集	劉安雲譯	西洋文學

滄海叢刊已刊行書目(六)

書名	作者	類別
卡薩爾斯之琴	葉石濤	文學
青囊夜燈	許振江	文學
我永遠年輕	唐文標	文學
分析文學	陳啓佑	文學
思想起	陌上塵	文學
心酸記	李喬	文學
離訣	林蒼鬱	文學
孤獨園	林蒼鬱	文學
托塔少年	林文欽編	文學
北美情逅	卜貴美	文學
女兵自傳	謝冰瑩	文學
抗戰日記	謝冰瑩	文學
我在日本	謝冰瑩	文學
給青年朋友的信(上)(下)	謝冰瑩	文學
冰瑩書柬	謝冰瑩	文學
孤寂中的廻響	洛夫	文學
火天使	趙衛民	文學
無塵的鏡子	張默	文學
大漢心聲	張起鈞	文學
回首叫雲飛起	羊令野	文學
康莊有待	向陽	文學
情愛與文學	周伯乃	文學
湍流偶拾	繆天華	文學
文學之旅	蕭傳文	文學
鼓瑟集	幼柏	文學
種子落地	葉海煙	文學
文學邊緣	周玉山	文學
大陸文藝新探	周玉山	文學
累廬聲氣集	姜超嶽	文學
實用文纂	姜超嶽	文學
林下生涯	姜超嶽	文學
材與不材之間	王邦雄	文學
人生小語(一)(二)	何秀煌	文學
兒童文學	葉詠琍	文學

滄海叢刊已刊行書目(五)

書名	作者	類別
中西文學關係研究	王潤華	文學
文開隨筆	糜文開	文學
知識之劍	陳鼎環	文學
野草詞	韋瀚章	文學
李韶歌詞集	李韶	文學
石頭的研究	戴天	文學
留不住的航渡	葉維廉	文學
三十年詩	葉維廉	文學
現代散文欣賞	鄭明娳	文學
現代文學評論	亞菁	文學
三十年代作家論	姜穆	文學
當代臺灣作家論	何欣	文學
藍天白雲集	梁容若	文學
見賢集	鄭彥棻	文學
思齊集	鄭彥棻	文學
寫作是藝術	張秀亞	文學
孟武自選文集	薩孟武	文學
小説創作論	羅盤	文學
細讀現代小説	張素貞	文學
往日旋律	幼柏	文學
城市筆記	巴斯	文學
歐羅巴的蘆笛	葉維廉	文學
一個中國的海	葉維廉	文學
山外有山	李英豪	文學
現實的探索	陳銘磻編	文學
金排附	鍾延豪	文學
放鷹	吳錦發	文學
黃巢殺人八百萬	宋澤萊	文學
燈下燈	蕭蕭	文學
陽關千唱	陳煌	文學
種籽	向陽	文學
泥土的香味	彭瑞金	文學
無緣廟	陳艷秋	文學
鄉事	林清玄	文學
余忠雄的春天	鍾鐵民	文學
吳煦斌小説集	吳煦斌	文學

滄海叢刊已刊行書目㈣

書名	作者	類別
歷史圈外	朱桂	歷史
中國人的故事	夏雨人	歷史
老臺灣	陳冠學	歷史
古史地理論叢	錢穆	歷史
秦漢史	錢穆	歷史
秦漢史論稿	刑義田	歷史
我這半生	毛振翔	歷史
三生有幸	吳相湘	傳記
弘一大師傳	陳慧劍	傳記
蘇曼殊大師新傳	劉心皇	傳記
當代佛門人物	陳慧劍	傳記
孤兒心影錄	張國柱	傳記
精忠岳飛傳	李安	傳記
八十憶雙親 師友雜憶 合刊	錢穆	傳記
困勉強狷八十年	陶百川	傳記
中國歷史精神	錢穆	史學
國史新論	錢穆	史學
與西方史家論中國史學	杜維運	史學
清代史學與史家	杜維運	史學
中國文字學	潘重規	語言
中國聲韻學	潘重規 陳紹棠	語言
文學與音律	謝雲飛	語言
還鄉夢的幻滅	賴景瑚	文學
葫蘆・再見	鄭明娳	文學
大地之歌	大地詩社	文學
青春	葉蟬貞	文學
比較文學的墾拓在臺灣	古添洪 陳慧樺 主編	文學
從比較神話到文學	古添洪 陳慧樺	文學
解構批評論集	廖炳惠	文學
牧場的情思	張媛媛	文學
萍踪憶語	賴景瑚	文學
讀書與生活	琦君	文學

滄海叢刊已刊行書目㈢

書名	作者	類別
不疑不懼	王洪鈞	教育
文化與教育	錢穆	教育
教育叢談	上官業佑	教育
印度文化十八篇	糜文開	社會
中華文化十二講	錢穆	社會
清代科舉	劉兆璸	社會
世界局勢與中國文化	錢穆	社會
國家論	薩孟武譯	社會
紅樓夢與中國舊家庭	薩孟武	社會
社會學與中國研究	蔡文輝	社會
我國社會的變遷與發展	朱岑樓主編	社會
開放的多元社會	楊國樞	社會
社會、文化和知識份子	葉啓政	社會
臺灣與美國社會問題	蔡文輝 蕭新煌 主編	社會
日本社會的結構	福武直 著 王世雄 譯	社會
三十年來我國人文及社會科學之回顧與展望		社會
財經文存	王作榮	經濟
財經時論	楊道淮	經濟
中國歷代政治得失	錢穆	政治
周禮的政治思想	周世輔 周文湘	政治
儒家政論衍義	薩孟武	政治
先秦政治思想史	梁啓超原著 賈馥茗標點	政治
當代中國與民主	周陽山	政治
中國現代軍事史	劉馥 著 梅寅生 譯	軍事
憲法論集	林紀東	法律
憲法論叢	鄭彥棻	法律
師友風義	鄭彥棻	歷史
黃帝	錢穆	歷史
歷史與人物	吳相湘	歷史
歷史與文化論叢	錢穆	歷史

滄海叢刊已刊行書目(二)

書名	作者	類別
語言哲學	劉福增	哲學
邏輯與設基法	劉福增	哲學
知識・邏輯・科學哲學	林正弘	哲學
中國管理哲學	曾仕强	哲學
老子的哲學	王邦雄	中國哲學
孔學漫談	余家菊	中國哲學
中庸誠的哲學	吳怡	中國哲學
哲學演講錄	吳怡	中國哲學
墨家的哲學方法	鐘友聯	中國哲學
韓非子的哲學	王邦雄	中國哲學
墨家哲學	蔡仁厚	中國哲學
知識、理性與生命	孫寶琛	中國哲學
逍遙的莊子	吳怡	中國哲學
中國哲學的生命和方法	吳怡	中國哲學
儒家與現代中國	韋政通	中國哲學
希臘哲學趣談	鄔昆如	西洋哲學
中世哲學趣談	鄔昆如	西洋哲學
近代哲學趣談	鄔昆如	西洋哲學
現代哲學趣談	鄔昆如	西洋哲學
現代哲學述評(一)	傅佩榮譯	西洋哲學
懷海德哲學	楊士毅	西洋哲學
思想的貧困	韋政通	思想
不以規矩不能成方圓	劉君燦	思想
佛學研究	周中一	佛學
佛學論著	周中一	佛學
現代佛學原理	鄭金德	佛學
禪話	周中一	佛學
天人之際	李杏邨	佛學
公案禪語	吳怡	佛學
佛教思想新論	楊惠南	佛學
禪學講話	芝峯法師譯	佛學
圓滿生命的實現（布施波羅蜜）	陳柏達	佛學
絶對與圓融	霍韜晦	佛學
佛學研究指南	關世謙譯	佛學
當代學人談佛教	楊惠南編	佛學

滄海叢刊已刊行書目(一)

書名	作者	類別
國父道德言論類輯	陳立夫	國父遺教
中國學術思想史論叢(一)(二)(三)(四)(五)(六)(七)(八)	錢穆	國學
現代中國學術論衡	錢穆	國學
兩漢經學今古文平議	錢穆	國學
朱子學提綱	錢穆	國學
先秦諸子繫年	錢穆	國學
先秦諸子論叢	唐端正	國學
先秦諸子論叢(續篇)	唐端正	國學
儒學傳統與文化創新	黃俊傑	國學
宋代理學三書隨劄	錢穆	國學
莊子纂箋	錢穆	國學
湖上閒思錄	錢穆	哲學
人生十論	錢穆	哲學
晚學盲言	錢穆	哲學
中國百位哲學家	黎建球	哲學
西洋百位哲學家	鄔昆如	哲學
現代存在思想家	項退結	哲學
比較哲學與文化(一)(二)	吳森	哲學
文化哲學講錄(一)(二)(三)(四)	鄔昆如	哲學
哲學淺論	張康譯	哲學
哲學十大問題	鄔昆如	哲學
哲學智慧的尋求	何秀煌	哲學
哲學的智慧與歷史的聰明	何秀煌	哲學
內心悅樂之源泉	吳經熊	哲學
從西方哲學到禪佛教—「哲學與宗教」一集—	傅偉勳	哲學
批判的繼承與創造的發展—「哲學與宗教」二集—	傅偉勳	哲學
愛的哲學	蘇昌美	哲學
是與非	張身華譯	哲學